ALLES ÜBERS

ESSEN

KENNEN, KOCHEN & GENIESSEN

LAURA ROWE

ALLES ÜBERS

ESSEN

KENNEN, KOCHEN & GENIESSEN

LAURA ROWE

Aus dem Englischen von
Birgit Lamerz-Beckschäfer, Brigitte Rüßmann
und Wolfgang Beuchelt

KNESEBECK

Titel der Originalausgabe:
Taste. The Infographic Book of Food
Erschienen bei:
Aurum Press Ltd, London 2015
www.aurumpress.co.uk

Text © Laura Rowe 2015
Illustrationen (mit Ausnahme der unten genannten)
von Vicki Turner
S. 104–105, 130–131, 168–169, 178–179, 182–183, 190–191,
198-199, 202–203, 222–223: Rob Brandt

Deutsche Erstausgabe
Copyright © 2016 von dem Knesebeck GmbH & Co.
Verlag KG, München
Ein Unternehmen der La Martinière Groupe

Umschlaggestaltung: Leonore Höfer, Knesebeck Verlag
Lektorat und Satz: Textilien. Lektorat und Producing
Barbara Delius, Silke Körber, Berlin

Printed in China

ISBN 978-3-86873-909-1

www.Knesebeck-verlag.de

Vielen Dank!

—

Schreiben ist mein täglich Brot, aber ein Buch zu verfassen, ist etwas anderes, ganz Besonderes. Heute wird alles in clouds hochgeladen und verschwindet aus unseren Feeds genauso schnell, wie es verfasst wurde. Ein richtiges Buch, das man in die Hand nehmen, riechen, als Staubfänger oder Kaffeetassenuntersetzer benutzen und sogar lesen kann, ist einfach toll. Für mich war dies eine einmalige Chance, für die ich sehr dankbar bin.

Danken möchte ich zu allererst Melissa für die zündende Idee, für Lob und Ermutigung. Sorry für den ganzen Stress! Vicki dafür, dass sie meine Texte mit ihren wunderschönen Illustrationen zum Leben erweckt und nie ihre gute Laune verloren hat. Karen dafür, dass sie mich zum Endspurt angespornt hat. Danke auch allen, die mich in diesem Jahr ertragen mussten, allen voran meiner Mitbewohnerin, engsten Kollegin und Freundin Kate: Danke, dass Du mich umsorgt und bekocht hast, und für all die guten Tipps. Meinen Freunden, die mich angefeuert, unterstützt und mit ess- und trinkbaren Carepaketen in Schwung gehalten haben: Meg, Rosie, Sam, Mary – Ihr seid unschlagbar! Freunde und Bekannte, die ich vernachlässigt habe, bitte ich um Verzeihung.
Für Mum und Dad – ich hoffe, Ihr seid ein wenig stolz auf mich. Und Lukey – danke für dein konsequentes Desinteresse. Für Bären und Kolibris – Ihr liegt mir sehr am Herzen.

INHALT

AUS DEM GARTEN

VOM BAUERNHOF

AUS DEM WASSER

IN DER SPEISEKAMMER

AUF DEM TISCH

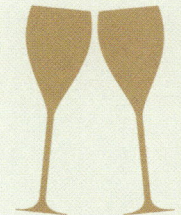

AUS DER BAR

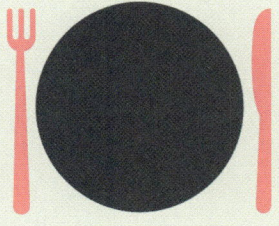

ALLES ÜBRIGE

NIMMERSATTE AUTORIN

BUCH

HEISSHUNGRIGE ILLUSTRATORIN

ALLES ÜBERS ESSEN

von Laura Rowe

Vor einigen Jahren las ich in einer Infografik, dass wir täglich bis zu 285 Inhalte allein über Soziale Medien aufnehmen. Das erschien mir plausibel: Morgens nach dem Aufwachen checke ich als Erstes meine Social-Media-Seiten, auf dem Fußweg zur Arbeit überfliege ich meine E-Mails, und noch vor der ersten Tasse Tee lese ich die neuesten Schlagzeilen. In meinem Leben dreht sich alles um den Konsum von Informationen – und um Essen!

Ich arbeite als Gastro-Journalistin, aber in erster Linie bin ich seit jeher neugierig. Infografiken mag ich besonders, weil sie Wissenswertes verdichten und veranschaulichen. Sie bieten einen schnellen, einfachen (und oft witzigen) Zugang zu Daten, Fakten und Themen, die man sonst in stundenlanger Kleinarbeit recherchieren müsste – sozusagen Infos als Häppchen, auf dem Silbertablett serviert.

Was genau ist eigentlich eine Infografik? Diese Frage wurde mir am häufigsten gestellt, wenn ich im Freundes- und Familienkreis von

meinem Buchprojekt erzählte. Es ist so einfach wie es klingt: Es sind grafisch aufbereitete Informationen. Uns fehlt häufig die Zeit, Bücher über all die Dinge zu lesen, die uns interessieren. Wir wollen alles schnell und doch genau wissen. Eben das bietet eine Infografik, indem sie komplexe Themen in leicht verdauliche Stücke aufteilt. Wer sie erstellt, nimmt anderen viel Arbeit ab.

Es gibt Infografiken über Bartformen, die Kreise der Hölle in Dantes Inferno und sogar Infografiken über Infografiken. In diesem Buch dienen sie als Illustrationen und sollen Ihnen helfen, besser zu kochen und zu essen – ein Infografikbuch über Ernährung und Geschmack, von den Kochzutaten bis zu dem, was Menschen auf unserem Planeten gern mögen und wie sie es zubereiten.

Daher war mir die internationale Bedeutung der Nahrungsmittel und Gerichte in diesem Buch wichtig – sei es als Teil der Populärkultur (z. B. Burger), von Traditionen (z. B Weihnachtsgerichte) oder ihrer sozialen Funktion (z. B. Salz). Die Kapitel un-

terscheiden Nahrungsmittel zunächst grob in solche, die aus dem Garten und vom Feld, vom Bauern oder aus dem Wasser kommen.

Die übrigen Abschnitte beschäftigen sich mit dem Inhalt unserer Vorratskammern und den (süßen und pikanten) Speisen, die Sie unbedingt probieren sollten. Dann stelle ich kurz einige der beliebtesten Getränke vor, darunter Bier, Cidre und Wein, Tee, Kaffee und Digestifs. Im letzten Kapitel finden Sie schließlich einige Infografiken über Dinge, die jeder Genießer kennen sollte, ob er nun selbst kocht, einfach gern isst oder beides: Haben Sie sich schon einmal gefragt, zu welcher Jahreszeit man die besten Artischocken isst oder welche Messer Sie in der Küche griffbereit haben sollten? Genau das finden Sie dort.

In unserem Buch gibt es Fluss-, Kreis- und Mengendiagramme, außerdem Rezepte, Schritt-für-Schritt-Anleitungen und Zeitachsen, Spinnennetzdiagramme und sogar ein Würstchen-Sonnensystem. Sie können sich alles in einem Zug vom ersten bis zum letzten Bissen einverleiben, sich aber auch etwas herauspicken und mit Freunden teilen wie eine Runde Tapas.

Das Buch ist als Starthilfe gedacht und soll angehenden Feinschmeckern Hintergrundwissen liefern – eine kleine Gaumenfreude, die Ihnen Appetit aufs Lernen und Genießen machen soll. Es ist Lektüre für schlaflose Nächte und sollte einen festen Platz auf dem Nachttisch haben. Sie können es auch dekorativ auf den Couchtisch legen und das kulinarische Wissen Ihrer Freunde testen. Es ist Wissensspeicher und Spielzeug zugleich – und ein Geschenk, über das sich jeder freut,

denn Spaß an gutem Essen haben wir schließlich alle.

Für mich persönlich war es ein Crashkurs in einem Bereich, in dem ich mich eigentlich für eine Expertin hielt. Aber das ist das Faszinierende am Essen und Trinken: Man erfährt immer wieder neue Details und Zusammenhänge, bekommt praktische Tipps und lernt Tricks.

Mir hat dieses Buch unendlich viel Freude bereitet und neues Wissen beschert, das ich für meinen Beruf als Redakteurin einer preisgekrönten Gastro-Zeitschrift im Südwesten Englands gut gebrauchen kann. Ich habe das Internet durch-

forstet, meine zahllosen Kochbücher durchkämmt und öfter die Bibliothek besucht als damals an der Uni. Wie bei all meinen Artikeln und Blogs habe ich mich bemüht, möglichst gesicherte Fakten zu vermitteln, ohne mich dahinter zu verstecken. Gutes Essen und Trinken ist nicht zwangsläufig eine bierernste Sache. Viel wichtiger ist, dass es auch Spaß macht. Ich wünsche mir deshalb, dass es Ihnen beim Lesen genauso viel Genuss bereitet wie mir beim Schreiben.

Und wenn Sie mich jetzt bitte entschuldigen würden: Ich werde ich der Küche gebraucht …

GRUNDAUSSTATTUNG EINER SCHLEMMER-QUEEN
FÜR EIN EINJÄHRIGES BUCHPROJEKT

Liste der Zutaten:

1148 Kekse

1095 Tassen Tee

372 Dosen Diät-Cola

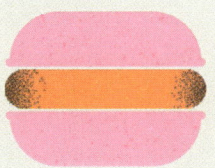

79 Macarons
(12 waren perfekt, den Rest
vergessen wir lieber)

41 Stücke Cheddar

200 Gin Tonics*

6 Fischstäbchen-Sandwiches

3 Flaschen
Sriracha(Chili)-Sauce

1 Flasche Champagner
(zum Feiern)

*Okay, ich geb's zu: Es waren 298.

AUS DEM GARTEN
—

7000+
Apfelsorten
werden
weltweit
angebaut.

Äpfel
bestehen
bis zu
85 % aus
Wasser.

80 kcal haben Äpfel
im Durchschnitt.

4 g Ballaststoffe
enthält ein
ungeschälter Apfel.

China baut
weltweit
die meisten
Äpfel an.

Das
säuerliche
Aroma
kommt von
der Apfel-
säure.

»Tafeläpfel«
enthalten bis zu 20 %
mehr Trockenmasse
als die typischen
»Kochäpfel« wie der
Bramley.

Da ein fauler Apfel Ethylengas ausströmt, verdirbt er alle übrigen im Korb.

Äpfel gehören zur Familie der Rosengewächse.

—

APFEL: AUF EINEN BISS

Der schlichte Apfel, der in jedem Obstkorb liegt und hoffentlich den Doktor fernhält, spielt in der Geschichte der Menschheit eine nicht zu unterschätzende Rolle. Er ist die verbotene Frucht im Paradiesgarten, in griechischen und altnordischen Sagen das Symbol von Liebe, Fruchtbarkeit und ewiger Jugend. Und Isaac Newton entdeckte das Gesetz der Schwerkraft, als er einen Apfel vom Baum fallen sah.

In gemäßigten Zonen gedeihen Äpfel in allen Schattierungen von Rot über Gelb bis Grün am besten, aber Australien produziert einige der weltweit meistgekauften Tafelsorten wie den langsam reifenden, milden Pink Lady (auch Cripps Pink) oder den säuerlichen, knackig-grünen Granny Smith. Die Briten bauen als einziges Land weltweit einen speziellen Kochapfel an: Da der Bramley wesentlich mehr Äpfelsäure als Zucker besitzt, entfaltet sich sein ausgeprägtes Aroma erst beim Erhitzen.

Äpfel können kugelrund, flachkugelig, länglich oder konisch geformt sein. Das feste Fruchtfleisch ist bei den meisten Sorten weiß – nur bei der modernen deutschen Sorte Baya Marisa (als Tickled Pink im Handel) ist es knallrot. 2012 brachten neuseeländische Züchter den »Papple« auf den Markt. Dabei handelt es sich allerdings um eine (apfelförmige) Kreuzung verschiedener europäischer und asiatischer Birnensorten.

Durch Oxidation verfärben sich Äpfel braun. Dem kann man mit Zitronensaft vorbeugen.

Beiß mich:

Bratapfel, Apfelkraut, Auflauf, Chips, Kuchen und Torten, Cobbler, Pfannkuchen, Saft, Gelee, Mus, Essig, getrocknet, vergoren, gekocht und kandiert

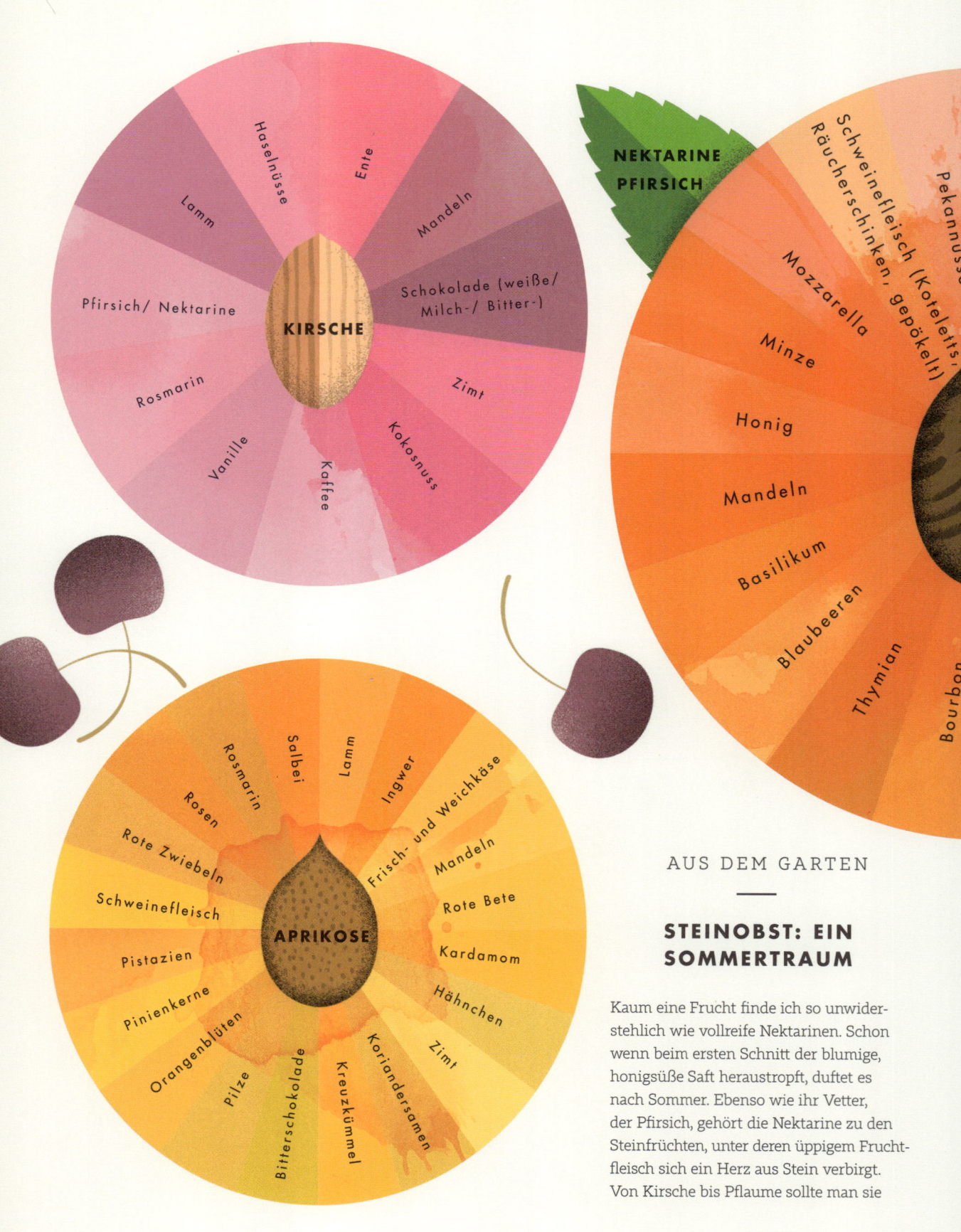

KIRSCHE

Ente · Mandeln · Schokolade (weiße/ Milch-/ Bitter-) · Zimt · Kokosnuss · Kaffee · Vanille · Rosmarin · Pfirsich/ Nektarine · Lamm · Haselnüsse

NEKTARINE PFIRSICH

Pekannüsse · Schweinefleisch (Koteletts/ Räucherschinken, gepökelt) · Mozzarella · Minze · Honig · Mandeln · Basilikum · Blaubeeren · Thymian · Bourbon

APRIKOSE

Salbei · Lamm · Ingwer · Frisch- und Weichkäse · Mandeln · Rote Bete · Kardamom · Hähnchen · Zimt · Koriandersamen · Kreuzkümmel · Bitterschokolade · Pilze · Orangenblüten · Pinienkerne · Pistazien · Schweinefleisch · Rote Zwiebeln · Rosen · Rosmarin

AUS DEM GARTEN

STEINOBST: EIN SOMMERTRAUM

Kaum eine Frucht finde ich so unwiderstehlich wie vollreife Nektarinen. Schon
wenn beim ersten Schnitt der blumige,
honigsüße Saft heraustropft, duftet es
nach Sommer. Ebenso wie ihr Vetter,
der Pfirsich, gehört die Nektarine zu den
Steinfrüchten, unter deren üppigem Fruchtfleisch sich ein Herz aus Stein verbirgt.
Von Kirsche bis Pflaume sollte man sie

MANGO — Minze, Limette, Avocado, Chili, Kardamom, Kokosnuss, Korandergrün, Hart- und Schnittkäse, Meeresfrüchte (Krebs, Languste, Hummer, Garnelen), Ananas, Papaya, Schwarzkümmel

Rosmarin, Himbeeren, Säuerlicher Frischkäse, Sahne, Koriandergrün, Nelken, Zimt, Kirschen, Champagner, Weinbrand

PFLAUME MIRABELLE RENEKLODE — Gin, Wacholder, Ente, Nelken, Zimt, Mandeln, Anis, Brombeeren, Schwarzer Pfeffer, Kardamom, Schokolade, Vanille, Thymian, Rosmarin, Orange, Lamm, Honig, Ingwer

möglichst am Baum reifen lassen, aber oft genug werden sie unreif gepflückt, damit sie den Transport überstehen.

Steinobst schmeckt roh, als Kuchen, gebraten und sogar gegrillt. Die meisten gesellen sich gern zu anderen Steinfrüchten wie der anpassungsfähigen Mandel und der exotischen Kokosnuss oder zu den Sammelsteinfrüchten wie Himbeere und Brombeere. Am besten schmecken sie zur jeweiligen Hauptsaison. Wählen Sie glatte, duftende Früchte ohne Druckstellen, und Schlagsahne nicht vergessen!

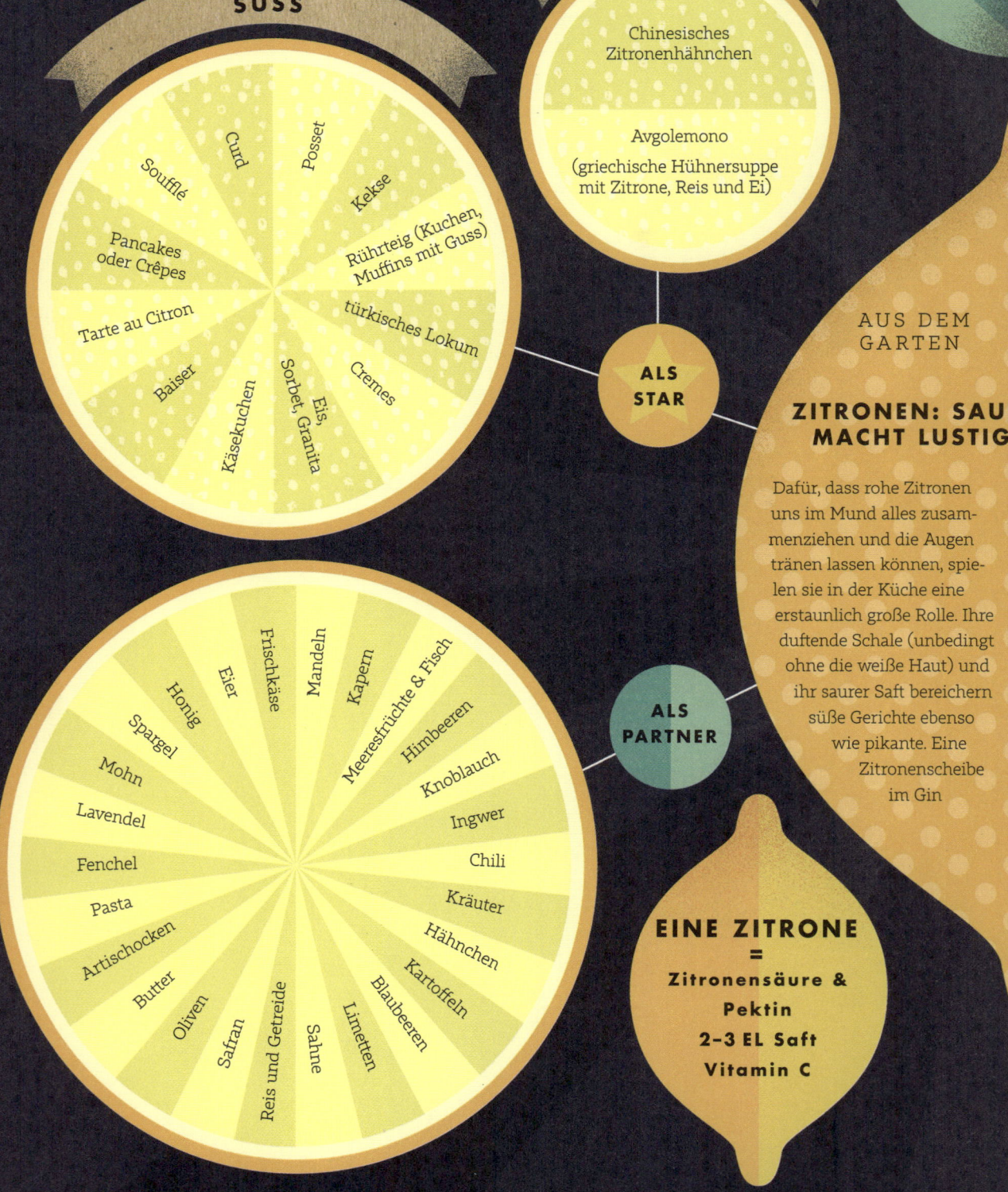

Chinesisches
Zitronenhähnchen

Avgolemono
(griechische Hühnersuppe
mit Zitrone, Reis und Ei)

Curd

Souflé

Posset

Kekse

Pancakes
oder Crêpes

Rührteig (Kuchen,
Muffins mit Guss)

Tarte au Citron

türkisches Lokum

Baiser

Cremes

Eis,
Sorbet, Granita

Käsekuchen

**ALS
STAR**

AUS DEM
GARTEN

ZITRONEN: SAUER MACHT LUSTIG

Dafür, dass rohe Zitronen
uns im Mund alles zusam-
menziehen und die Augen
tränen lassen können, spielen sie in der Küche eine
erstaunlich große Rolle. Ihre
duftende Schale (unbedingt
ohne die weiße Haut) und
ihr saurer Saft bereichern
süße Gerichte ebenso
wie pikante. Eine
Zitronenscheibe
im Gin

Eier

Frischkäse

Mandeln

Honig

Kapern

Spargel

Meeresfrüchte & Fisch

Mohn

Himbeeren

Lavendel

Knoblauch

Fenchel

Ingwer

Pasta

Chili

Artischocken

Kräuter

Butter

Hähnchen

Oliven

Kartoffeln

Safran

Blaubeeren

Reis und Getreide

Limetten

Sahne

**ALS
PARTNER**

EINE ZITRONE
=
**Zitronensäure &
Pektin
2–3 EL Saft
Vitamin C**

SAUBERKEIT

Frischer Duft für Kühlschrank & Mikrowelle

Schneidbretter reinigen

Alu-Töpfe polieren

WÜRZEN

Mit Zitronensaft wie mit Salz oder Pfeffer würzen

Vinaigrette

Gremolata (Zitronenschale, Knoblauch, Petersilie)

Salzzitronen

Marinade

CHEMISCHE FINESSEN

Oxidation (Schwärzung) vorbeugen

Fleischzartmacher

Fisch in Ceviche »garen«

Tonic versetzt uns sofort in Urlaubsstimmung. Bringt man Zitronenwasser in der Mikrowelle zum Kochen, verschwinden hartnäckige Essensgerüche. Clevere Köche haben Zitrone als drittes Gewürz neben Salz und Pfeffer immer zur Hand, denn sie verstärkt Aromen und wirkt ausgleichend. Am besten haben Sie immer mindestens eine zu Hause im Obstkorb.

GETRÄNKE

Alsterwasser oder Radler

Zitrone, Ingwer und Honig als Tee

Limonade

Limoncello-Likör

GARNITUR

Spalten zu Fisch

Scheiben in Drinks

Kandierte Schale

Eiswürfel mit Schale für Drinks

SCHNEIDEN

am besten mit einem Tomatenmesser mit Sägezähnung oder
einem Keramikmesser. Für
Concassé überbrühen, häuten,
entkernen und fein würfeln.

LAGERN

20-26°C

bei Raumtem-
peratur (nie im
Kühlschrank)

HÄUTEN

den Stielansatz kreuzweise
einritzen, mit kochendem
Wasser 10–20 Sekunden
überbrühen, dann kalt
abspülen und
abziehen.

KAUFEN

roh, als Konserven,
Mark, Passata, Saft

AUS DEM GARTEN

TOMATEN: OBST
ODER GEMÜSE?

Erst im 16. Jahrhundert tauchten die roten Paradiesäpfel im Mittelmeerraum auf. Dass Tomaten heute als Grundzutat der Cucina italiana gelten, spricht für ihren Wohlgeschmack und ihre bemerkenswerte Vielseitigkeit. Tomaten gehören eigentlich nicht zu den Gemüsen, obwohl sie meist als solches verarbeitet werden. Die vom amerikanischen Kontinent stammende Pflanze, die mit den Spaniern in die Alte Welt kam, ist als Nachtschattengewächs eine Verwandte von Aubergine, Paprika und Kartoffel. Mit rund 15% nimmt sie eine Schlüsselrolle im weltweiten Gemüseanbau ein. In vielen Ländern beginnt und endet der Tag mit Tomaten. Im Norden der iberischen Halbinsel frühstücken die Katalanen geröstetes Brot, das sie mit Knoblauch, Tomaten und Olivenöl einreiben, anderswo isst man Spiegeleier in Tomatensauce – in Mexiko zum Beispiel als Huevos rancheros. Wunderbar sind auch Tomatensuppen, sei es herzerwärmende Creme oder eisgekühlter Gazpacho. Sogar trinken kann man Tomaten – als Bloody Mary, dem Pariser Klassiker der 1920er-Jahre aus Tomatensaft, Wodka, Salz, Pfeffer und Worcestersauce (oder als moderne Version mit frisch geriebenem Wasabi und Limette). Die gängigste Variante ist allerdings nach wie vor die typisch italienische Sauce. Dafür werden Tomaten mit Knoblauch und Kräutern geschmort, eingekocht und zu Nudelsaucen und Pizzabelag verarbeitet.

Am schmackhaftesten sind Tomaten, die im Freien am Strauch die Sonne genießen durften. Grüne Früchte reifen auf der warmen Fensterbank noch nach, bis sie schnittfest, rot und voller Sommeraroma sind.

Warum schmeckt Ketchup so gut? Er ist alles zugleich: süß, sauer, salzig, bitter und umami (sozusagen vollmundig). Üppigen Ragouts und Chili con Carne verleiht er ihr unnachahmlich tomatiges Aroma.

Tomatengrün gilt eigentlich als giftig, aber man kann die Rispe mitkochen, um Suppen, Schmorgerichten und Saucen mehr Aroma zu geben. Aber vor dem Servieren bitte herausfischen!

Dosentomaten sind kurz gekocht und eignen sich gut für Saucen und Schmorgerichte. Ihre leicht bittere Note gleicht man mit einer Prise Zucker aus. Sehr aromatisch sind San-Marzano-Tomaten.

Die Italiener lieben Tomaten, stehen aber als Produzenten weltweit nur an siebter Stelle. Die Hauptanbauländer sind China, Indien, die USA und die Türkei.

Avocadoblätter sind in der mexikanischen Küche wegen ihres Anisaromas beliebt.

Mexiko ist der größte Avocado-Erzeuger und -Exporteur.

12,5%
mehr Kalium pro Gramm als Bananen

19
K

1 Avocadobaum trägt bis zu
500
Früchte im Jahr.

Auch bekannt als Alligatorbirne (gefurchte grüne Schale) oder Butterfrucht (wegen des cremigen Fruchtfleischs).

Reife Avocados sollen auf Druck etwas nachgeben, aber keine Dellen oder Flecken aufweisen.

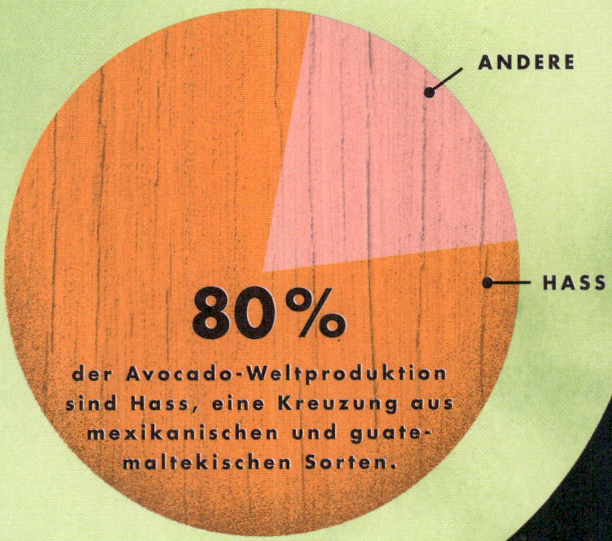

ANDERE

HASS

80%
der Avocado-Weltproduktion sind Hass, eine Kreuzung aus mexikanischen und guatemaltekischen Sorten.

3
Avocado-Typen

MEXIKO
Höchster Fettgehalt, Blätter mit Anisaroma – perfekt für Saucen und Dips.

GUATEMALA
Runde Früchte mit rauer, dicker Schale.

KARIBIK
Besonders große, süßliche Früchte mit viel geringerem Ölgehalt – ideal für Salat.

AVOCADO: DIE ALLIGATORBIRNE

In Kolumbien kommen auf 100 Passanten fünf Straßenverkäufer, die karrenweise reife Fuerte-Avocados feilbieten. Die Frucht aus der Familie der Lorbeergewächse – botanisch eine Cousine von Zimt und Lorbeer – isst man dort zu fast allem: Reis und Fleisch, Pommes frites und Salat oder einfach in Scheiben auf Brot.

Es gibt drei Haupttypen und inzwischen Hunderte Kreuzungen in allen möglichen Formen von kugelrund wie ein Apfel bis birnenförmig, diverse Größen von pflaumengroß bis kopfgroß und viele Farben von Gelbgrün bis Schwarzviolett.

Das milde, cremige Fruchtfleisch wird gern einfach mit Limette, Salz und Chili genossen. Man isst es besser roh, denn beim Garen wird es schnell bitter. Die berühmteste Zubereitungsart ist der mexikanische Guacamole-Dip, aber auch Zwischendurch ist die Frucht ein Hit. Mein aktueller Favorit sind englische Muffins (Toasties) mit Grillkäse, gebratener Chorizo, Scheiben von Hass-Avocado, pochiertem Ei und einem Klecks Sriracha-Sauce.

Avocados enthalten mehr Ballaststoffe als die meisten anderen Früchte, außerdem Kalium, Vitamin C, E und K sowie fast doppelt so viele gesunde ungesättigte Fettsäuren wie frischer Lachs – also insgesamt eine runde und gesunde Sache.

HALBIEREN

DREHEN

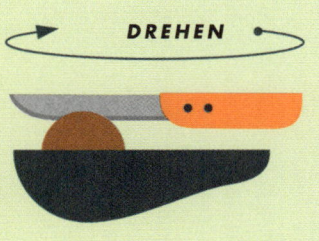

AUSLÖFFELN & SCHNEIDEN

LIEBER PIKANT ...

California Roll
(Inside-out Sushi mit Krebsfleisch, Gurke und Avocado)

Guacamole
(Dip mit Chili, Koriander, Limette und Tomate)

Geeiste Suppe
(lecker mit Gurke, säuerlichem Joghurt oder Buttermilch und Dill)

... ODER SÜSS?

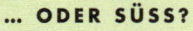

Jus alpukat
(gekühlter süßer Avocado-Milchshake aus Indonesien, auch mit Kaffee und Schokoladensirup)

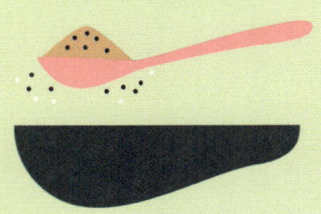

Mit Zucker bestreut
(in Brasilien der Renner)

Mousse au Chocolat
(bei Rohkostfans beliebt: mit Avocados statt Sahne und Rohkakao oder Kakaopulver)

PEPERONI-SORTEN	SCOVILLE-SCHÄRFESKALA
REINES CAPSAICIN	16.000.000
PFEFFERSPRAY DER POLIZEI	5.300.000
CAROLINA REAPER	1.569.300
TRINIDAD SCORPION	1.463.700
BHUT JOLOKIA	1.041427
DORSET NAGA	923.000
RED SAVINA HABANERO	250.000–577.000
CHOCOLATE HABANERO	200.000–385.000
SCOTCH BONNET	150.000–325.000
ORANGE HABANERO	150.000–325.000
FATALI	125.000–325.000
DEVIL'S TONGUE	125.000–325.000
KUMATAKA	125.000–150.000
DATIL	100.000–300.000
BIRD'S EYE	100.000–225.000
JAMAICAN HOT	100.000–200.000
BOHEMIAN	95.000–115.000
TABICHE	85.000–115.000
TEPIN	80.000–240.000
HAIMEN	70.000–80.000
CHILTEPIN	60.000–85.000
THAI	50.000–100.000
YATSUFUSA	50.000–75.000
PEQUIN	40.000–58.000
SUPER CHILE	40.000–50.000
SANTAKA	40.000–50.000
CAYENNEPFEFFER	30.000–50.000
TABASCO	30.000–50.000
AJI	30.000–50.000
JALORO	30.000–50.000
DE ARBOL	15.000–30.000
MANZANO	12.000–30.000
HIDALGO	6000–10.000
PUYA	5000–10.000
HOT WAX	5000–10.000
CHIPOTLE	5000–8000
JALAPEÑO	2500–8000
GUAJILLO	2500–5000
MIRASOL	2500–5000
ROCOTILLO	1500–2500
PASILLA	1000–2000
MULATO	1000–2000
ANCHO	1000–2000
POBLANO	1000–2000
ESPANOLA	1000–2000
PULLA	700–3000
CORONADO	700–1000
NUMEX BIG JIM	500–2500
SANGRIA	500–2500
ANAHEIM	500–2500
SANTA FE GRANDE	500–750
EL PASO	500–700
PEPERONI	100–500
KIRSCHPAPRIKA	0–500
PIMENTO	0
GEMÜSEPAPRIKA	0

Vögel sind gegen Capsaicin immun. Wer Eichhörnchen von Vogelfutter fernhalten will, würzt es mit etwas Chilipulver.

AUS DEM GARTEN

———

CHILISCHOTEN: SCHARFE SACHE

Nur wenige Nahrungsmittel haben eine so explosive Wirkung auf unsere Geschmacksknospen und dabei so wenige Kalorien wie Chili. Kultiviert werden die Pflanzen der Paprikafamilie seit Jahrtausenden, doch erst Kolumbus brachte sie nach Europa. Aus vielen Kulturen und Kochtraditionen ist Chili nicht wegzudenken, sei es die fruchtige Schärfe des karibischem Jerk Chicken, das rauchige Prickeln der mexikanischen »Pueblo-Sauce«, Mole poblano, oder der knallrote süße Paprikakick spanischer Chorizo-Wurst.

Allerdings ist Chili nicht gleich Chili. Die Paprikafamilie präsentiert sich in allen möglichen Formen (Glocken, Kugeln, Hexenfinger, Zipfelmützen …), Texturen (glatt oder faltig), Farben (Rot, Gelb und Grün, aber auch Violett, Schwarz und Braun) und vor allem Schärfegraden – von der fein prickelnden Jalapeño bis zur feuerspuckenden Dorset Naga.

Von den fünf Haupttypen wird der am weitesten verbreitete Spanische Pfeffer (*Capsicum annuum*) am häufigsten angebaut und umfasst unter anderem die bekannten Sorten Cayenne, Jalapeño oder Pimiento sowie Gemüsepaprika. An den Stängeln sitzen weiße oder lila-weiße Einzelblüten. Unter *Capsicum chinense* fallen viele superscharfe Chilisorten wie Scotch Bonnet, Red Savino und Habanero, aber auch Ausnahmen wie die relativ milde Trinidad Perfume. Beide Varianten besitzen ein fast schon aprikosiges Fruchtaroma und meist eine kleine, rundliche Lampionform.

Capsicum baccatum erkennt man an den braunen oder grünen Tupfen auf den Blütenblättern und an ihren seltsam geformten, oft gefurchten Früchten. In der afrikanischen Küche beliebt sind die meist kleinen, geraden Vertreter von *Capsicum frutescens* – die berühmtesten davon sind Tabasco, Piri-piri und Bird's Eye. Nur selten kultiviert wird *C. Pubescens* mit schwarzen Samen, behaarten Blättern und dicker Haut. Sofern man sie lässt, wird die Schote apfelgroß.

Ausnahmslos alle Paprikasorten enthalten den Scharfmacher Capsaicin. 1912 ermittelte der US-Pharmakologe Wilbur Scoville eine Rangliste nach Scoville-Grad (SHU). Dazu verdünnte er Chililösung mit Zuckersirup und gab sie Probanden zu kosten. Inzwischen ermittelt man Schärfegrade mit der exakten Hochleistungs-Flüssigkeitschromatografie (HPLC).

ZUCCHINI: GÄRTNERS LIEBLING

Mit Kräutertöpfchen auf der Fensterbank macht der angehende Gemüsegärtner die ersten vorsichtigen Gehversuche, mit Zucchini steigt er aufs Kinderfahrrad mit Stützrädern. Sobald die Pflänzchen nämlich ihre Nase aus der Anzuchterde strecken, kann man sie getrost sich selbst überlassen. Wenn sie erst mal in Fahrt kommen, dann ist kein Halten mehr.

Zucchini sind enge Verwandte von Gurke, Kürbis, Melone und Co. und stammen in ihrer heutigen Form wohl aus Italien. Erst im 20. Jahrhundert gewannen sie auch in anderen Ländern neue Freunde, zuletzt bei den Briten und US-Amerikanern.

Es gibt sie in Gelb, Grün und gestreift. Junge, bis 8 cm lange Exemplare sind fein, aber am besten schmecken sie mit rund 20 cm, darüber sind sie oft wässrig und fade.

Zucchini lieben mediterrane Begleiter, wie Tomaten, Knoblauch, Zwiebeln und Zitrone, und blumige Kräuter, wie Basilikum, Oregano und Thymian. Sie nehmen Aromen hervorragend an und passen zu fast allem, seien es Currygerichte, Wok-Pfannen oder nur in etwas Knoblauchbutter geschwenkt. Die einzige Garmethode, die ihnen gar nicht bekommt, ist Kochen. Immer schön al dente!

Die goldgelben Zucchini-Blüten sind essbar, aber wenn man auch Früchte haben möchte, darf man nur die männlichen Blüten abpflücken. Für die Füllung 250 g Ricotta, 75 g geriebenen Hartkäse, die Schale einer Zitrone, je 1 EL Zitronensaft und getrocknete Chiliflocken plus eine Handvoll gehackte frische Petersilie und Minze mischen. Aus 150 g Mehl, 1 TL Backpulver, 50 g Speisestärke und 250 ml eiskaltem Mineralwasser einen Teig anrühren (sämig wie Crème double), die Blüten eintauchen und in Pflanzenöl bei 180 °C goldgelb und knusprig ausbacken. Abtropfen lassen und heiß genießen.

RASPEL

Sämigen pikanten Pfann-
kuchenteig herstellen und
geraspelte Zucchini, ge-
hackte frische Minze und
zerbröckelten Feta un-
terheben, in Oliven- oder
Rapsöl braten. Dazu etwas
griechischen Joghurt.

STREIFEN

Rohe Zucchini längs in
Streifen schneiden, mit
Grana-Padano-Spänen,
halbierten Kirschtoma-
ten, Basilikum und roten
Chiliringen anrichten.
Dazu eine Vinaigrette
aus Zitronensaft und mit
Koriander aromatisiertem
Oliven- oder Rapsöl.

SCHEIBEN

In einer feuerfesten Form
Zucchini- und Tomaten-
scheiben, rote Zwiebelrin-
ge, Knoblauch, Olivenöl,
frischen Thymian und
geriebenen Cheddar
schichten und im vorge-
heizten Ofen backen,
bis sie weich und gold-
braun sind.

SPIRALEN

Mit dem Spiralschneider
oder Messer in feine
lange Streifen schneiden.
Diese »Gemüsespaghet-
ti« roh mit frischem
Pesto oder Romesco-
Sauce anrichten.

SCHIFFCHEN

Aus größeren Zucchini die
Samen herauskratzen und
die Vertiefung mit gegartem
Schweinehack (für Vegetarier
mit Kichererbsen) füllen, mit
Ras-el-Hanout-Würzmischung
abschmecken und bei mittlerer
Hitze im Backofen garen.

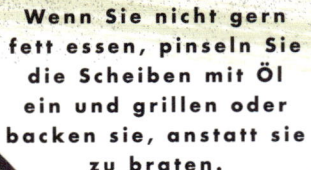

Wenn Sie nicht gern fett essen, pinseln Sie die Scheiben mit Öl ein und grillen oder backen sie, anstatt sie zu braten.

Erbsenauberginen findet man in asiatischen Curry-Gerichten.

OLIVENÖL UND AUBERGINEN SIND EIN PAAR

Beim Garen wird das schwammige Fruchtfleisch seidenweich und geschmeidig – perfekt für Dips und bei Veganern hoch im Kurs. Es gibt Auberginen-»Kaviar« in mehreren Varianten, etwa das beliebte arabische Baba Ganoush. Beim Rösten über Grillkohlen oder einer Gasflamme nehmen die Auberginen eine rauchige Note an. Man schabt das Fruchtfleisch heraus, püriert es mit gehacktem Knoblauch und schmeckt es mit Zitronensaft, Salz und Pfeffer ab. Man püriert Auberginen auch mit Tahini (Sesampaste), griechischem Joghurt, Laban (Sauermilch) und Olivenöl, wie die Kolumbianer mit Gemüsebananen (Boronía Barranquillera) oder wie die Serben mit gerösteten roten Paprikaschoten (Ajwar).

Auberginen lieben Säure! Sehr lecker mit Buttermilch, Miso, Schafskäse, Tamarinden oder Joghurt.

Die langen, dünnen japanischen oder chinesischen Auberginen enthalten weniger Samen und sind milder als ihre rundlichen Kollegen – hervorragend geeignet für Wok-Gerichte.

Italiener lieben ihre über-backenen Melanzane alla Parmigiana mit würziger Tomatensauce unter einer goldenen Kruste aus Mozzarella und Parmesan.

In Spanien serviert man die gebratenen Scheiben als Tapas.

Für griechische Moussaka würzt man die Scheiben mit Zimt, schichtet sie mit Hack-fleisch und cremiger Eier-Béchamelsauce und backt sie.

AUBERGINE: DIE EIERFRUCHT

Wie Tomaten, Paprika und Kartoffeln sind Auberginen Nachtschattengewächse. Die schwarzen, violetten, weißen oder grünen Früchte sind in vielen Formen erhältlich und botanisch eigentlich Beeren.

Wie wir alle neigen auch Auberginen mit fortschreitendem Alter zu Falten und einer gewissen Bitterkeit. Frisch und jung schmecken sie am besten. Sie sollten schwer, fest, prall, glänzend und makellos sein. Damit sich das Fruchtfleisch nicht verfärbt, schneidet man sie erst kurz vor dem Verarbeiten auf.

Traditionell lässt man sie »Wasser ziehen«, um ihnen das Bittere zu nehmen (Scheiben sal-zen, abspülen und trockentupfen), aber das ist bei heutigen Sorten nicht mehr nötig. Angeblich saugen sie dann auch beim Braten weniger Fett auf, aber wenn die Sorte zur Zubereitungsart passt, geht es auch ohne.

Wie immer beim Kochen zahlt sich Geduld aus: Auberginen gut durchgaren und lauwarm servieren, dann entfalten sie ihr volles Aroma.

Die türkische Küche liebt Auberginen, vor allem gefüllt als Imam bayildi, zu Deutsch »der Imam fiel in Ohnmacht«. Ob das auf ihren Wohlgeschmack oder auf die Kosten für das Olivenöl zurückzuführen ist, bleibt offen. Die köstliche Kombination aus karamellisierten Zwiebeln, Knoblauch, Tomaten, Petersilie und Olivenöl wird lauwarm serviert.

Da Auberginen wie ein Schwamm andere Aromen aufsaugen, verarbeitet man sie gern zu Eintopfgerichten, von provenzalischer Ratatouille, spanischem Pisto und süßsaurer sizilianischer Caponata über nordindisches Bharta bis zu der nach Fisch duftenden Sichuan-Version mit Schweinehack.

Auberginen vor dem Rösten im Ganzen anstechen, sonst explodieren sie.

—

KOHL: KOPFARBEIT

Gehobelt als Krautsalat und Sauerkraut, mit Hackfleisch gefüllt zu Rouladen gewickelt – Kohl ist weltweit in aller Munde. Dass er auch ein paar erbitterte Gegner hat, liegt meist am Dimethylsulfid.

Diese chemische Substanz sorgt für den penetranten Kohlgeruch (der auch heute noch durch manches Treppenhaus wabert), und je länger man den ältesten Vertreter der Brassica-Familie kocht, desto schlimmer wird es. Der Trick ist deshalb eine möglichst kurze Garzeit: Viel besser als langes Kochen ist Dämpfen oder Dünsten. Unter ständigem Rühren in der Pfanne oder im Wok in Öl gebraten, entwickelt Kohl sogar ein wunderbar nussiges, karamelliges Aroma.

Die wilde Urform des Kohls ähnelte unserem Grünkohl. Schon im alten Ägypten, Rom und Griechenland stand er hoch im Kurs, weil er so gesund ist und angeblich sogar einen Alkoholrausch verhindert. Heute findet man Kohl weltweit in ganz unterschiedlicher Gestalt in Rot (eigentlich Dunkelviolett), Weiß und diversen Grüntönen. Manche sind kugelrund, andere kegelförmig; einige bilden Köpfe aus, andere Strünke und grüne Blätter. Sie alle lassen sich im Handumdrehen vor- und zubereiten: Man entfernt einfach zähe oder welke Außenblätter, hobelt, schneidet, füllt und gart den Rest je nach Rezept – und zückt zum Schluss Messer und Gabel.

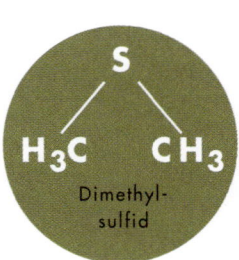

Diese Substanz ist auch in Spargel, Roter Bete, Trüffeln und Meeresfrüchten enthalten und macht sich bei Kohl nach längerem Kochen bemerkbar.

Damit Rotkohl nicht blau macht, sondern purpurrot bleibt, gibt man ihm beim Kochen Saures in Form von Zitronensaft oder Essig.

COLESLAW

COLCANNON

OKONOMIYAKI
(pikante Eierkuchen)

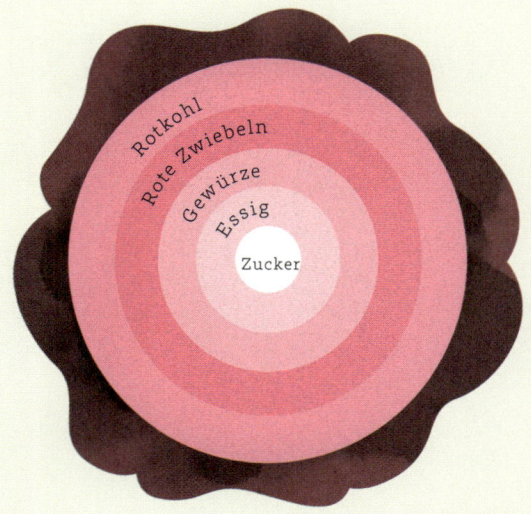

GESCHMORTER ROTKOHL

Rotkohl
Rote Zwiebeln
Gewürze
Essig
Zucker

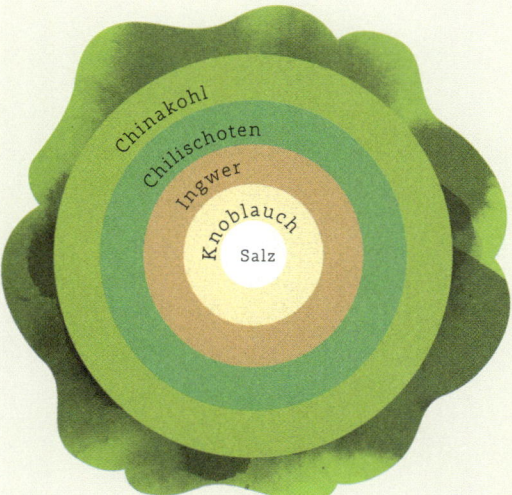

KIMCHI

Chinakohl
Chilischoten
Ingwer
Knoblauch
Salz

SAUERKRAUT

Weißkohl
Salz

BUBBLE & SQUEAK

Jede Kohlsorte
Kartoffelpüree
Gemüsereste

TOSKANISCHE RIBOLLITA

Wirsingkohl oder Grünkohl
Brot
Hartkäse
Brühe

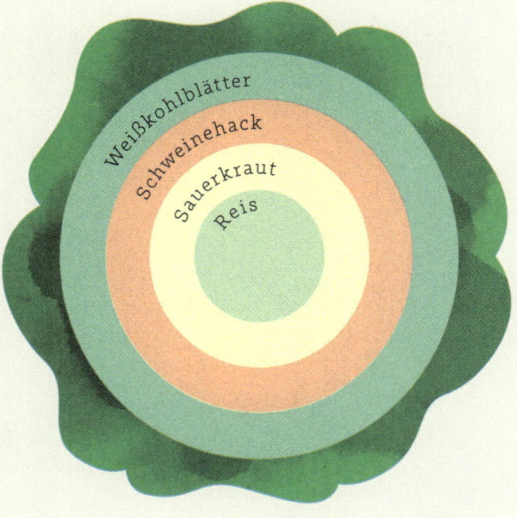

SARMALE
(Kohlrouladen/Krautwickel)

Weißkohlblätter
Schweinehack
Sauerkraut
Reis

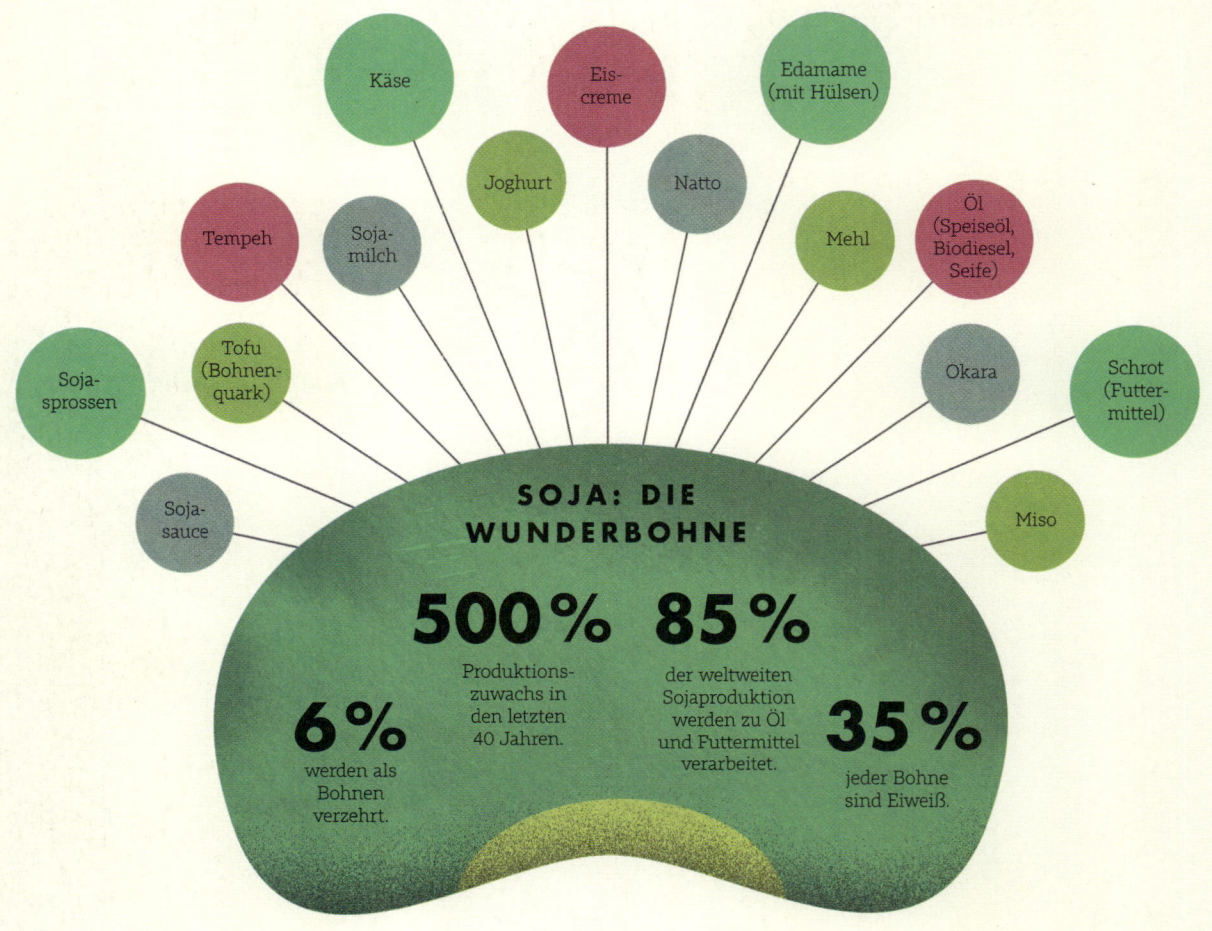

Käse

Eis-creme

Edamame (mit Hülsen)

Joghurt

Natto

Tempeh

Soja-milch

Mehl

Öl (Speiseöl, Biodiesel, Seife)

Soja-sprossen

Tofu (Bohnen-quark)

Okara

Schrot (Futter-mittel)

Soja-sauce

Miso

SOJA: DIE WUNDERBOHNE

500%

Produktions-zuwachs in den letzten 40 Jahren.

85%

der weltweiten Sojaproduktion werden zu Öl und Futtermittel verarbeitet.

6%

werden als Bohnen verzehrt.

35%

jeder Bohne sind Eiweiß.

AUS DEM GARTEN

—

BOHNEN: AUSGESCHÄLT

Manche löffeln weich gekochte weiße Bohnenkerne samt Tomatensauce direkt aus der Dose, andere essen lieber Salade niçoise mit blanchierten grünen Prinzessbohnen, Thunfisch, Oliven und gekochtem Ei. Bohnen schmecken nicht nur toll, sondern sind auch überaus gesund.

Die meisten Arten stammen aus Amerika, doch global hat die chinesische Sojabohne die Nase vorn. Als »vollwertiges« Eiweiß (mit allen acht essenziellen Aminosäuren) ist sie extrem nährstoffreich. Von allen Hülsenfrüchten wird Soja heute weltweit am häufigsten angebaut. Man kocht sie als japanische Edamame in der Hülse oder verarbeitet sie als Kerne, Sprossen und Tofu. Geschmacklich hat sie allerdings nicht besonders viel zu bieten, anders als ihre Verwandten auf der anderen Seite des Pazifiks.

Dicke Bohnen, auch Acker-, Puff- und Saubohnen genannt, sind nicht nur in Europa seit Urzeiten sehr beliebt. Eingehüllt in ihre außen prallen, innen samtigen Hülsen warten sie geduldig bis wir sie uns einverleiben: jung als Rohkost, blanchiert als Salat, getrocknet und gesalzen als Snack oder mit Gewürzen gekocht als Mus. Letzteres verspeisen die Ägypter schon zum Frühstück (Ful Medammes). Will man die frischen Kerne essen, sollte man sie zuvor aus den zähen Häutchen lösen.

Weiße Bohnenkerne

Klein und butterweich, oft als Baked Beans. Sehr empfänglich
für Aromen und deshalb ideal für Suppen und Eintöpfe.

Dicke Bohnen

Mittelgroß, grün und mit zähem Häutchen;
schmecken roh, blanchiert oder getrocknet. Junge
Kerne mit Ziegenkäse, Kümmel und Minze anrichten.

Augenbohnen

Wird in Jamaika als Teil des Nationalgerichts
mit Reis gegessen oder in den US-Südstaaten
zusammen mit fettem Schwein als »Hoppin' John«.

Grüne Bohnen

Mit Hülsen blanchiert oder kurz gekocht, schmecken heiß, lauwarm
oder kalt als Salat, sollten aber nicht zu kurz gegart werden.

Limabohnen

Groß und zart, auch Butterbohnen genannt; lieben
Knoblauch und mediterrane Kräuter. Püriert eine
köstliche Alternative zu Kartoffelbrei oder als Dip.

SPAGHETTI-KÜRBIS

Back mich! Koch mich wie Spaghetti!

AUS DEM GARTEN

———

KÜRBIS: GEISTERSCHRECK

Inbegriff herbstlicher Genüsse, Vertreiber böser Geister und Cinderellas aus einem Kürbis gezauberte Kutsche – es gibt viele gute Gründe, warum Kürbisse so beliebt sind. Aber welche Kürbissorte ist die köstlichste?

Den robusten Verwandten von Gurke, Zucchini und Melone – botanisch eine Frucht – findet man in einer bunten Palette von Farben, Formen und Größen: von Rauchblau, Creme und Dottergelb bis Orange und Moosgrün. Kürbisse stammen wohl vom amerikanischen Kontinent und spielen dort bis heute eine wichtige Rolle, sei es mit Wintergewürzen als Suppe, als Süßspeisen oder ausgehöhlt und geschnitzt als Halloween-Deko. Auch als Bier, Kuchen oder Püree ist Kürbis beliebt. Selbst die Blätter und Samen sind essbar. Aber wissen Sie, welche Sorte sich wofür am besten eignet?

———

Geröstete Kürbiskerne mit Salz oder mit Sojasauce und Gewürzen sind toll für zwischendurch!

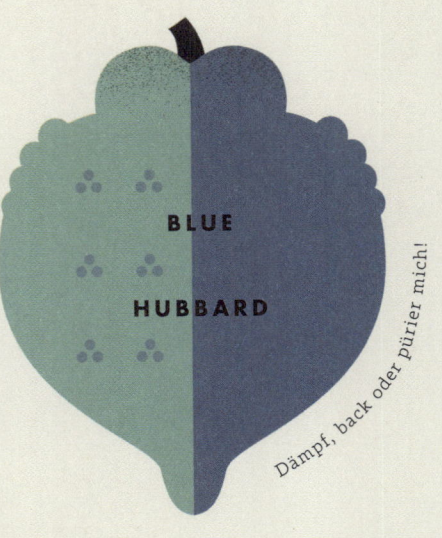

BLUE HUBBARD

Dämpf, back oder pürier mich!

ACORN

Füllen! In Scheiben schneiden! Braten!

CARNIVAL

In Scheiben schneiden! Braten! Raspeln!

BUTTERNUT

Schäl mich! Brat mich! Mach Risotto! Koch Suppe!

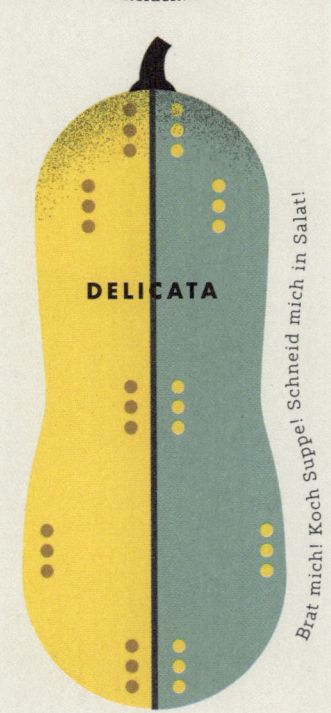

DELICATA

Brat mich! Koch Suppe! Schneid mich in Salat!

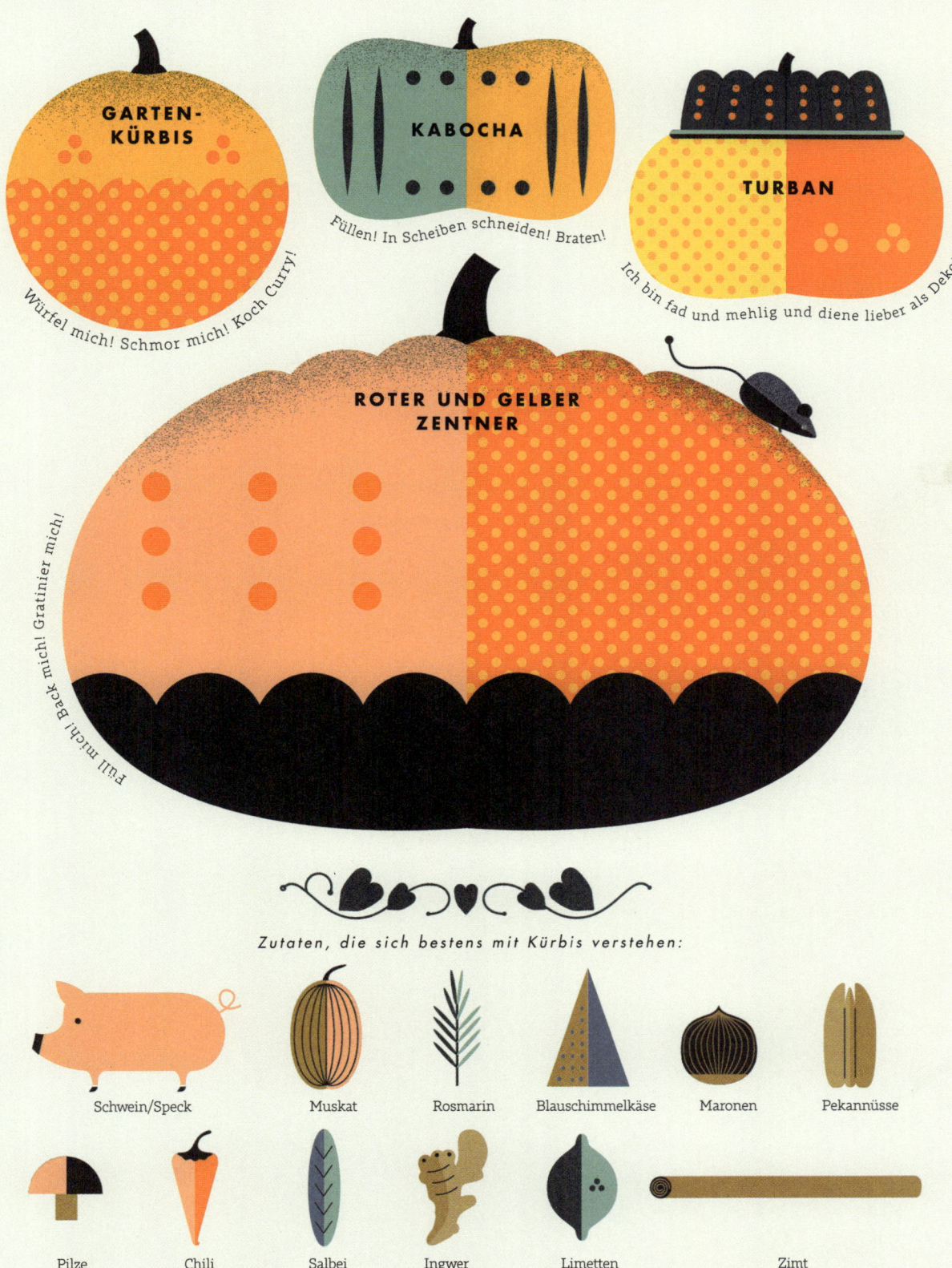

GARTEN-KÜRBIS

Würfel mich! Schmor mich! Koch Curry!

KABOCHA

Füllen! In Scheiben schneiden! Braten!

TURBAN

Ich bin fad und mehlig und diene lieber als Deko!

ROTER UND GELBER ZENTNER

Füll mich! Back mich! Gratinier mich!

Zutaten, die sich bestens mit Kürbis verstehen:

Schwein/Speck   Muskat   Rosmarin   Blauschimmelkäse   Maronen   Pekannüsse

Pilze   Chili   Salbei   Ingwer   Limetten   Zimt

—

ROTE BETE: GIB MIR DIE KUGEL!

Auf dem Teller stehlen die knalligen Kugeln anderer Gemüsen regelmäßig die Show. Die modernen Nachkommen des See-Mangolds, der noch heute an allen Küsten Europas bis nach Asien wild wächst, sind von der Wurzel bis zur Blattspitze essbar. Ihre Farbpalette reicht von poppigem Violett über Goldgelb bis zu Pink-Weiß gestreift.

In Osteuropa serviert man die purpurroten Rüben im berühmten Borschtsch, den man kalt oder heiß, klar oder gebunden liebt. Vielerorts werden sie auch eingelegt. Die Libanesen bringen mit der Roten Bete Gelbe Rüben zum Erröten, und die Briten baden die gekochten Scheiben in scharfem Malzessig.

Ihren Starruhm verdankt Rote Bete allerdings nicht nur ihrem Kolorit und erdig-milden Aroma, obendrein ist sie ungemein gesund. Schon die alten Römer kannten ihre medizinischen Vorzüge. Heute wird sie wegen ihrer vielen Antioxidantien und Vitamine als »Superfood« bejubelt. Ob gekocht, gebacken, geraspelt, geröstet, gebraten oder als Rohkost – mit Roter Bete sieht die kulinarische Zukunft in jeder Beziehung rosig aus.

WILDE GESELLEN

Ihr erdiger Geschmack macht sie zum idealen Partner für kräftiges Wildgeflügel, rotes Fleisch (am besten kalt aufgeschnitten) und Innereien wie Leber.

MUND AUF!

Sie mögen keine Rote Bete? Mit ein paar Tricks wird sie zu Ihrem Lieblingsgemüse: Vor dem Kochen kräftig abbürsten, aber nicht einritzen, damit der Saft erhalten bleibt. Mit Haut in Öl braten und kräftig würzen. In feine Scheiben schneiden oder raspeln und als Rohkost servieren. Egal, was Sie damit machen: Einfach auf den Teller damit!

DIE WÜRZE MACHT'S

Rote Bete passt wunderbar zu Chili, Kreuzkümmel, Kümmel und fruchtigen Koriandersamen.

SAURES MILIEU

Heutzutage werden gerne Rote-Bete-Rohkost und Ziegenkäse kombiniert, aber im Grunde passt dazu alles Säuerliche von griechischem Joghurt, saurer Sahne, Crème fraîche und Buttermilch über Cornichons bis zu filetierten Orangen und Äpfeln. Auch Essig ist eine Option, aber bitte kein Malzessigbad, sondern ein Spritzer Balsamico, Sherry- oder Rotweinessig.

VOM SCHEITEL BIS ZUR SOHLE

Auch die Blätter frisch geernteter Roter Bete sind essbar. Man verwendet sie wie Spinat: junge Blättchen in den Salat geben, größere kurz anbraten.

BACKWERK

Rüblitorte mag jeder – das müsste mit der süßlichen roten Konkurrenz doch auch gelingen, meinen manche Konditoren und backen damit Schokoladenkuchen, Brownies und Muffins. Der erdige Beigeschmack ist jedoch nicht jedermanns Sache. Mir sind pikante Muffins lieber.

ZURÜCK ZU DEN WURZELN

Wie viele Gemüse verträgt sich Rote Bete gut mit ihren Beetnachbarn, seien es andere süßliche Wurzeln wie Möhren oder Pastinaken, mediterrane Kräuter wie Rosmarin und Thymian oder Dill. In Relish, Salat und Suppe passt dazu auch scharfer Meerrettich.

INS NETZ GEGANGEN

In Skandinavien und im Baltikum isst man Rote Bete zu Fettfischen wie Hering, Makrele und Lachs. Sie passen in jeden Fischsud (eigentlich zu allem von Gnocchi über Nudeln bis Brot) und geben großzügig von ihrer violetten Farbe ab.

—

SPARGEL: NICHT VON DER STANGE

Schon die alten Griechen wussten, dass Spargel eine Delikatesse ist. Er ist ohne viel Aufwand zubereitet und sehr gesund, denn er enthält Vitamin A, C und E, Ballaststoffe und Folsäure. Kein Wunder, dass alle Welt die begehrten Stangen bei Spargelfestivals feiert.

Der größte Spargelerzeuger (und -konsument) ist China. Es produziert rund 20 Mal so viel wie Peru, das zweitgrößte Anbaugebiet. Die meisten Fans hat das Edelgemüse allerdings in Europa. Es gedeiht am besten in sandigen Böden, doch bis zur ersten Ernte brauchen die Jungpflanzen bis zu drei Jahren. Die zarten Stangen sind so empfindlich, dass sie behutsam von Hand gestochen werden müssen.

Der unabhängig von der Farbe unverkennbare Spargelgeschmack sollte möglichst schlicht genossen werden. Am besten schmecken die Stangen in der Saison (meist Frühling und Sommer) und frisch gestochen – langes Lagern tut ihnen nicht gut. Ideale Begleiter sind eine samtige Sauce hollandaise, ein Olivenöldressing und pikanter Hartkäse oder eine Sahnesauce mit geräucherten Speckwürfeln und goldgelb gerösteten Croutons.

GRÜN

Er ist die Lieblingssorte der Briten und auch in den USA, Australasien und China ein Renner. Die dicken, langen Stangen schneidet oder biegt man vorsichtig, bis das zähe Ende an der Sollbruchstelle abknickt. Gut zum Dämpfen, Kochen, Blanchieren, Überbacken, Grillen oder Sautieren, aber schnell sollte es gehen. Matschiger Grünspargel verliert seine süße Note.

VIOLETT

Die ballaststoffärmere, süßliche Sorte ist eine italienische Züchtung: die Enden abbrechen und die rohen Stangen längs in dekorative Streifen für Salate schneiden.

WAS PASST GUT ZUM SPARGEL?

Haselnuss

Käse

Sojasauce

Sardellen

Eier

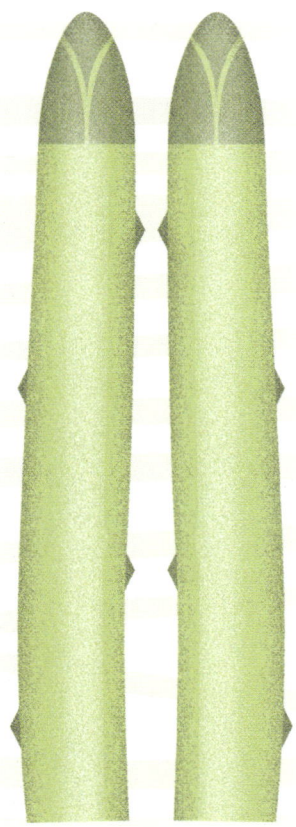

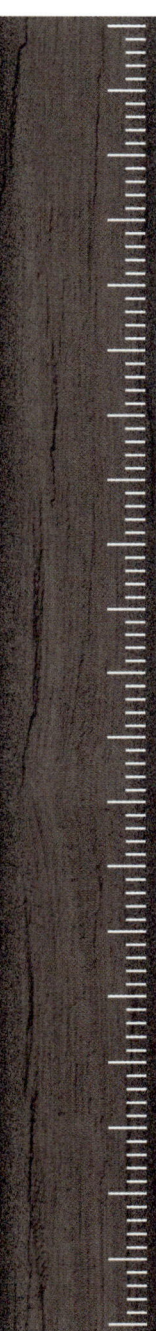

WEISS

In Deutschland und weiten
Teilen Mitteleuropas wird
grüner Spargel lichtgeschützt
in Hügelbeeten oder schwarzen
Folientunneln angebaut, damit
er weiß wird. Der Geschmack
ist etwas zarter, und da er mehr
Arbeit macht als die übrigen
Sorten (man muss die Stangen
schälen und die holzigen Enden
abschneiden), wird er auch als
Konserve verkauft.

WILD

Wo echter Wildspargel
wächst, das ist ein wohl-
gehütetes Geheimnis unter
Gourmets. Die dünnen,
delikaten Stangen isst man
roh oder kurz blanchiert.

25 cm

WIE LANG?

Unter Idealbedingun-
gen können Spargel-
stangen in 24 Stunden
25 cm zulegen.

Schalotten

Erbsen

Räucherlachs

Zitrone

Dicke Bohnen

Austernsauce

NIMM MICH!

Es gibt Hunderte Sorten von Knoblauch in zwei Varianten: die gängigen »softnecks« (*Allium sativum var. sativum*) und die aromatischeren »hardnecks« (*Allium sativum var. ophioscorodon*).

AUS DEM GARTEN

KNOBLAUCH: ENERGISCHE ZEHEN

Man kauft ihn frisch, wild, eingelegt oder gefriergetrocknet, als Pulver oder Paste. Ganz gleich, in welcher Form – Knoblauch ist eindeutig der Star der Lauchfamilie. Roh entfacht er ein Feuerwerk würzig-scharfer Aromen, gebraten umschmeichelt er die Zunge mild und süßlich. Und er ist ein Weltenbummler: Kaum eine Zutat ist international so verbreitet. Das Einzige, mit dem Knobi sich wirklich nicht verträgt, sind Süßspeisen. Salziges Karamell? Delikat. Möhrenkuchen? Spitze. Brownies mit Speck? Geht so. Aber Knoblauchpudding? Geschmacksverirrung! Hier ein paar Insider-Tipps, welche Sorte Knoblauch wann und wozu am besten passt.

DIE BITTERE WAHRHEIT

Der grüne Keim, den man teils in den Zehen findet, ist so scharf und bitter, dass man ihn wegschneiden sollte.

KNOFEL-VORRAT

Die Knollen lagert man kühl und trocken rund 2–3 Wochen, aber im Ganzen. Einzelne Zehen trocknen schneller aus.

Wilder Knoblauch hält sich im Kühlschrank maximal eine Woche.

Das kaltfeuchte Milieu im Kühlschrank ähnelt dem in der Erde, sodass die Zehen austreiben.

JUNGE WILDE

Nur einen Hauch des üblichen Aromas liefern (roh oder gegart) junge, frische Knoblauchknollen oder ihr wilder Vetter, der in schattigen Wäldern heimische Bärlauch. Man verarbeitet ihn im Mixer zu Pesto oder klein geschnitten zu Risotto und Omelett.

38

IM GANZEN

Um die Zehen in eine samtweiche milde Delikatesse zu verwandeln, schneidet man die Knolle oben ab, beträufelt sie mit Olivenöl und backt sie in Alufolie rund 30–40 Minuten bei 200 °C.

ATTACKE!

Gehackte oder fein gewürfelte Zehen schmecken vergleichsweise mild, Püree dagegen sehr intensiv. Die Zehen (und etwas Salz) werden dazu mit der Messerklinge zerdrückt oder im Mörser zerquetscht.

HÜLLENLOS

Das beste Küchenutensil der Welt ist kein schickes Designergerät, sondern Ihre Hand. Drücken Sie mit dem Handballen fest auf die Knolle, bis sich die Zehen lösen, und pressen dann die Zehen aus ihrer papierartigen Haut.

Knoblauch
Chili
Ingwer

Knoblauch
Eigelb
Olivenöl

Knoblauch
Basilikum
Tomate

ALLER GUTEN DINGE SIND 3

Knoblauch ist überall auf der Welt Bestandteil genialer Dreiergespanne:

Knoblauch
Butter
Brot

Knoblauch
Zwiebel
Staudensellerie

Knoblauch
Rosmarin
Lamm

Über
4000
verschiedene
Kartoffelsorten
werden weltweit
angeboten

V.I.P.
(VERY IMPORTANT POTATO)
Viertwichtigste
Feldfrucht weltweit

PERU
Vor 6000 Jahren
Heimat der ersten
Kulturkartoffeln

AUS DEM GARTEN

—

KARTOFFEL: TOLLE KNOLLE

Als Feldfrucht rangiert die Kartoffel weltweit auf Platz vier (hinter Mais, Weizen und Reis). Kartoffeln sind aber durchaus nicht immer und überall so gewöhnlich, wie man meinen könnte. Auf dem gesamten Planeten baut man sie in unzähligen Varianten an, die meisten in ihrem Herkunftsland Peru, wo die Inka sie schon vor rund 6000 Jahren kultivierten. Da die Knollen in allen möglichen Formen, Größen, Farben und Texturen angeboten werden, gibt es für jedes Rezept die richtige Sorte.

Die frühen und mittelfrühen Sorten, oft als »neue Kartoffeln« im Handel, sind meist eher klein und wachsgelb. Man isst sie gekocht oder gedämpft als Salat, im Ganzen gebraten (möglichst mit Schale, in der die Ballaststoffe und die meisten Vitamine sitzen) mit etwas Olivenöl, grobem Meersalz und scharfem Paprika bestäubt. Im Frühsommer sind Anya, Maris Peer und Charlotte die Renner (Letztere z. B. in feine Scheiben geschnitten, mit Sahne und Knoblauch geschichtet und mit pikantem Hartkäse wie altem Pecorino Romano überbacken). Britische Feinschmecker warten jedes Jahr sehnsüchtig auf die winzigen Jersey Royal, die von März bis Juli nur auf der Kanalinsel Jersey geerntet werden und ein sehr feines sommerliches Aroma verströmen.

Die »mittelfrüh-späten« Herbstkartoffeln sind größer, trockener, mehliger und deshalb ideal zum Schmoren und Braten, als Folienkartoffeln oder frittierte, knusprige Pommes frites. Bekannte späte Sorten sind Linda oder Maris Piper, die in Europa häufig auf den Tisch kommt und allein in Großbritannien 2012 auf 19 000 Hektar angebaut wurde. Wegen ihrer goldgelben Schale und ihres cremeweißen, lockeren Fleischs sind sie ideal als Ofenkartoffeln und ergeben samtiges Püree.

Für klumpfreies Kartoffelpüree braucht man allerdings noch etwas mehligere Sorten wie die rotschalige Désirée. Sie wird geschält, weich gekocht, abgeschüttet, im Topf abgedämpft und durch eine Kartoffelpresse gedrückt. Dann zieht man Butter und Vollmilch unter die Masse und würzt mit reichlich Salz und Pfeffer. Kartoffelpüree ist eine fabelhafte Basis für viele Gerichte, sei es als Haube auf dem Fleisch- oder Fischauflauf, mit Mehl und Ei als italienische Gnocchi, mit Gemüseresten gebraten als britisches Bubble 'n' Squeak oder mit dem Tagesangebot vom Kutter als Fischfrikadellen.

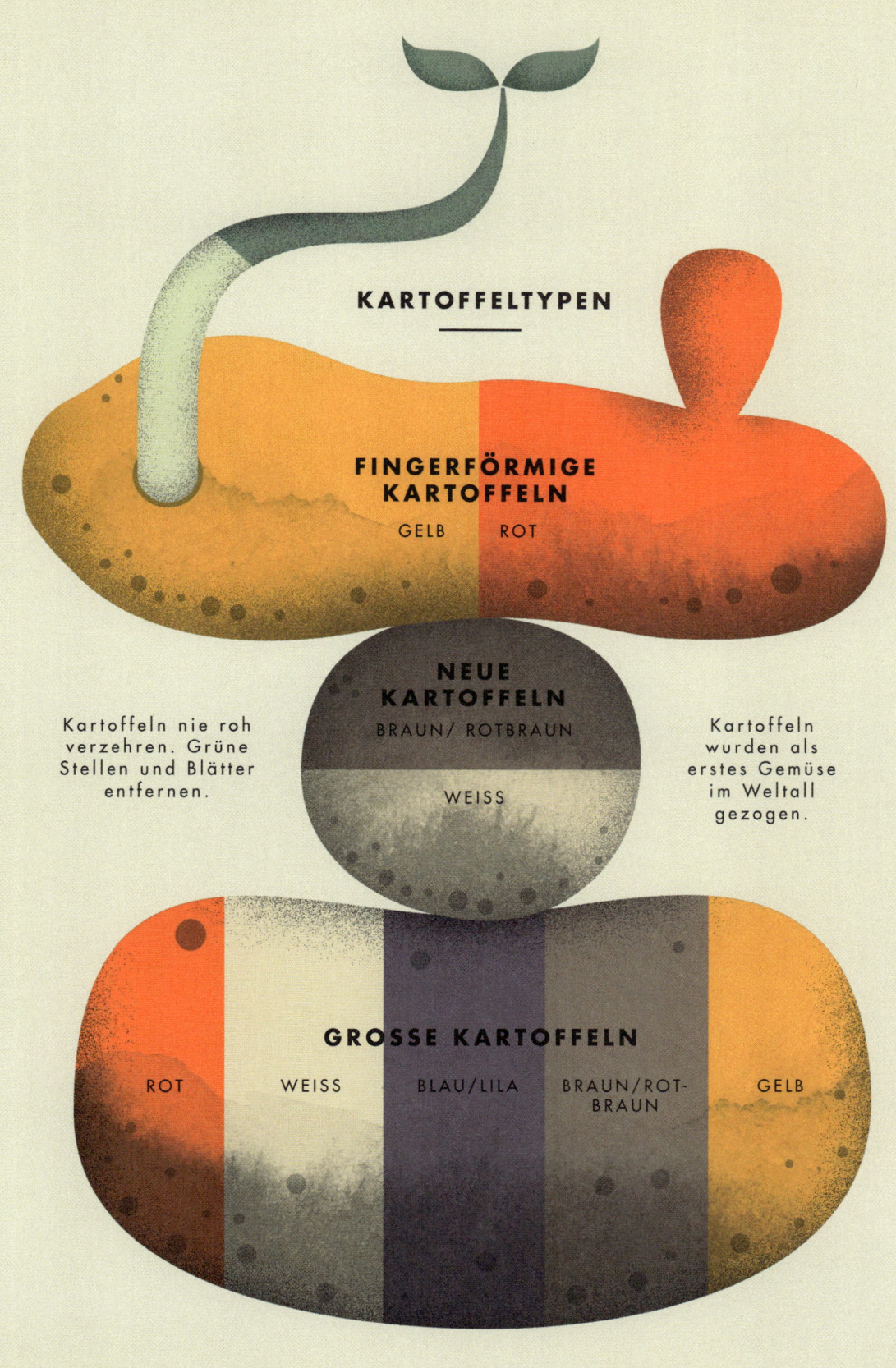

KARTOFFELTYPEN

FINGERFÖRMIGE KARTOFFELN

GELB ROT

NEUE KARTOFFELN

BRAUN / ROTBRAUN

WEISS

Kartoffeln nie roh verzehren. Grüne Stellen und Blätter entfernen.

Kartoffeln wurden als erstes Gemüse im Weltall gezogen.

GROSSE KARTOFFELN

ROT WEISS BLAU/LILA BRAUN/ROT-BRAUN GELB

Die Pflanzenfamilie *Cucumis* umfasst nicht nur die vertrauten Schlangengurken, sondern vielerlei Formen und Größen. Geschmack und Textur sind bei allen in etwa gleich: frisch, klar, knackig – und irgendwie grün.

AUS DEM GARTEN

—

GURKEN: SALATWARE

Der englische Gelehrte und Lexikograf Samuel Johnson schrieb einst: »Gurken schneidet man in feine Scheiben, würzt sie mit Pfeffer und Essig und wirft sie dann am besten weg, denn sie taugen zu nichts.« Zugegeben: Gurken sind keine Aromabomben, dennoch war Mister Johnson ganz schön auf dem Holzweg.

Im Westen liebt man diese Verwandte von Kürbis und Wassermelone vor allem roh als Salat, Sauerkonserve oder sogar zur Schönheitspflege. Doch die coole Grüne kann noch mehr: Wegen ihres frischen Aromas genießt man sie in griechischem Salat zusammen mit salzigem Schafskäse und sonnengereiften Tomaten. Hauchfein gehobelt mit Rahmkäse zwischen zwei Scheiben Weißbrot ohne Rinde ist sie ein Grundpfeiler des englischen Afternoon Tea. Geraffelt, gesalzen und gut abgetropft sind Salatgurken – oft mit Knoblauch, Minze oder Dill – Bestandteil erfrischender Joghurtsaucen und Dips, vom indischen Raita über griechischem Zaziki bis zum türkischem Cacık. Gurken vertragen sich auch bestens mit asiatischen Aromen, etwa in süßsauren Dressings mit Kokosraspeln, Koriandergrün oder gehackten Erdnüssen, oder auf China-Art mit Knoblauch zerquetscht (mit dem Nudelholz, damit sie noch mehr Aroma aufsaugen). In eisgekühlten Suppen wie dem spanischen Gazpacho ist Salatgurke ein Muss. Wenn Sie Lust auf Neues haben, probieren Sie warme Gurkengerichte aus: Pfannengerührt mit Ingwer, Sesamöl und Sojasauce, kurz in Butter gebraten, geschmort oder mit Olivenöl eingepinselt vom Grill. Gegart bieten Gurken ein ganz neues Biss- und Geschmackserlebnis.

96%
Wasser

ACHTUNG, FÄLSCHUNG!

Die Blätter und lilafarbenen Blüten des Borretschs weisen ein zartes Gurkenaroma auf, schmücken Salate und lassen sich in Eiswürfeln einfrieren. Hingegen ist die Seegurke nicht einmal eine Pflanze, sondern ein Meerestier, das in Teilen Südostasiens als Delikatesse genossen wird.

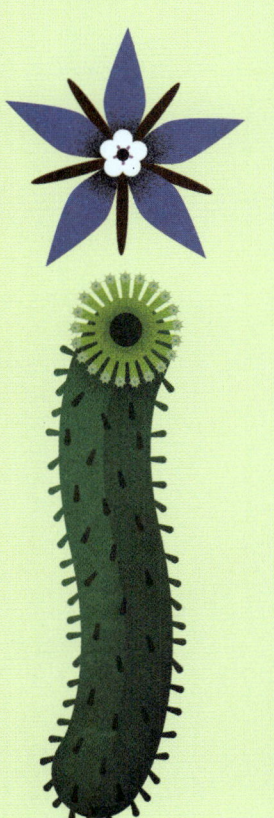

COOLER TYP

Gurken sind innen angeblich rund 6 °C kühler als die Umgebungsluft. Deshalb wirken Gurkenscheiben vermutlich so lindernd bei geschwollenen Augen.

Zitronenwasser ist an heißen Tagen sehr erfrischend, aber probieren Sie doch einmal Gurkenstreifen und Minze (oder wie wär's mit Pink Grapefruit und zerdrücktem langem bzw. schwarzem Pfeffer)! Wunderbar schmecken Gurken auch in Cocktails, vom Gin Tonic über den klassischen Pimm's Cup mit Erdbeeren bis zum minzigen Mojito oder Margarita mit Tequila und Limetten.

SAURE GURKENZEIT

Gewürzgurken werden meist als Cornichons im Ganzen eingelegt, größere Exemplare scheibchenweise als köstliche süßsaure »Sandwichgurken«, oder man mariniert sie kurz für erfrischende Salate.

Für die alten Ägypter waren Zwiebeln ein Symbol der Ewigkeit. Sie gaben sie den Pharaonen mit ins Grab.

Die Substanz, die uns beim Zwiebelschneiden Tränen in die Augen treibt, sitzt vor allem in der Wurzel. Daher lässt man den Wurzelansatz bis zuletzt ganz. Auch vorheriges Kühlen der Zwiebel ist hilfreich.

Fein gewürfelte Zwiebeln, Möhren und Staudensellerie bilden die Grundlage für viele Fonds, Schmortöpfe, Saucen und Suppen.

SCHNITTMENGEN

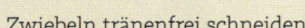

Zwiebeln tränenfrei schneiden

1 Die Zutaten: braune Zwiebel, scharfes Messer und Kunststoffbrett. Die Zwiebel längs (durch Wurzel und Spitze) halbieren.

2 Die Spitze abschneiden und die Schale abziehen. Den Wurzelansatz ganz lassen.

AUS DEM GARTEN

—

ZWIEBEL: FEIN IN SCHALE

Der Duft von Röstzwiebeln und die Vorfreude, sie in wenigen Augenblicken auf einen Hotdog zu häufen, macht so manchen schwach. Dieses Lauchgewächs ist zwar nur in wenigen Gerichten der Star, spielt aber seine Nebenrolle perfekt. Auf der ganzen Welt beliebt, steuert es Aroma und Farbe zu vielen Speisen bei und verleiht ihnen Würze. Zwiebeln sind in

Ungeschälte
Zwiebeln bei Zimmer-
temperatur lagern,
geschälte Zwiebeln ganz,
in Ringen oder Würfeln
in einem luftdichten
Behälter im Kühl- oder
Gefrierschrank.

Im Ganzen
mit Nelken und Lor-
beerblättern gespickt,
werden Zwiebeln zur
Aromabombe für
weiße Saucen oder
Linsen.

Lassen Sie sich nicht
weismachen, man könne
Zwiebeln auf die Schnelle
goldgelb karamellisieren. Das
funktioniert nur langsam (mindestens eine halbe Stunde lang)
in einer mäßig heißen
Butter-Öl-Mischung.

Bei richtiger
Lagerung halten sich
braune, gelbe, weiße und
rote Zwiebeln mehrere
Monate, aber sortieren Sie
alle aus, die austreiben
oder beschädigt sind.

vielen Sorten erhältlich und sogar die
meistangebaute Feldfrucht der Erde.
Am gängigsten sind die getrockneten
braunen oder gelben Küchenwiebeln,
die milderen roten und die unreifen,
frischen Frühlingszwiebeln. Roh sind
sie in unterschiedlichem Maße scharf
und adstringierend, behutsam gegart
aber eine mild-süße Delikatesse. Man
kann sie im Ganzen mit Haut backen,
als Ringe gebräunt zu sättigender
französischer Zwiebelsuppe verarbeiten oder Gerichte mit grünen
Frühlingszwiebelringen aufpeppen.

3 Ringe: Die Zwiebelhälfte mit der Schnittfläche nach unten auf das Brett legen, den
Wurzelansatz mit angewinkelten Fingern
greifen und von der Spitze zur Wurzel in
Scheiben schneiden.

4 Würfel: Die Zwiebelhälfte mit der Schnittfläche
nach unten auf das Brett legen, den Wurzelansatz
mit angewinkelten Fingern greifen und bis kurz vor
der Wurzel dicht an dicht längs einschneiden. Drei
horizontale Schnitte bis kurz vor der Wurzel machen
und dann quer in Würfel schneiden.

———

PILZE: GUT BEHÜTET

Weder Pflanze noch Tier – und doch eine nützliche Erfindung der Natur: Die Vertreter der Familie Fungi leben in perfekter Symbiose mit ihrer Umgebung, seien es schattige Wälder oder Feuchtwiesen – oder auch Höhlen mit integriertem Nachtclub und Schneckenzucht, die ich einmal an der französischen Loire besichtigt habe. Pilze sind weltweit als Delikatesse begehrt. Sie waren ein Symbol der Unsterblichkeit in Altägypten, spielen eine wichtige Rolle in der Traditionellen Chinesischen Medizin und sind nach wie vor geschätzt, weil sie wenig Fett, aber viel Eiweiß und Vitamine liefern – und Aroma!

Pilze gibt es in allen Größen und Farben von Weiß und Braun über Gelb, Orange und Rot bis Lila und sogar Blau. Die vertraute Form mit Stiel und Hut besitzen viele Arten vom Zuchtchampignon bis zum noblen Steinpilz, doch gibt es auch welche mit Rüschenröckchen oder prächtigem Haarschopf wie den amerikanischen Igel-Stachelbart. Pilze verströmen aromatische Düfte von Anis über Aprikosen und Möhren bis zu Kokos.

Die beliebtesten Speisepilze sind weiße und rosa Kulturchampignons, Pfifferlinge, Steinpilze, Morcheln, Austernseitlinge, Shiitake und Enoki. Der Trick bei allen ist die richtige Zubereitung: Pilze niemals waschen (sie saugen sich sonst voll), sondern nur vorsichtig mit der Bürste reinigen. Manche schmecken roh und blättrig geschnitten als Salat mit einem Dressing aus Dill, Olivenöl und Zitronensaft, die meisten aber besser gebraten. In einer Pfanne lässt man reichlich Butter sehr heiß werden, gibt aber etwas Öl dazu, damit sie nicht braun wird. Die geviertelten oder halbierten (nicht blättrigen) Pilze sollen im Fett tanzen. Gewürze erst hinzugeben, wenn der austretende Saft verdampft ist – dann karamellisieren die Pilze und entwickeln ihr süchtig machendes Aroma erst richtig. Getrocknete Pilze schmecken besonders gut in Suppe und Risotto, eingelegte in Salaten.

Und wer ist der beste Freund des Pilzes? Natürlich der Knoblauch. Aber diese Knolle mag ja ohnehin fast jeder außer Graf Dracula.

PUTZIGE PILZKUNDE

———

Pilze dienten früher als natürliches Färbemittel (das geht auch heute noch).

Pilze bestehen zu 90 % aus Wasser.

Pilzfans heißen wissenschaftlich Mykophile.

Pilze wachsen aus der Erde, auf Bäumen und sogar auf Kaffeesatz.

In vegetarischen Burgern oder klassischem »Bœuf« Stroganoff dienen Pilze wegen ihres würzigen Aromas oft als Fleischersatz. Der Leberreischling sieht sogar wie eine Ochsenzunge aus und »blutet« aus Schnitten.

Ein reifer Pilz produziert bis zu 16 Milliarden Sporen.

Über 70 Pilzarten leuchten im Dunkeln, doch die meisten davon sind ungenießbar. Das durch Biolumineszenz erzeugte Licht (Foxfire oder leuchtendes Holz) ist »kalt«, denn es gibt weniger Wärme ab als eine Glühbirne.

Es gibt Tausende Pilzarten, aber nur ein Bruchteil ist essbar, und nur einige wenige sind schmackhaft. Manche rufen Halluzinationen hervor, manche sind hochgiftig oder tödlich. Bei selbst gesammelten Waldpilzen unbedingt einen Experten zu Rate ziehen!

AUS DEM GARTEN

KRÄUTER: MARKE EIGENANBAU

Frisch sind Kräuter in Best-form, aber auch getrocknet erfüllen sie ihren Zweck: Zwölf Bewerber um den besten Platz auf der Fensterbank:

DILL

Das herbe Aroma der dun-kelgrünen Fiederblätter ist aus der skandinavischen Küche nicht wegzudenken – was wäre gebeizter Lachs ohne seinen Dillmantel? Auch in Osteuropa liebt man seine grasige Säure in Kartoffelsalaten und Suppen. Sehr lecker zu enthülsten Dicken Bohnen mit Naturjoghurt, Olivenöl, Zitronensaft und Gewürzen.

SCHNITT-LAUCH

Die biegsamen Röhren schnei-det man mit der Schere direkt in Topf oder Schüssel. Die Röllchen passen zu Käseome-lett, Ofenkartoffeln mit Quark oder würziger Fischsuppe. Zum Kochen eignen sie sich nicht, zum Garnieren umso besser. Ein mildes Laucharoma verströmen auch die hübschen (essbaren) lila Blüten.

BASILIKUM

Das empfindliche Kraut möglichst frisch verbrauchen. Die Blätter vorsichtig abpflücken, zerzupfen oder mit einem scharfen Messer in Streifen schneiden. Roh verzehren oder erst zuletzt an warme Gerichte geben.

MINZE

Minze lässt sich mühelos in großen Töpfen ziehen und ist im Essen und in Getränken ein Genuss. Als ganze Stängel mit Zucker zerquetscht, mit Rum und Soda als Mojito, mit heißem Wasser aufgebrüht als Tee, fein gehackt in orientalischem Taboulé mit Schafskäse oder geschmorten Limabohnen mit Pancetta.

OREGANO

Oregano ist eines der wenigen weichen Kräuter, die nicht nur frisch gut schmecken. Man hängt einfach ein Bündel zum Trocknen auf. Frische Blättchen passen gut zu gebratenen Auber-ginenscheiben mit Schafskäse und gerösteten Pinienkernen. Getrockneten Oregano gibt man etwa in Tomatensauce zu Beginn des Kochens hinzu, frischen eher gegen Ende.

THYMIAN

Bei holzigeren Kräutern wie Thymian intensiviert sich das Aroma durch das Trocknen und bereichert Pikantes von Nudelgerichten bis Brat-hähnchen, aber auch Süßes. Ein Hauch blumiger Thymian ist toll in Kuchen, vor allem zu Zitrone und Mandeln, am besten natürlich in Form von duftendem Zitronenthymian.

KORIANDER

Manche empfinden Koriander als seifig, andere als pikant, aber unabhängig davon ist er weltweit das am häufigsten verzehrte Kraut. Seine Wurzeln finden sich in Thai-Currypasten, die aromatischen Blätter zerzupft, in Streifen oder püriert in den unterschiedlichsten frischen Gerichten. In Guacamole ist er ein absolutes Muss!

ESTRAGON

Die schmalen, weichen Blättchen vor allem des französischen Estragons mit seinem intensiven Anisaroma sind ständige Begleiter von Hähnchen und unverzichtbar in Sauce béarnaise. Wie Basilikum und Minze ist Estragon zart besaitet und nimmt Hackversuche mit dem stumpfen Messer übel.

PETERSILIE

Die grasartig frischen Blätter dieses Doldenblütlers bereichern viele Gerichte und sind oft selbst die Stars auf dem Teller, sei es als italienische Salsa verde, rohe Gremolata, argentinische Chimichurri oder englische Parsley Sauce. Die glattblättrige schmeckt würziger als die krause Petersilie.

SALBEI

Roh und solo sind die flaumigen, leicht bitteren Blätter nicht allzu appetitlich, aber längere Zeit gekocht (etwa in Schweinefleischfarce) oder in Butter knusprig ausgebacken, entfalten sie ein köstliches Aroma. Salbei passt zu Kalbs- und Schweinefleisch, Speck und Leber, aber auch zu deftigen Gemüsen wie Kürbis und Rüben.

ROSMARIN

Das robuste, duftende Kraut gibt man schon früh zu Brühen, Saucen und Eintöpfen dazu, entweder fein gehackt oder als komplette Stängel, die man vor dem Servieren wieder herausfischt. Die holzigen Stöckchen dienen auch als Bio-Spieße, auf denen man marinierte Hähnchen- oder indische Panir-Würfel grillt.

LORBEER

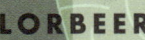

Es ist das zäheste aller Würzkräuter, aber wunderbar aromatisch und deshalb in der Küche unverzichtbar. Ob frisch oder getrocknet macht kaum einen Unterschied. Damit sich die feine Würze entfalten kann, gibt man die Blätter im Ganzen zu Beginn dazu und nimmt sie zum Schluss heraus. Auch zu cremigen Nachtischen delikat.

CASHEW

Warum sind Cashewnüsse so teuer? Jeder Kern hängt an einer leicht verderblichen Scheinfrucht, dem bitteren »Kaschuapfel«, dessen Saft allerdings süß ist. Erst nach dem Rösten und Knacken der ganzen Nuss kommt der weiche, milde Kern zum Vorschein.

ERDNÜSSE

Erdnüsse sind botanisch Hülsenfrüchte, sie wachsen nicht auf Bäumen, sondern wie Bohnen an krautigen Pflanzen.

MANDELN

Mandeln sind ein Exportschlager der USA und zugleich die Lieblingsnuss der Amerikaner (weit vor Erdnüssen, Walnüssen, Pekans und Pistazien).

NUSSBUTTER

Allein oder mit Zusätzen (Haselnüsse mit Schokolade, Erdnüsse mit Chili) zu einer glatten, streichfähigen Masse püriert.

NUSSKÄSE

Von Natur aus cremige Nüsse wie Pekan, Macadamia und Cashew lassen sich durch Pürieren – oft mit Zutaten wie Hefe – und Passieren zu weichem oder halbfestem »Käse« verarbeiten.

NUSSMILCH, NUSSCREME

Gewässerte, abgetropfte, mit doppelter Menge Wasser pürierte und passierte Nüsse sind eine gute Alternative zu Milch und schmecken toll zu Haferflocken.

NUSSMEHL

Nährreiches, süßliches Kastanienmehl eignet sich für glutenfreies Backwerk.

AUS DEM GARTEN

————

NÜSSE: KERNIGE KRAFTPAKETE

Nüsse sind von Natur aus als Snack prädestiniert, und das nicht nur im unvermeidlichen Schälchen an der Hotelbar. Roh sind sie ein Kraftpaket aus herzgesunden Fettsäuren, Eiweiß für Muskelaufbau und -regeneration und Vitamin E für schöne Haut. Sie sollten in keinem Vorratsschrank fehlen! Jede Sorte ist hinsichtlich Aussehen, Nährstoffen, Aromen und Textur

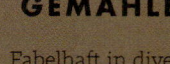

GEMAHLEN

Fabelhaft in diversen Variationen – von Kuchen bis zu Currygerichten.

KNACK, KNACK

ROH, IM GANZEN

Von Natur aus nährreich, lecker und transportfähig – der perfekte Snack für unterwegs.

PARANÜSSE

Wie die Spalten in einer Orange drängen sich Paranüsse in ihrer kokosnussgroßen Kapselfrucht. Das reichlich enthaltene Mineral Selen ist sehr gesund und stärkt vor allem unser Immunsystem.

anders: Von der zarten Macadamia aus Australien über die milde Pekannuss (möglichst US-Ware) und die herbe Walnuss bis zur knackigen Erdnuss kann jede Sorte süße und pikante Gerichte bereichern.

Ganze Nüsse lagert man in luftdichten Behältern bei Raumtemperatur, gehackt oder gemahlen kauft man sie besser nach Bedarf in kleinen Mengen. Die stärkereichen Edelkastanien (Maronen) enthalten weniger Fett als ihre »bissigen« Kollegen. Man kauft sie in der Saison frisch, sonst vakuumiert oder püriert.

GERÖSTET

Im Ganzen ohne Fett in der Pfanne oder im Ofen goldbraun geröstete Nüsse werden schön knusprig und duften gut.

SAATEN

Auch Samen wie Pinien-, Sonnenblumen- und Kürbiskerne sind sehr nährstoffreich und in der Küche vielseitig einsetzbar, sei es im Ganzen geröstet oder gemahlen als Paste oder Pesto.

GEHOBELT, GERASPELT

Mandelblättchen und Kokosnussraspeln sind beliebte Backzutaten.

GEHACKT, GESTIFTELT

Kernig und lecker in Salaten und Saucen, Plätzchen und Broten.

PISTAZIEN

Dem Chlorophyll verdanken Pistazien ihre grüne Farbe – je dunkler, desto besser der Kern (iranische Ware ist besonders hochwertig).

VOM BAUERNHOF

—

Das Fleisch von Rindern, die auf der Weide gestanden haben oder mit Getreide gefüttert wurden, schmeckt deutlich besser.

Rind wird durch Reifung aromatisch und zart. Üblicherweise wird es trocken abgehangen (dry-aged), teils aber auch 21 Tage lang nass gereift (wet-aged).

Rindfleisch sollte ein gleichmäßiges dunkles Karminrot aufweisen.

Die Marmorierung mit Fett ist gut, denn sie macht das Fleisch zart und aromatisch.

Nehmen Sie das Fleisch einige Zeit vor der Zubereitung aus dem Kühlschrank, es sollte Zimmertemperatur haben.

Steaks sollten – unabhängig von der Zubereitung – nach dem Garen an einem warmen Ort »ruhen«, damit sich der Saft gut verteilt.

Anstatt Öl in die Pfanne zu geben, pinselt man das Steak vor dem Braten oder Grillen ein und achtet darauf, dass Grill oder Pfanne sehr heiß sind, bevor das Fleisch hineinkommt.

Rindfleisch erst kurz vor dem Garen kräftig würzen.

Das Fett sollte nie gelb, sondern cremeweiß sein und sich fest anfühlen.

Karamellisieren = Aroma. Beim Sautieren (schnell heiß anbraten) entstehen bei Steaks, Braten und Schmorwürfeln süßlich-würzige Karamellaromen.

VOM BAUERNHOF

RINDFLEISCH: MUSKELPROTZ

Bei Rindfleisch denken die meisten von uns an Mastochsen (kastrierte Jungstiere), die im Alter zwischen eineinhalb und zwei Jahren geschlachtet werden. Das Fleisch von Jungrindern bis zu einem Jahr bezeichnet man als Kalbfleisch. Milchkühe dienen nicht als Fleischlieferanten, sondern versorgen uns mit Milch, Butter, Sahne und Käse. Doch wie kommt so ein mächtiger Ochse auf unseren Teller?

Beim Zerlegen von Schlachttieren geht man je nach Land unterschiedlich vor. Die Franzosen sind bekannt für eine Schnittführung, die sich am natürlichen Verlauf der Muskeln orientiert. Die Briten und ähnlich auch die Amerikaner machen es sich leichter: Sie schneiden Bratenstücke mitten durch Knochen und Fett zu. In der Regel ist das Fleisch der Körperpartien, die sich viel bewegt haben (meist das Viorderviertel), etwas zäher und benötigt deshalb eine längere Garzeit bei eher niedrigen Temperaturen, wie es beim Schmoren oder Dünsten üblich ist. Im mittleren Teil des Ochsen sitzen die richtig guten Stücke wie Sirloin- und Rumpsteak oder Filet, die man kurz in der heißen Pfanne brät.

Doch auch der Rest ist nicht zu verachten: Aus Knochen kocht man kräftige Brühe, das Knochenmark schmeckt sautiert und mit etwas Salz beispielsweise auf Toast, und Ochsenschwanz und Bäckchen sind geschmort überaus saftig und aromatisch. Sautierte Leber mit cremigem Kartoffelpüree ist etwas Herrliches, und selbst Stierhoden haben als »Rocky Mountain Oysters« ihre eingeschworenen Fans.

SCHNITTMENGEN: DIE VERSCHIEDENEN STEAKS

Feather Blade

Preiswertes Steak aus der Schulter, am besten blutig gebraten oder bei niedriger Temperatur geschmort.

Hanger

Stammt aus der »Spannrippe«, schmeckt ein wenig nach Innereien. Wird am besten dünn geschnitten und als Schmetterlingssteak rosa gebraten.

Rumpsteak

Von der Kruppe des Rinds, sehr aromatisch, aber nicht so zart wie Filet. Wird am besten rosa oder medium gebraten.

T-Bone

Das Beste beider Welten – am Knochen hängt je ein Stück Filet und Sirloin. Brät man am besten rosa.

Filet

Aus der Rückenmitte, mager und deshalb weniger aromatisch, aber zart. Am besten blutig gebraten!

Sirloin

Lendenstück aus dem mittleren Rücken. Fettrand und Fleisch sollten rosa gebraten sein.

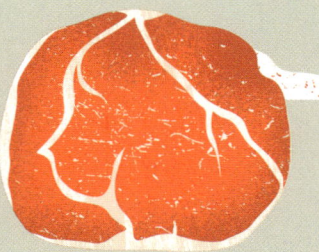

Rib-Eye

Aus der Hochrippe, stark marmoriert (also sehr aromatisch!). Sollte am besten rosa gebraten werden.

Skirt

Stammt aus dem Zwerchfell (»Kronfleisch«) mit kräftigen Muskeln. Wird blutig bis rosa gebraten und quer zur Faser geschnitten, schön zart.

HEISS BEGEHRT

Hähnchen immer bei Zimmer-temperatur verarbeiten!

BRATEN

Mit Öl, Salz und Pfeffer einreiben. 20 Minuten bei 220 °C und dann 40–60 Minuten bei 180 °C im Ofen braten, bis der austretende Saft klar ist.

TEILEN

Nach dem Braten das Brustfleisch ablösen. Die ganze Brust abheben und in Stücke schneiden. Flügel, Ober- und Unterkeulen an den Gelenken abschneiden.

BRÜHE

Möhren, Zwiebel, Staudensellerie und Lorbeerblätter in Öl anschwitzen. Geröstete Karkasse, Innereien (ohne Leber), Pfeffer und Wasser mindestens 2 Stunden köcheln lassen, Schaum abschöpfen.

POCHIEREN

Im Ganzen mit Möhren, Staudensellerie, Fenchel, Zwiebel, Petersilie, Salz und Pfeffer in einen Topf geben, mit kaltem Wasser bedeckt zum Kochen bringen, dann ca. eine Stunde lang simmern lassen.

—

HÄHNCHEN: GELIEBTE FLATTERMÄNNER

Hähnchen ist (nach Schwein) die am zweithäufigsten verzehrte Fleischsorte weltweit und bildet die Grundlage vieler Lieblingsgerichte. Der unaufdringlich milde, anpassungsfähige Geschmack bietet sich zum Grillen, Braten und Pochieren an. Hähnchen schmeckt »natur« ebenso gut wie gewürzt – und man kann fast alle Teile verwenden.

Vom Grill
Schmortopf
Piri Piri
Frittiert

**Gerichte aus
Flügeln & Keulen**

Jerk (Jamaika)
Paniert
Mit Fünf-Gewürze-
Pulver (China)
Fleischpastete

Currygerichte
Suppe
Nudeln
Wok-Gerichte

FLEISCH AUF UNSEREM TELLER:

Sonstige

———

LAMM: GANZ UND GAR NICHT BELÄMMERT

Ob gehackt, mit Zimt gewürzt, mit Auberginen und Béchamelsauce zur griechischen Moussaka geschichtet oder rosa gebraten – Lamm ist ausgesprochen vielseitig und wegen seines aromatischen Fleischs und süßlichen Fetts allseits beliebt. Als Lamm darf das Fleisch von rund 12 Monate alten Schafen verkauft werden. Die Hauptproduzenten weltweit sind China, Australien und Neuseeland, gefolgt von Indien und Großbritannien. In Europa kommt Lamm in unterschiedlicher Form auf den Tisch: Die Italiener feiern Ostern mit dem kalbfleischähnlichen weißen und zarten Fleisch von vier Wochen alten Milchlämmern, in Nordspanien röstet man Milchlamm als Lechazo im Ganzen. In der türkischen Küche wird Lamm zu gut gewürzten Hackfleischbällchen verarbeitet (Köfte Kebab).

Das aromatische Lammfleisch verträgt sich bestens mit Gewürzen und Dörrobst, etwa in lange geschmorten Tajines. Aromatischer als Milchlämmer schmecken Jungschafe, vor allem, wenn ihr Fleisch gut abgehangen ist. Lammfleisch nimmt die Aromen der Nahrungsmittel des Schafs an: Weidelamm schmeckt daher immer besser als das der Tiere, die mit Getreide gefüttert werden,

DIE TEILE DES LAMMS

FILET
Kurz braten oder grillen

INNEREIEN
Füllen, panieren, Haggis

ZUNGE
Pochieren, panieren, kalt
aufschneiden, Salat

BRUST
Rollbraten, bei geringer
Hitze braten, füllen, panie-
ren, z. B. »Sainte Menehould«

HALS
Schmoren, als Eintopf,
Hotpot, Tajine

RÜCKEN
Koteletts und ausgelöste
Lammlachse kurz grillen,
ganzer Sattel: braten

SCHULTER
Bei niedriger Temperatur
braten, als Hackfleisch

KEULE
Bei geringer Hitze braten,
kurz rösten, als Schmet-
terlingssteaks, grillen

KARREE
Bei niedriger Temperatur
braten, als Hackfleisch

HAXE
Bei geringer Hitze braten,
schmoren

STEAKS (KEULE)
Bei niedriger Temperatur
braten, schmoren

SCHWANZ
Schmoren

LEBENSZYKLUS EINES SCHAFS

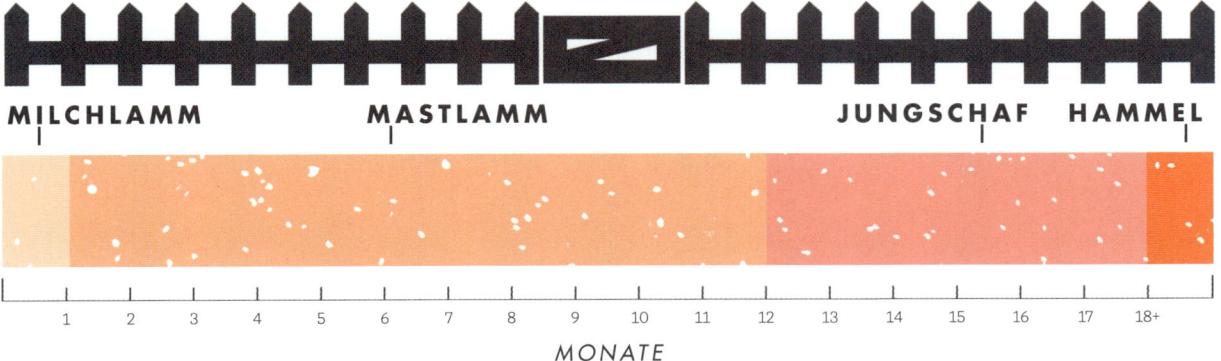

MILCHLAMM   MASTLAMM   JUNGSCHAF   HAMMEL

1   2   3   4   5   6   7   8   9   10   11   12   13   14   15   16   17   18+

MONATE

und wenn Sie Salzwiesenlamm
bekommen können, greifen Sie zu.
An Europas Küsten fressen diese
Schafe Queller, Sauerampfer und
Strandflieder, in Australien Melden
namens »old man saltbush« – und
das schmeckt man.

Häufig stammt Lammfleisch
von Jungschafen, die im Alter von
12–18 Monaten geschlachtet werden.
Interessant ist aber auch Hammel,

denn ab dem Lebensalter von 18
Monaten wird das Fleisch dunkler
und würziger. Es ist zwar nicht
mehr ganz so butterzart, aber das
ist bei längerer Garzeit bei niedrigen
Temperaturen kein Problem. Der
britische Thronfolger Prinz Charles
jedenfalls fordert schon lange eine
Rückbesinnung auf Hammelfleisch.
In der Tat ist es traditionell die
Grundlage vieler beliebter Rezepte,

auch wenn oft das preiswertere
Lamm bevorzugt wird. Beispiele sind
würzige nordafrikanische Merguez-
Würste, Irish Stew, Welsh Cawl,
geräucherte und gekochte Hangikjöt
(mit Béchamelsauce, in Island eine
beliebte Weihnachtsspezialität) und
Lancashire Hotpot, unter dessen
Kartoffelkruste sich ursprünglich
auch Lammnieren und Austern
versteckten.

BRATWURST: EIN UNIVERSUM FÜR SICH

Das Würstchenuniversum ist bunt und voller Eigenheiten. Würste sind frisch oder getrocknet, geräuchert oder gekocht, bestehen aus Fleisch, Fisch oder vegetarischen Zutaten und enthalten Kräuter, Gewürze oder sogar Blut. Jedes davon hat seinen Platz auf unserem Planeten. Die meisten Würste – vom schottischen Haggis bis zur italienischen Salami – dienten einst der Konservierung unserer Jagdbeute. Hier aber geht es um frische Würste, die Sie im Sommer auf den Grill legen, für ein klassisches englisches Frühstück in der Pfanne braten oder mit Teigmantel im Ofen backen.

Bratwürste bestehen in der Regel aus durchgedrehtem Fleisch (meistens Schwein, oft aber auch Rind, Lamm und Geflügel), Fett (vor allem in Großbritannien, wo auf 75 % Fleisch ganze 25 % Fett kommen), Gewürzen und Kräutern, Salz (als Würze und Konservierungsmittel) und einer Hülle (traditionell Naturdarm, in heutiger Massenproduktion oft Kunstdarm). Zu Würsten verarbeitet wird vieles, was nach dem Auslösen der besten Teile vom geschlachteten Tier übrig bleibt. Doch wie sagte Marc-Frederic, einer der bekanntesten Metzger des Vereinigten Königreichs: »In der Metzgerei gibt es keine Fehler – nur mehr Würste.«

DAS BRATWURST-SONNENSYSTEM

Mittelpunkt dieses Universums ist die beliebte britische Frischwurst. Ein »banger« besteht aus Fleisch, Fett und Zwieback, im Gegensatz zu anderen europäischen Würsten, die weniger Fett und mehr Fleisch enthalten und zum Teil luftgetrocknet oder geräuchert als Aufschnitt dienen.

SENF

PORREE (ZWIEBELN, SCHALOTTEN, FRÜHLINGSZWIEBELN)

EI UND MILCH

PANIERMEHL (WEISS ODER BRAUN)

KÄSE

Caerphilly,
Cheddar,
Lancashire,
Feta

FLEISCH
Schwein, Rind, Lamm, Kalb, Innereien

FETT

ZWIEBACK (ODER PANIERMEHL)

GEWÜRZE UND KRÄUTER

SALZ

NATUR- ODER KUNSTDARM

PLANET VEGGIE

Kein Fleischfan? Die Walisischen »Glamorgan Sausages« mit Porree und Käse sind eine kulinarische Entdeckung.

BIG BANG(ER)

Wurst vor dem Braten anstechen oder nicht? Ich bin dagegen. Würste im Naturdarm sollten nicht aufplatzen. Der Trick besteht darin, die Würste bei geringer Temperatur so lange zu rösten, bis sie rundum goldgelb und gar sind.

WURSTWAREN: GUT ABGEHANGEN

So wie Eichhörnchen Nüsse für den Winter bunkern, hat auch der Mensch seit jeher seine Jagdbeute haltbar gemacht, um sie für schlechte Zeiten aufzubewahren.

Man entdeckte, dass Fleisch sowie Fisch und Gemüse durch Einsalzen und/oder Räuchern haltbarer und sogar schmackhafter werden. Das Pökel- oder Raucharoma erwies sich als derart beliebt, dass wir an diesem Konservierungsverfahren trotz Kühlschrank und Gefriertruhe bis heute festhalten.

Wurstwaren erlebten eine erste Hochkonjunktur im 15. Jahrhundert in Frankreich. Die Herstellungsmethoden waren schon seit Urzeiten bekannt, doch erst die Zunft der Schweinemetzger – *charcutiers* – entwickelte die Rezepturen für viele noch heute geschätzte Pasteten, Wurst- und Schinkenspezialitäten.

Beim Pökeln zählt jedoch nicht nur das Geschick des Metzgers, sondern auch die geschickte Nutzung chemischer Abläufe. Im Mittelpunkt steht Natriumchlorid: Kochsalz. Durch Osmose und Austrocknung hält es »schlechte« Keime fern. Die »guten« Bakterien bleiben erhalten, unterstreichen durch kontrollierte Gärung das Aroma und machen das Fleisch durch Eiweißaufspaltung zarter. Die meisten Fleischsorten benötigen dafür 2–5 % Salz. Weitere Zutaten sind je nach Wahl heißer oder kalter Rauch oder Zucker (beide wirken antibakteriell), Gewürze und Fett (beide fördern Aroma und Textur).

WAS DARF'S SEIN?

TÉLISZALÁMI

Gepökelte und luftgetrocknete ungarische »Wintersalami« aus dem Fleisch von Mangalitza-Schweinen.

SAUCISSON

Trocken gepökelte, mild gewürzte französische Salami nach regional unterschiedlichen Rezepturen.

BILTONG

Meist mit Salz, Zucker, Essig und Koriander gewürztes, gepökeltes und getrocknetes Wild (z. B. Rinderfilet) aus Südafrika.

KIVIAK

Delikatesse der Inuit: In eine Robbenhaut stopft man bis zu 500 Alke (arktische Vögel), näht die Haut zu und versiegelt das Ganze mit Seehundfett, vergräbt es unter Steinen und lässt es zwischen drei und 18 Monaten gären. Die Vögel werden im Ganzen roh verzehrt – aber immer im Freien!

GUANCIALE

Gepökelte italienische Schweinebacke mit Knoblauch, Kräutern und Gewürzen.

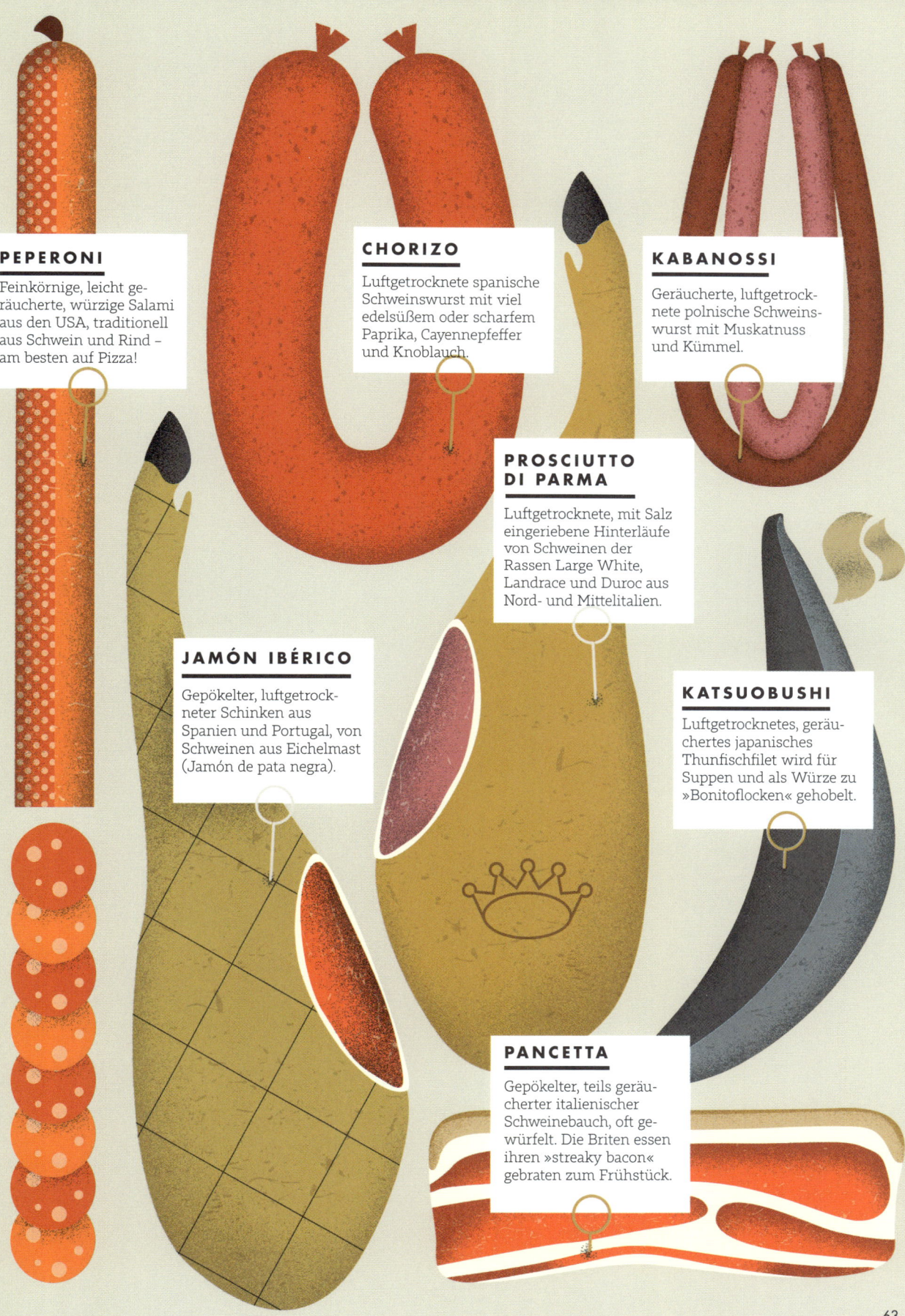

PEPERONI

Feinkörnige, leicht geräucherte, würzige Salami aus den USA, traditionell aus Schwein und Rind – am besten auf Pizza!

CHORIZO

Luftgetrocknete spanische Schweinswurst mit viel edelsüßem oder scharfem Paprika, Cayennepfeffer und Knoblauch.

KABANOSSI

Geräucherte, luftgetrocknete polnische Schweinswurst mit Muskatnuss und Kümmel.

PROSCIUTTO DI PARMA

Luftgetrocknete, mit Salz eingeriebene Hinterläufe von Schweinen der Rassen Large White, Landrace und Duroc aus Nord- und Mittelitalien.

JAMÓN IBÉRICO

Gepökelter, luftgetrockneter Schinken aus Spanien und Portugal, von Schweinen aus Eichelmast (Jamón de pata negra).

KATSUOBUSHI

Luftgetrocknetes, geräuchertes japanisches Thunfischfilet wird für Suppen und als Würze zu »Bonitoflocken« gehobelt.

PANCETTA

Gepökelter, teils geräucherter italienischer Schweinebauch, oft gewürfelt. Die Briten essen ihren »streaky bacon« gebraten zum Frühstück.

—

BLUT: RESTLOS UNTERSCHÄTZT

Nicht alle Nahrungsmittel werden gleichermaßen hoch geschätzt, Blut jedoch wird allzu oft als bloßes Nebenprodukt der Fleischindustrie angesehen. Dabei enthält es große Mengen an Eiweiß und Eisen und ist weltweit die Grundlage für Wurstspezialitäten wie die würzige deutsche Blutwurst, die zarte spanische Morcilla oder die estnischen Verivorstid. Dank des metallischen Beigeschmacks vertragen sich Schwarzwürste gut mit Gewürzen und Kräutern.

Während die tansanischen Massai Blut mit Milch vermischt trinken, bevorzugen die Inuit See-hundblut. In Asien mag man Enten- oder Schweineblut, sei es in China geliert und geschnitten wie Tofu, an den Straßenständen Taiwans mit Reis gedämpft als würzige Küchlein oder in Nordvietnam gekühlt und geronnen als Blutsuppe.

In Europa kochen die Polen Fleisch im Blut von Enten mit Gewürzen, Dörrobst und Essig zur Czernina, die Italiener mischen Blut mit Bitterschokolade, Orange und Zimt zum Sanguinaccio. Blut eignet sich von Natur aus zum Andicken von Saucen und Schmorgerichten, in der traditionellen französischen Küche gehört es an Coq au Vin.

Die Finnen essen ihre Blutwurst mit Preiselbeersauce und sind berühmt für ihre Blutpfannkuchen, die man auch in anderen Teilen Skandinaviens findet. Das Nordic Food Lab wies 2014 in einem Forschungsprojekt nach, dass man bei vielen Gerichten anstelle von Eiern ebensogut Tierblut nehmen kann. Eier und Blut enthalten das Eiweiß Albumin und reagieren deshalb ähnlich auf Erwärmung oder Luftzufuhr durch Aufschlagen. Beispiele sind Baiser, Macarons, Nudeln, Vanillepudding, Eiscreme und sogar Kuchen – allesamt mit verdächtig dunklem Kolorit …

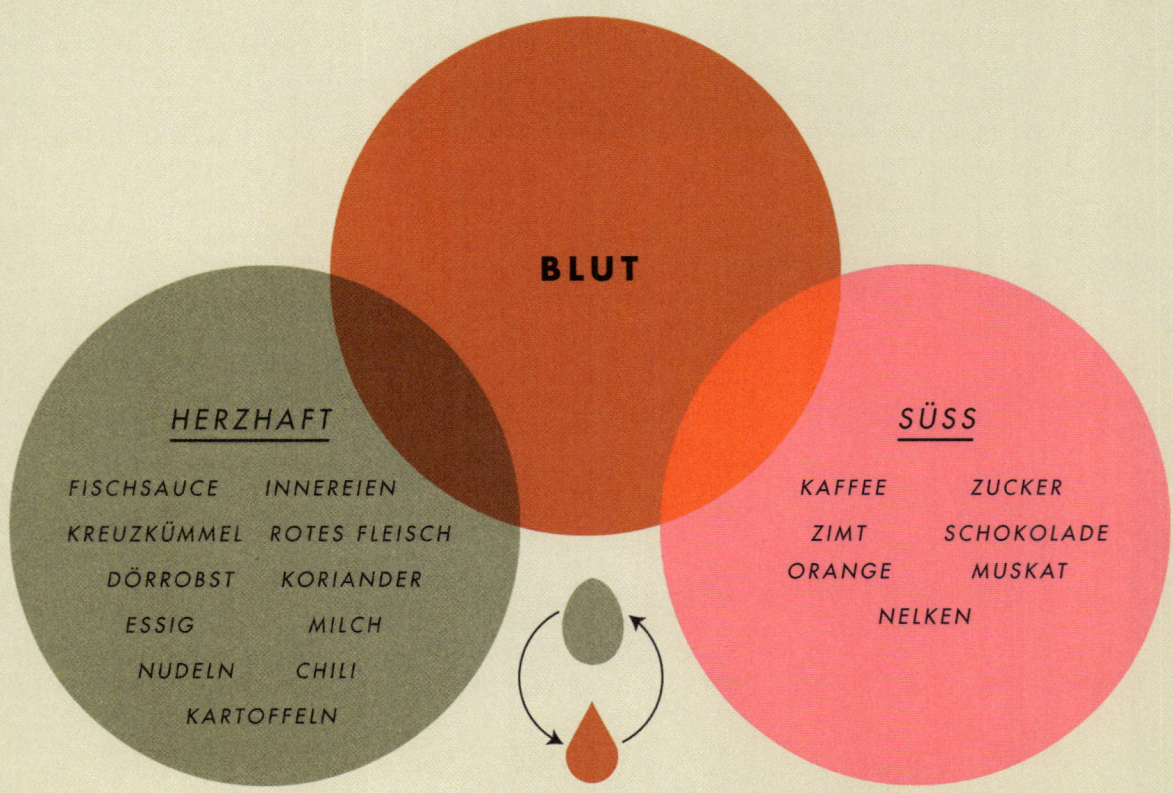

BLUT

HERZHAFT

FISCHSAUCE   INNEREIEN

KREUZKÜMMEL   ROTES FLEISCH

DÖRROBST   KORIANDER

ESSIG   MILCH

NUDELN   CHILI

KARTOFFELN

SÜSS

KAFFEE   ZUCKER

ZIMT   SCHOKOLADE

ORANGE   MUSKAT

NELKEN

Ein Eiweiß entspricht 43 g Blut.

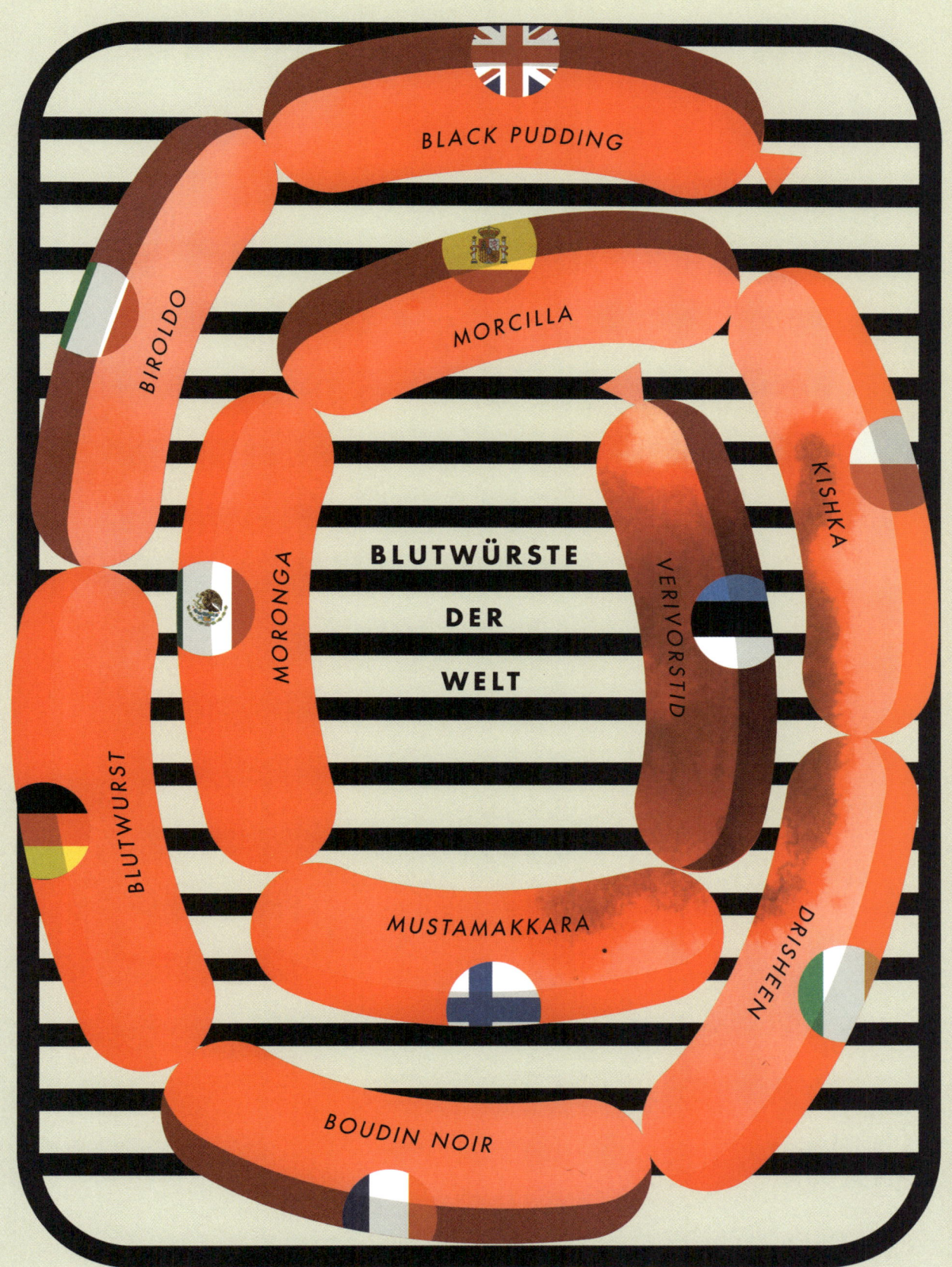

BLACK PUDDING

MORCILLA

BIROLDO

KISHKA

BLUTWÜRSTE

DER

WELT

MORONGA

VERIVORSTID

BLUTWURST

MUSTAMAKKARA

DRISHEEN

BOUDIN NOIR

RIND **GRILLE**

Grillen benötigen ein Zwölftel des Futters, das ein Rind frisst.

80 % einer Grille sind essbar, aber nur 40 % eines Rinds.

100 Gramm Grille enthalten 8–25 Gramm Eiweiß, 100 Gramm Rind 19–26 Gramm.

Grillen brauchen weniger Wasser, Futter, Platz und Pestizide als Rinder.

INSEKTEN: ÖFTER MAL WAS NEUES

In westlichen Ländern sind Krabbeltiere nicht gerade beliebt, zumal die fliegenden, hüpfenden, beißenden und stechenden Plagegeister oft an äußerst suspekten Orten zu Hause sind, Lichtjahre entfernt vom appetitlich präsentierten Rindersteak in der Metzgertheke, das wir gewöhnt sind. Dabei ist der Verzehr von Insekten eine uralte Sache.

Wie die FAO 2013 ermittelte, knabbern 28 % der Weltbevölkerung alle erdenklichen Käfer, Bienen, Heuschrecken, Raupen, Libellen und sonstiges Getier. Einige werden aus der Not heraus gegessen oder während der Regenzeit wegen ihres hohen Gehalts an Eiweiß, Eisen und Zink, aber viele gelten aufgrund ihrer interessanten Aromen und Texturen auch als Delikatesse. Die Ureinwohner Australiens etwa sind große Fans der cremigen Witchetty-Maden. In Thailand liebt man knusprige Feuerameisen; ihre Eier verfeinern Salate und Omeletts.

In Bezug auf den Umweltschutz ist der Verzehr von Insekten keineswegs unsinnig. Die meisten werden in der freien Natur gesammelt, aber selbst in Zuchtfarmen produzieren Insekten erheblich weniger Treibhausgase als Vieh. Sie werden mit organischen Abfällen gefüttert und benötigen weniger Platz. Im Übrigen verspeisen wir im Westen ja auch mit Behagen Hummer & Co. – könnte man Heuschrecken nicht als eine Art Landgarnelen auffassen?

Essbare Insektenarten: 1900

Anzahl Menschen, die traditionell Insekten essen .... 2 Mrd.

Biomasse an Insekten pro Mensch .... 40 Tonnen

- 31 % -
Käfer

- 18 % -
Raupen

- 14 % -
Bienen, Wespen, Ameisen

- 13 % -
Heuschrecken
& Grillen

- 10 % -
Zikaden, Schildläuse &
Baumwanzen

- 3 % -
Termiten

- 3 % -
Libellen

- 2 % -
Fliegen

- 6 % -
Sonstige

Anteiliger Verzehr von Insekten weltweit

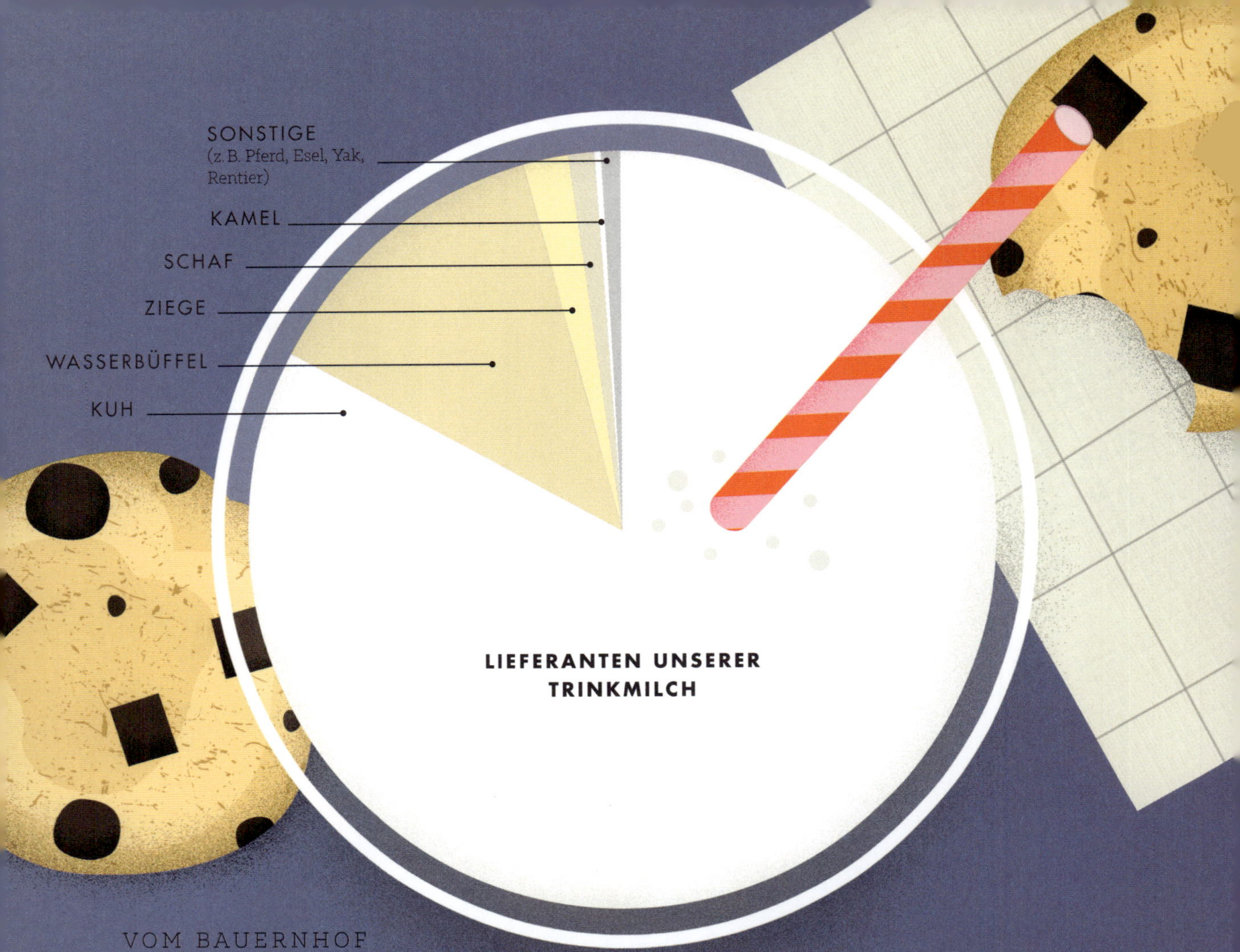

SONSTIGE
(z. B. Pferd, Esel, Yak,
Rentier)

KAMEL

SCHAF

ZIEGE

WASSERBÜFFEL

KUH

**LIEFERANTEN UNSERER
TRINKMILCH**

VOM BAUERNHOF

MILCH:
MUNTERMACHER

Über sechs Millionen Menschen
weltweit mögen den weißen
Frischekick, sei es in Reinform
als Milch oder zu Sahne, Butter,
Käse, Joghurt & Co. verarbeitet.
Milchprodukte sind ein Riesen-
geschäft.

Der größte Teil der Milch, die
wir trinken, stammt von Kühen.
Aber zum Melken eignen sich auch
andere Tierarten von den weit
verbreiteten Schafen und Ziegen
zu exotischeren Milchgebern wie
Pferden oder Kamelen. Auch wenn

sich die Milchsorten in ihrem
Nährstoffgehalt unterscheiden, ist
frische Milch zweifellos ein wertvoller Teil unserer Nahrung. Vor
allem Kuhmilch liefert reichlich
Eiweiß, Kalzium und jede Menge
Vitamine.

Die Milchmenge, die eine
durchschnittliche Milchkuh
am Tag gibt, würde den
Tank eines Autos füllen.

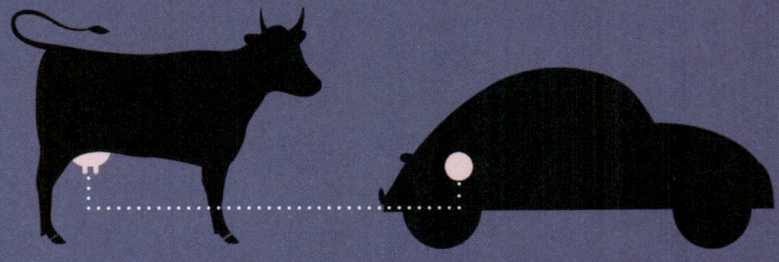

**NÜSSE,
SAMEN**
(Mandeln,
Kokosnuss,
Sonnenblumen-
kerne usw.)

HAFER

WAS BEDEUTET ...

ROHMILCH?

Unbehandelte und nicht erhitzte Milch, so wie
sie aus dem Euter kommt. Wegen potenzieller
Gesundheitsrisiken unterliegen Herstellung und
Verkauf von Rohmilch in vielen Ländern (auch in
der EU) besonderen Hygienevorschriften.

HOMOGENISIERT?

Milch wird mit hohem Druck durch winzige Düsen
gepresst, um die darin enthaltenen Fettkügelchen
zum Platzen zu bringen, damit die Milch homogen
bleibt und sich keine Rahmschicht absetzt.

PASTEURISIERT?

Die gängigste Methode, um Bakterien abzutöten
und die Milch haltbarer zu machen. Die Milch wird
dabei hocherhitzt, schnell wieder abgekühlt und
sofort abgefüllt. Geschmack und Nährstoffgehalt
werden unwesentlich beeinträchtigt.

H-MILCH?

Ultrahocherhitzte Milch wird auf eine etwa doppelt
so hohe Temperatur erhitzt wie beim Pasteurisieren. Sie wird dadurch länger haltbar, doch sind
Geschmack und Nährstoffgehalt beeinträchtigt.

KONDENSMILCH?

Milch wird erhitzt, sterilisiert und auf die Hälfte
normaler Trinkmilch kondensiert. Sie ist dickflüssig und sehr aromatisch.

GESÜSSTE KONDENSMILCH?

Kondensmilch mit Zuckerzusatz: klebrig, süß,
dickflüssig und die Grundlage für den Brotaufstrich
Dulce de leche und schmelzende Toffees.

SOJA

REIS

**NR.
1**

Indien ist
weltweit der
größte Milch-
erzeuger.

+50%

Die Milch-
produktion stieg
in den letzten
30 Jahren welt-
weit um mehr als
die Hälfte.

BUTTER: ZARTE VERFÜHRUNG

Für mich gibt es zwei Sorten Menschen: die in Butter schwelgenden Frohnaturen und die oft weniger Frohsinn verbreitenden Margarinefans. Ich bekenne mich seit jeher zum ersten Lager. Doch erst jetzt eröffnete sich mir ein ganzes Universum, in dem Butter weit mehr ist als Brotaufstrich oder Topping für Ofenkartoffeln: Sie bereichert Gemüse, bildet den Ausgangs- und Endpunkt für Saucen, macht Kuchen locker und Omeletts zur duftenden Köstlichkeit.

KALT AUFGESCHLAGEN

1 Sahne

2 Rühren …

3 … bis sich die Buttermilch absetzt

4 Die Buttermilch für Scones, Brot oder Pfannkuchen verwenden

5 Salzen & kneten

6 Formen & servieren

GESCHMACKS-VERSTÄRKER

Aromatisierte Butter eignet sich wunderbar als zusätzliche Würze. Die weiche Butter (man muss Fingerabdrücke darin sehen können) glatt rühren und mit Zutaten nach Wahl vermischen.

In Pergamentpapier zur Wurst formen, die Papierenden zusammendrehen und die Butter kühlen oder einfrieren.

Nachfolgend ein paar Klassiker für den Anfang:

BRANDY-BUTTER
Butter, Zucker, Weinbrand

KNOBLAUCH-BUTTER
Butter, Knoblauch, Petersilie

CAFÉ DE PARIS-BUTTER
Butter, Senf, Worcestersauce, Knoblauch, Sardellen, Gewürze, Schalotten, Kräuter

MAÎTRE D'HÔTEL-BUTTER
Butter, Zitrone, Petersilie

BUTTERZART

- Beurre monté
- Beurre blanc
- Beurre noir
- Beurre noisette

 Beurre monté

Butteremulsion, entsteht durch portionsweises Einrühren kalter Butterwürfel in köchelndes Wasser. Ideal zum Pochieren von Fleisch, Fisch/Meeresfrüchten und Gemüse oder als Saucenbasis.

 Beurre blanc

Helle, emulgierte warme Buttersauce: Essig, Weißwein und Schalotten reduzieren, dann nach und nach eiskalte Butterwürfel mit dem Schneebesen unterziehen.

 Beurre noisette

Butter zerlassen und leicht bräunen, bis sie die Farbe von Haselnüssen hat. Nach Wahl mit Zitrone, Kräutern und/oder Kapern (als Fischsauce) aromatisieren.

 Beurre noir

Butter wie oben zerlassen, dann jedoch ohne Hitzezufuhr dunkelbraun, fast schwarz werden lassen. Wird oft gesäuert und gilt als typische Sauce zu Rochen.

—

KÄSE: MILCH IN BESTFORM

Der allererste Käse entstand vermutlich durch einen glücklichen Zufall. Zum Transport von Milch verwendete man einst Tiermägen. Die darin natürlich vorhandenen Enzyme (das Lab) ließen das Milcheiweiß gerinnen, sodass sich die Molke absetzte. Dieses Grundprinzip hat sich über Jahrtausende kaum verändert. Ob frisch, weich mit behandelter Oberfläche, schnittfest oder hart – im Grunde ist Käse nichts anderes als haltbar gemachte Milch.

Unsere Favoriten an der Käsetheke werden aus Kuhmilch hergestellt, oft auch aus Ziegen-, Schafs- oder Büffelmilch. Tatsächlich aber kann man jede Sorte Milch zu Käse verarbeiten, sei es Eselsmilch, die den teuersten Käse der Welt ergibt (Pule), Kamelstutenmilch oder sogar menschliche Muttermilch. Für Veganer gibt es Käse aus Mandeln und Cashewnüssen. Käse kann man räuchern, mit Kräutern würzen oder jahrelang reifen lassen, ihn am Stück essen, in Scheiben geschnitten aufs Butterbrot legen, gerieben in Saucen einstreuen, Kekse damit backen oder ihn auf dem Grill bräunen.

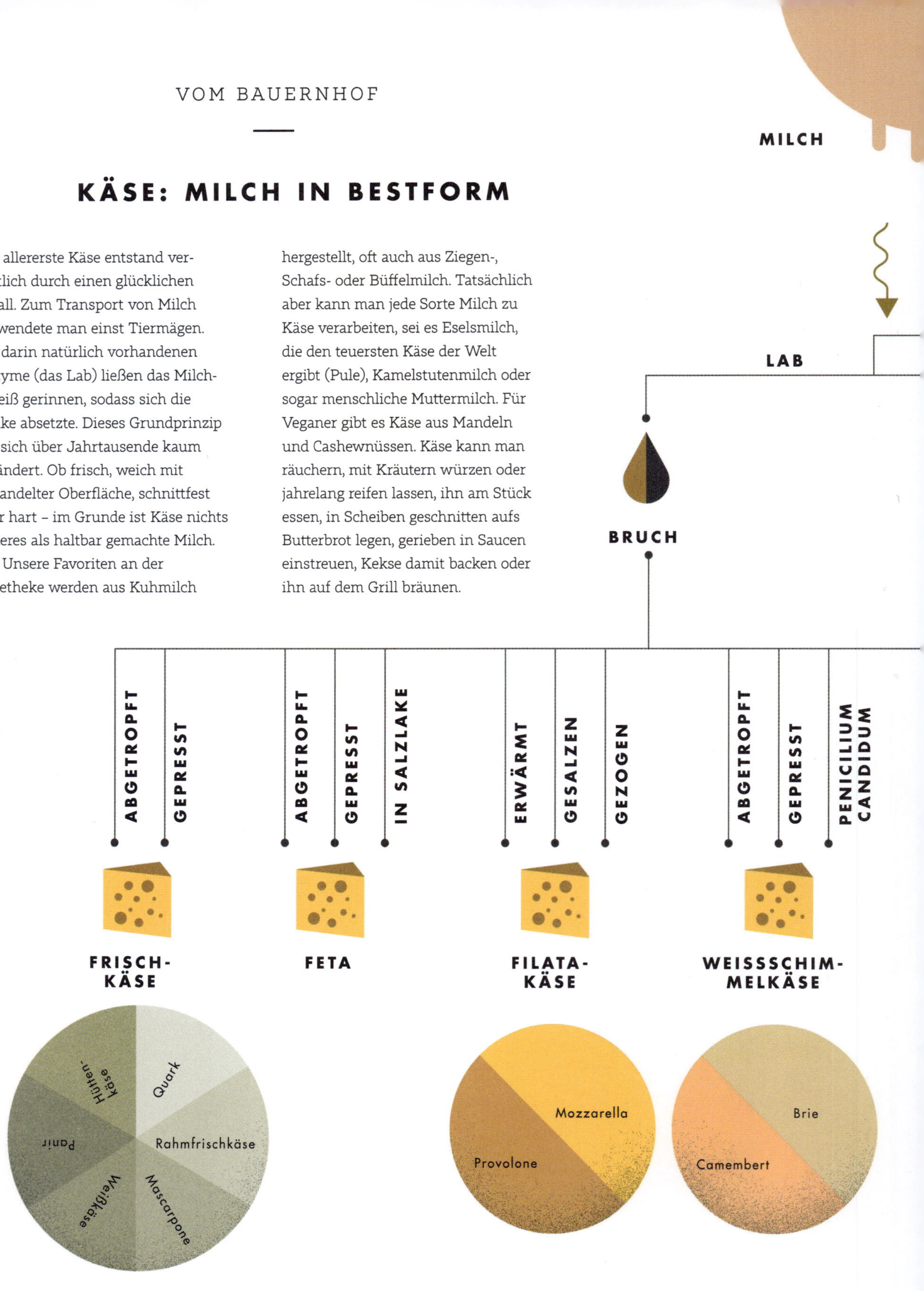

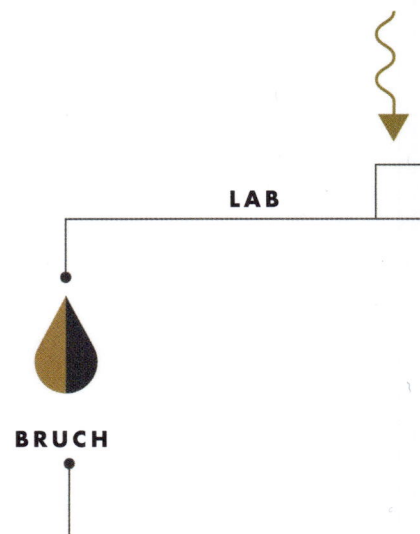

MILCH

LAB

BRUCH

ABGETROPFT · GEPRESST

FRISCHKÄSE

Hüttenkäse · Quark · Panir · Rahmfrischkäse · Weißkäse · Mascarpone

ABGETROPFT · GEPRESST · IN SALZLAKE

FETA

ERWÄRMT · GESALZEN · GEZOGEN

FILATAKÄSE

Mozzarella · Provolone

ABGETROPFT · GEPRESST · PENICILIUM CANDIDUM

WEISSSCHIMMELKÄSE

Brie · Camembert

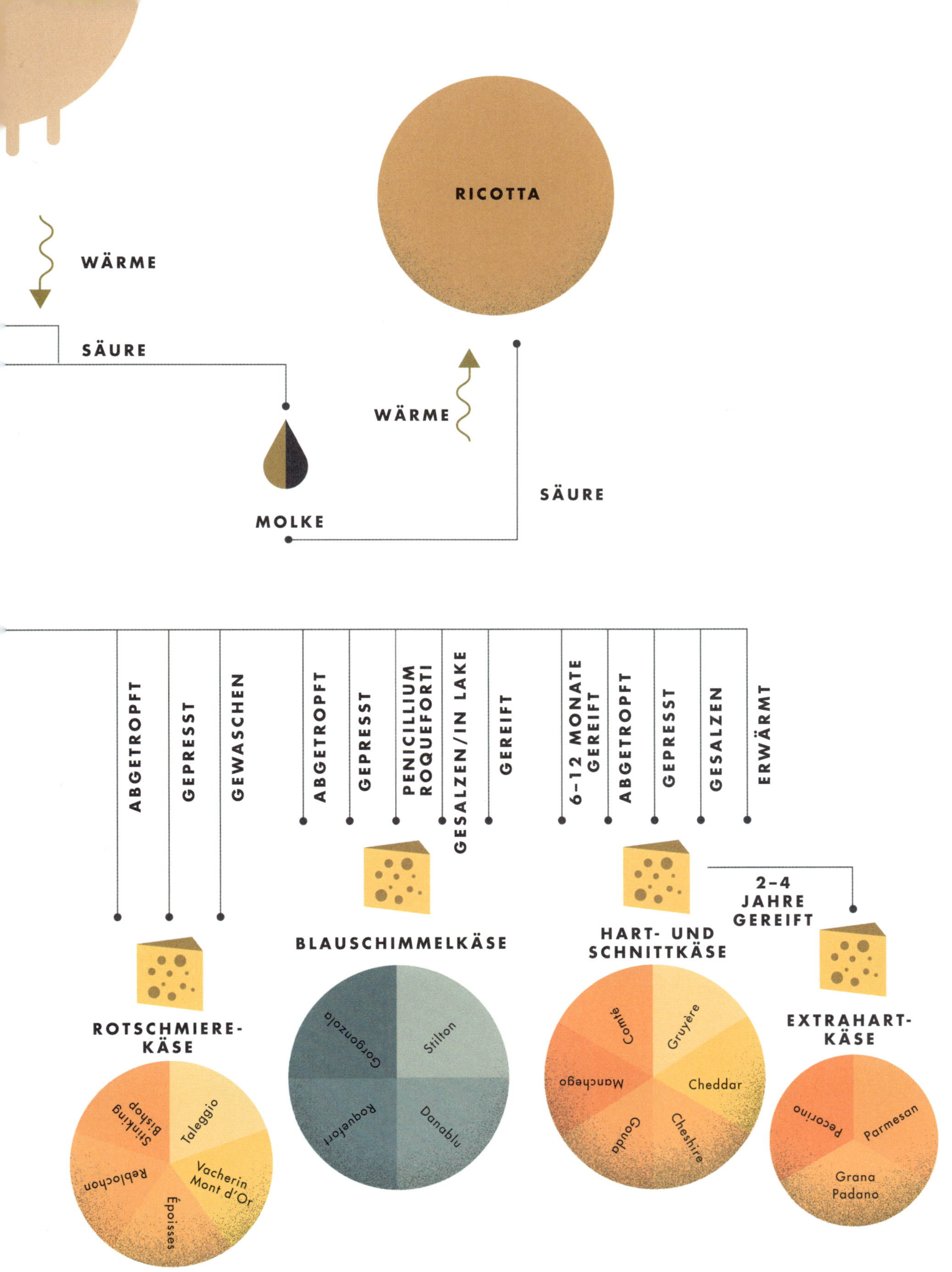

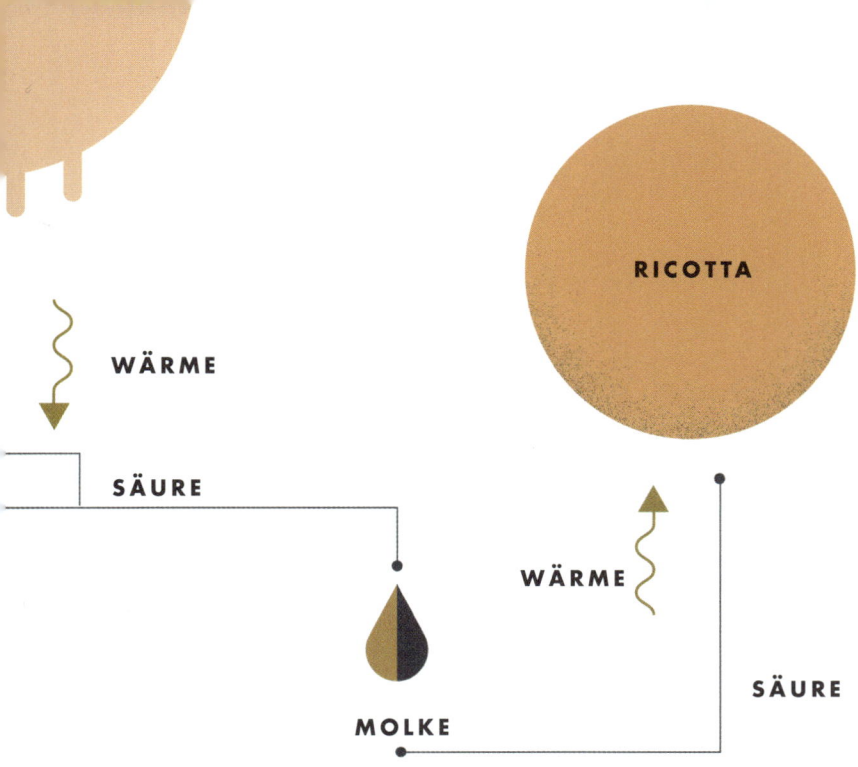

WÄRME

SÄURE

RICOTTA

WÄRME

SÄURE

MOLKE

ABGETROPFT

GEPRESST

GEWASCHEN

ABGETROPFT

GEPRESST

PENICILLIUM ROQUEFORTI

GESALZEN/IN LAKE

GEREIFT

6–12 MONATE GEREIFT

ABGETROPFT

GEPRESST

GESALZEN

ERWÄRMT

2–4 JAHRE GEREIFT

ROTSCHMIERE-KÄSE

Talleggio
Stinking Bishop
Reblochon
Époisses
Vacherin Mont d'Or

BLAUSCHIMMELKÄSE

Gorgonzola
Stilton
Roquefort
Danablu

HART- UND SCHNITTKÄSE

Comté
Gruyère
Manchego
Cheddar
Gouda
Cheshire

EXTRAHART-KÄSE

Pecorino
Parmesan
Grana Padano

EIER: VIELSEITIGE KRAFTPAKETE

Dass Hühnereier ein überall erhältliches, preiswertes und ungemein vielseitiges Nahrungsmittel sind, ist bekannt – aber hätten Sie gewusst, dass sie auch eines der ältesten sind? Seit der Jungsteinzeit essen Menschen die Eier von allen möglichen gefiederten Tieren, seien es Hühner, Enten oder Gänse, Wachteln, Fasane, Kiebitze, Perlhühner oder Strauße, Emus, Pelikane, Tauben oder Möwen (deren Eier übrigens nicht nach Fisch schmecken, wie gern behauptet wird).

Eigentlich ist das ganz logisch, denn Eier sind von Natur aus perfekt verpackte, handliche Imbisse. Sie enthalten jede Menge Vitamine (A, B, D und E), Mineralien (Jod, Phosphor, Selen, Zink und Eisen) und sind ein »vollwertiger« Eiweißträger, denn sie enthalten alle essenziellen Aminosäuren, die wir benötigen. Rocky Balboa wusste schon, warum er seiner Boxerkarriere mit rohen Eiern nachhalf!

Auch Köche mögen Eier und verwenden sie in süßen und pikanten Gerichten, im Ganzen oder getrennt. Allein oder mit anderen Zutaten dienen sie zum Binden, Auflockern, Andicken, Anreichern, Emulgieren, Glasieren oder Klären. Man kann sie

kochen (am besten nicht ganz frische Eier, da sie leichter zu pellen sind), als Rührei auf kleiner Flamme mit Butter stocken lassen, pochieren (mit dem Schneebesen das Wasser aufwirbeln und dann ein frisches Ei hineingleiten lassen) oder als Spiegeleier braten (in Butter und Öl oder zerlassenem Speck). Man kann sie auch »en cocotte« mit Sahne, Käse- und Paniermehlhaube im Näpfchen garen. Zum Auftakt des jüdischen Pessachfests backt man das Ei (Betza) in heißer Asche, bis die Schale braun wird und platzt – aber natürlich kocht man es vorher.

Eier verarbeitet man am besten bei Zimmertemperatur, vor allem beim Backen. Wie frisch ein Ei ist, zeigt sich, wenn man es in ein Glas Wasser legt. Sinkt es zu Boden, ist es in Ordnung, schwimmt es aber oben, sollte man es wegwerfen – es sei denn, Sie mögen Tausendjährige Eier. Die reifen in China 45–100 Tage in einer Mischung aus Salz, Kalk und Asche, bis das Eiweiß gelb und glibberig und das Eigelb grün und käsig ist. Man isst sie roh und hält sich dabei wegen des scharfen Ammoniakgeruchs am besten die Nase zu. Das ist aber noch nichts gegen die auf den Philippinen und in Vietnam beliebte Delikatesse namens Balut – 17–20 Tage alte angebrütete gekochte Enteneier.

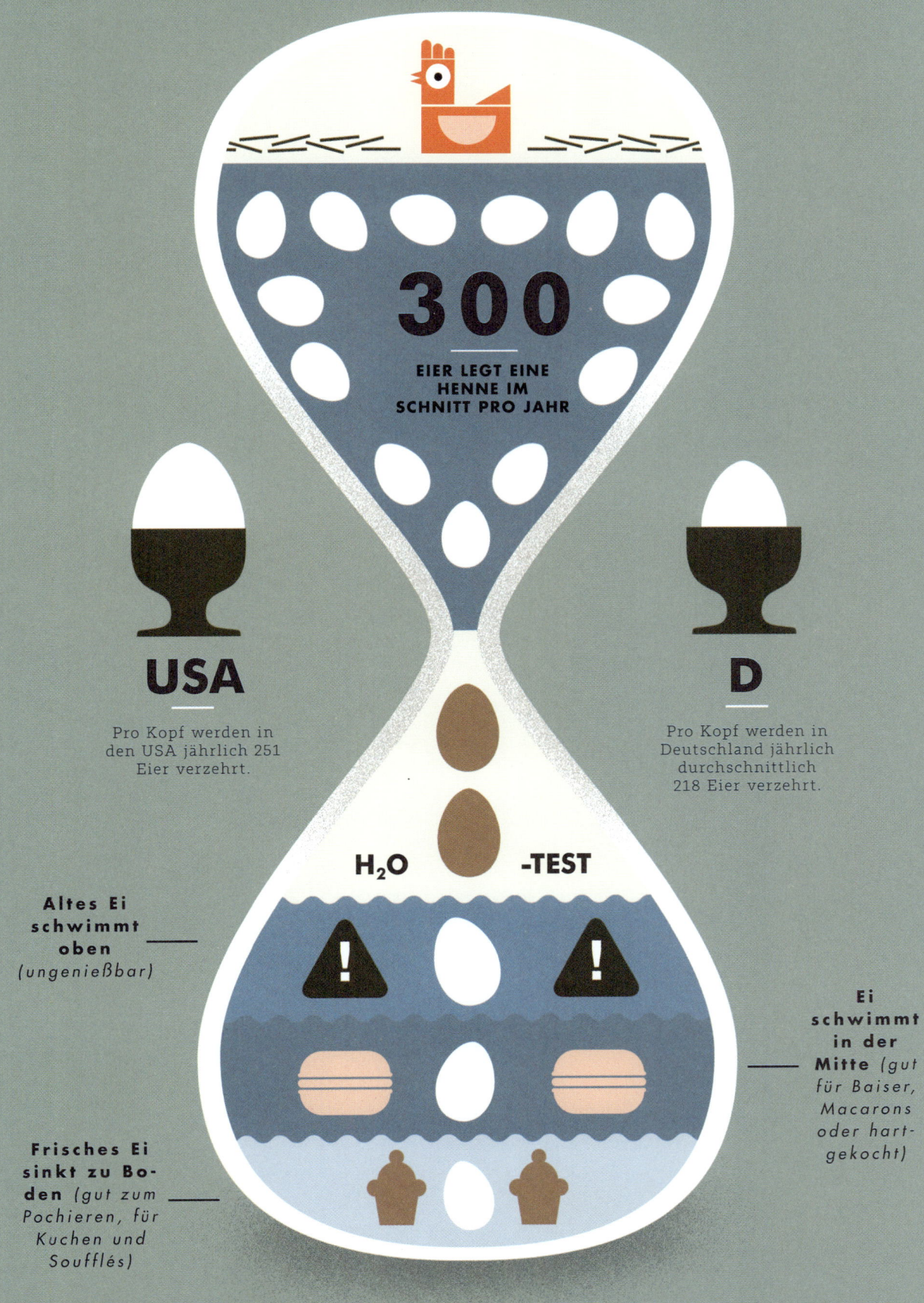

300

EIER LEGT EINE
HENNE IM
SCHNITT PRO JAHR

USA

Pro Kopf werden in
den USA jährlich 251
Eier verzehrt.

D

Pro Kopf werden in
Deutschland jährlich
durchschnittlich
218 Eier verzehrt.

H_2O -TEST

**Altes Ei
schwimmt
oben**
(ungenießbar)

**Ei
schwimmt
in der
Mitte** *(gut
für Baiser,
Macarons
oder hart-
gekocht)*

**Frisches Ei
sinkt zu Bo-
den** *(gut zum
Pochieren, für
Kuchen und
Soufflés)*

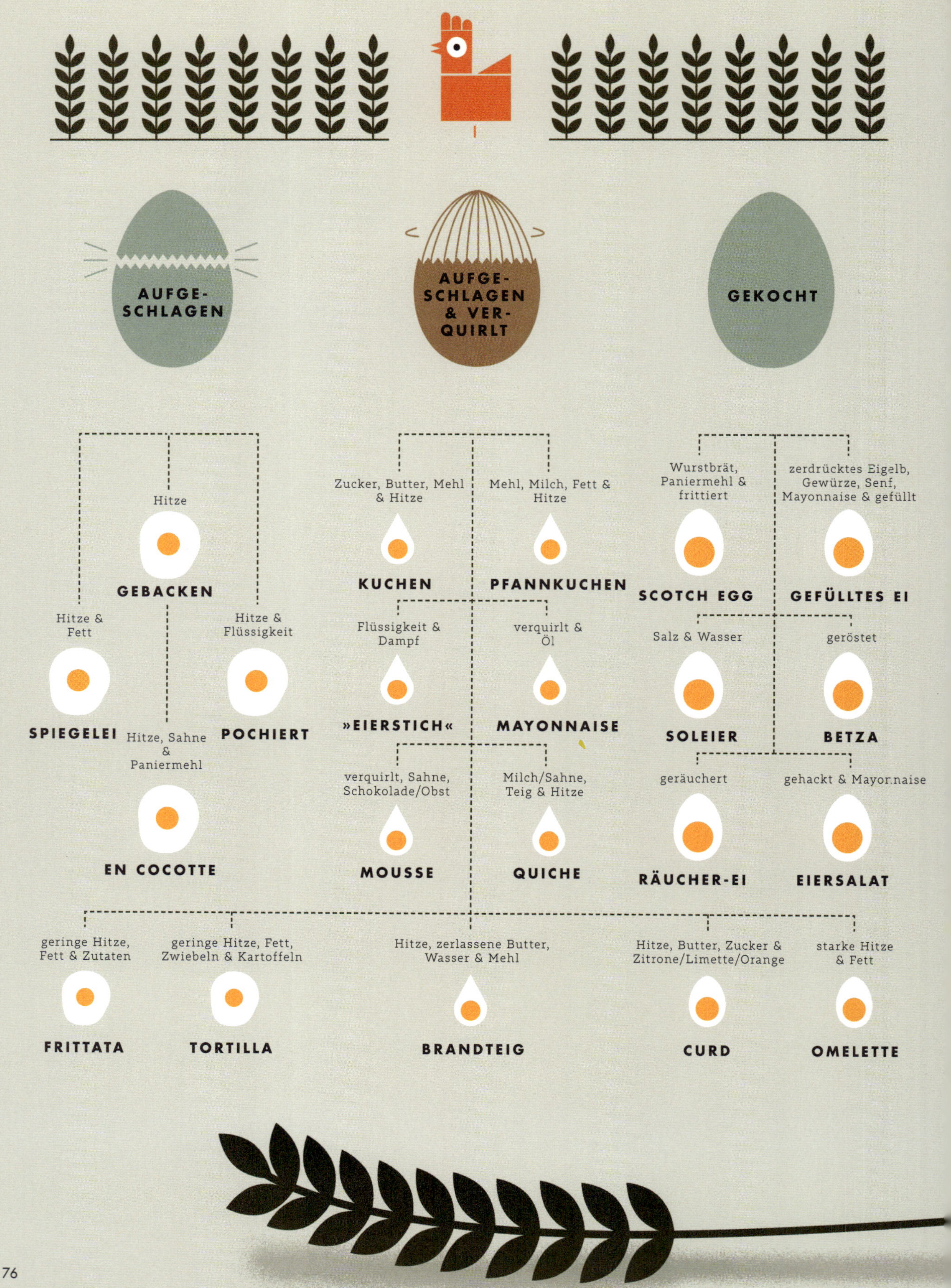

AUFGE-SCHLAGEN

AUFGE-SCHLAGEN & VER-QUIRLT

GEKOCHT

Hitze

GEBACKEN

Zucker, Butter, Mehl & Hitze

KUCHEN

Mehl, Milch, Fett & Hitze

PFANNKUCHEN

Wurstbrät, Paniermehl & frittiert

SCOTCH EGG

zerdrücktes Eigelb, Gewürze, Senf, Mayonnaise & gefüllt

GEFÜLLTES EI

Hitze & Fett

SPIEGELEI

Hitze & Flüssigkeit

POCHIERT

Flüssigkeit & Dampf

»EIERSTICH«

verquirlt & Öl

MAYONNAISE

Salz & Wasser

SOLEIER

geröstet

BETZA

Hitze, Sahne & Paniermehl

EN COCOTTE

verquirlt, Sahne, Schokolade/Obst

MOUSSE

Milch/Sahne, Teig & Hitze

QUICHE

geräuchert

RÄUCHER-EI

gehackt & Mayonnaise

EIERSALAT

geringe Hitze, Fett & Zutaten

FRITTATA

geringe Hitze, Fett, Zwiebeln & Kartoffeln

TORTILLA

Hitze, zerlassene Butter, Wasser & Mehl

BRANDTEIG

Hitze, Butter, Zucker & Zitrone/Limette/Orange

CURD

starke Hitze & Fett

OMELETTE

EIWEISS

AUFGE-SCHLAGEN & GETRENNT

EIGELB

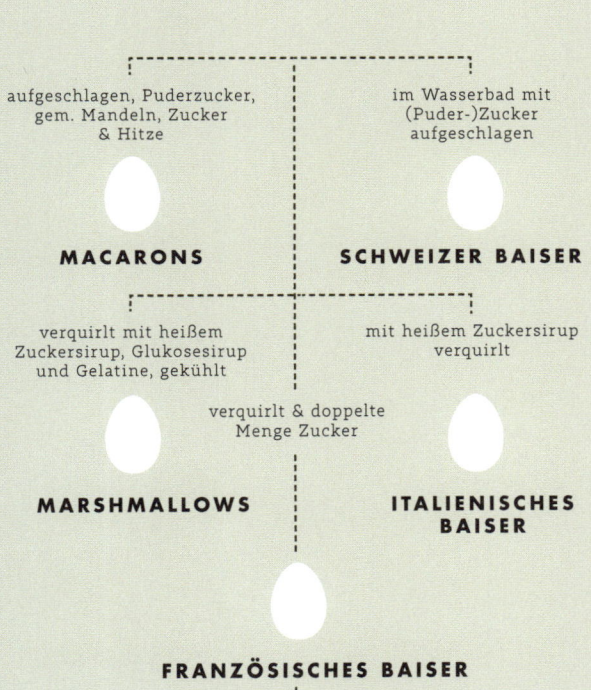

aufgeschlagen, Puderzucker, gem. Mandeln, Zucker & Hitze

MACARONS

im Wasserbad mit (Puder-)Zucker aufgeschlagen

SCHWEIZER BAISER

verquirlt mit heißem Zuckersirup, Glukosesirup und Gelatine, gekühlt

MARSHMALLOWS

mit heißem Zuckersirup verquirlt

verquirlt & doppelte Menge Zucker

ITALIENISCHES BAISER

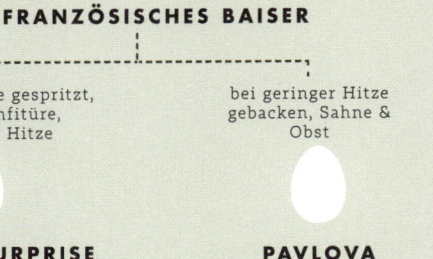

FRANZÖSISCHES BAISER

mit Garniertülle gespritzt, Kuchen, Konfitüre, Eiscreme & Hitze

OMELETTE SURPRISE

bei geringer Hitze gebacken, Sahne & Obst

PAVLOVA

mit Zucker, heißer Sahne & Vanille verquirlt

VANILLECREME

verquirlt, Mehl und steif geschlagenes Eiweiß untergehoben

SOUFFLÉ

mit Zucker und Marsala bei geringer Hitze verquirlt

ZABAGLIONE

mit Zucker & Wein/ Zitronensaft bei geringer Hitze verquirlt

SABAYON

mit zerlassener Butter & Essig/ Zitronensaft verquirlt

SAUCE HOLLANDAISE

mit Essigreduktion, Estragon und zerlassener Butter verquirlt

SAUCE BÉARNAISE

pochiertes Ei & engl. Muffin

Schinken/Speck

EIER BENEDICT

Räucherlachs

ROYALE

Spinat

FLORENTINE

VOM BAUERNHOF

—

HONIG: BIENENFLEISSIG

Die Basis für Honig ist der Nektar, den Honigbienen aus Blüten saugen und in ihrem Verdauungstrakt zu Einfachzucker aufspalten, bevor sie ihn in den Waben einlagern. Dort verdunstet das Wasser, was zurückbleibt, ist der Honig.

Generell gilt: Je heller der Honig, desto milder der Geschmack.

Bienenvölker bestehen aus einer Königin, Tausenden männlicher Drohnen (deren einzige Aufgabe es ist, die Eier der Königin zu befruchten) und Zehntausenden Arbeiterinnen (die alles Übrige erledigen).

Honig aus Massenproduktion stammt überwiegend von Klee-Nektar.

Schätzungsweise ein Drittel unserer Nahrung besteht aus Obst und Gemüse, die von Insekten bestäubt wurden (zu 80 % Bienen).

Honig besteht zu 18 % aus Wasser.

Am Geschmack erkennt man, von welchen Blüten der Nektar stammt, seien es Wildpflanzen oder eine Avocado-Plantage. Beliebte Honigarten aus aller Welt mit »sortenreinem« Aroma und Duft und typischer Farbe sind Akazien-, Eukalyptus-, Heide-, Manuka- und Orangenblütenhonig.

20-26°C

Bewahren Sie Honig immer bei Raumtemperatur auf, damit er nicht aus-kristallisiert. Geschieht das dennoch, stellen Sie das Glas in heißes Wasser. Die sanfte Wärme verwandelt den Honig wieder in flüssiges Gold.

Aus Honig stellt man Met, Bier und Spirituosen her.

Unbehandelter »Rohhonig« wird nicht erwärmt oder gefiltert. Dies wird bei handelsüblichem Honig oft gemacht, damit er klar und flüssig ist.

Taucht man den Löffel zunächst in geschmacksneutrales Öl, lässt sich Honig leichter portionieren.

Eine Biene produziert in ihrem Leben nur $\frac{1}{12}$ Esslöffel Honig.

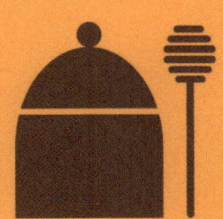

Da Honigbienen oft zwei- bis dreimal so viel Honig erzeugen, wie sie brau-chen, dürfen wir Menschen ihnen davon ein wenig stehlen, aber allzu gierig sollten wir nicht sein.

Für ein 450-Gramm-Glas Honig müssen Bienen zwei Millionen Blüten besuchen.

AUS DEM WASSER

AUS DEM WASSER

—

FISCHFILET: OHNE HAUT UND GRÄTEN

Sofern Sie nicht Angler sind, kaufen Sie Ihren Fisch sicherlich fertig filetiert, portioniert oder sogar als Fischstäbchen. Ganze Fische sind jedoch nicht nur preiswerter, sondern auch frischer. Nach dem Schuppen und Ausnehmen brät oder grillt man den Fisch im Ganzen oder filetiert ihn und kocht aus allem (außer dem Darm), was übrig bleibt, einen Fond als Suppen- und Saucengrundlage. Man kann die meisten Fische filetieren, sollte aber im Zweifel den Fischhändler fragen. Augen und Haut des Fischs müssen glänzen, die Kiemen leuchtend rot sein. Das ganze Tier soll einen frischen Meeresduft verströmen. Sobald Fisch nach Fisch riecht, ist er buchstäblich für die Katz.

IHR WERKZEUG:

Scharfes, dünnes, biegsames Filetiermesser

Gräten-pinzette

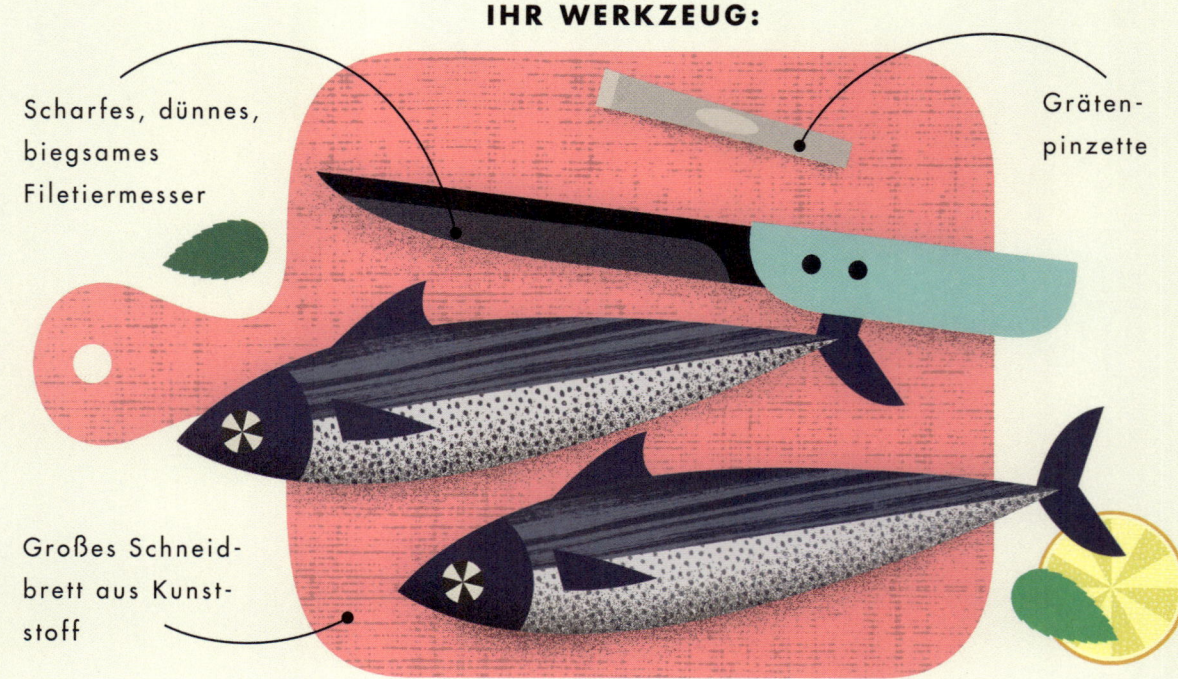

Großes Schneid-brett aus Kunst-stoff

SO FILETIERT MAN EINEN RUNDFISCH

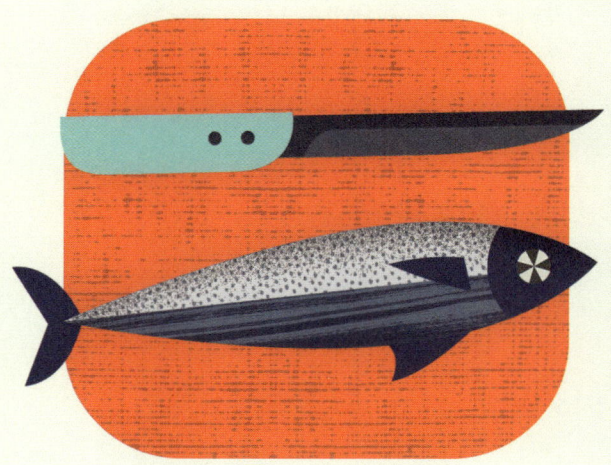

1 Den Fisch auf die Seite legen, das Rückgrat zu Ihnen.

2 Den Kopf kurz vor den Flossen abschneiden.

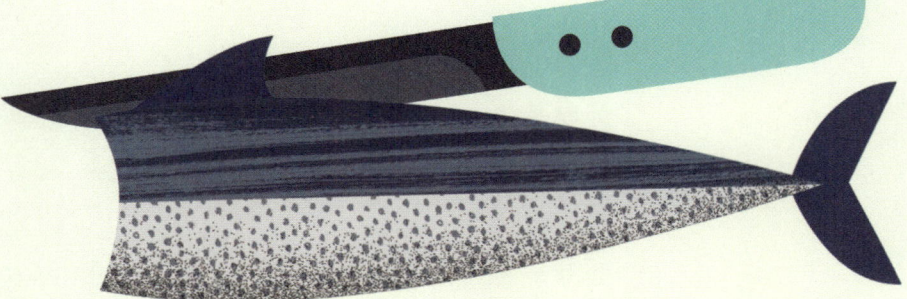

3 Mit langen, lockeren Schnitten am Rückgrat entlang bis zum Schwanz einschneiden (nicht hacken, nicht sägen!). Die Klinge immer möglichst eng an den Gräten entlanggleiten lassen, bis sich das Filet löst.

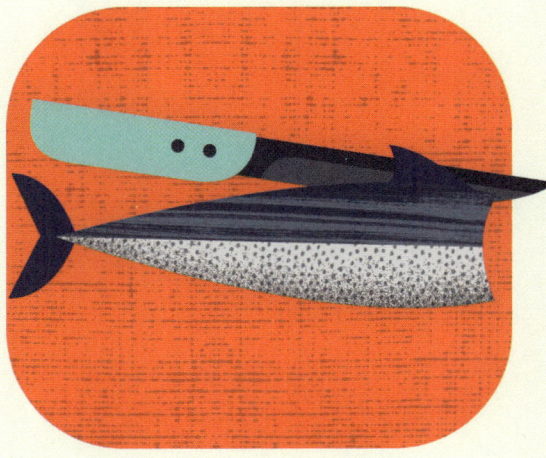

4 Den Fisch umdrehen und wiederholen.

5 Bei manchen Fischen muss man mit der Pinzette Gräten herauspicken und Fett- und Hautränder abschneiden (parieren).

SO FILETIERT MAN EINEN PLATTFISCH

1 Den Fisch flach auf eine Seite legen.

2 Den Kopf abschneiden.

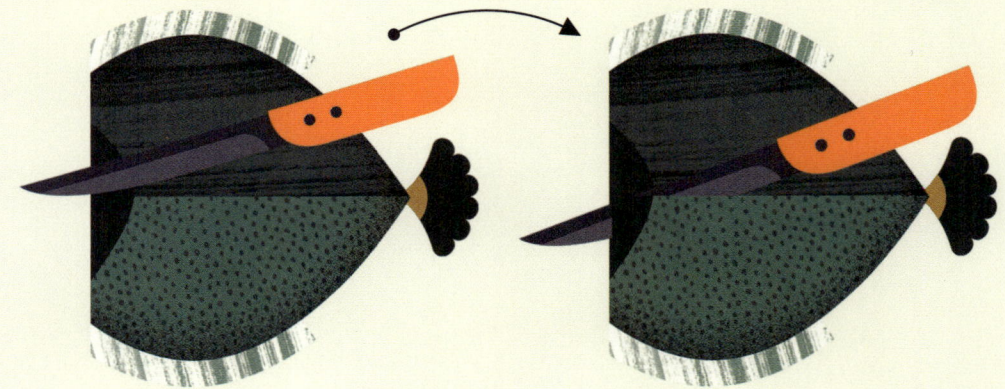

3 Am Rückgrat entlang bis zum Schwanz einschneiden, dabei die Klinge anwinkeln und immer möglichst eng an den Gräten entlanggleiten lassen, bis sich das Filet löst. Das Filet daneben genauso abheben.

4 Den Fisch umdrehen und die Filets auf der anderen Seite ablösen.

5 Entgräten, die vier Filets parieren (Fett, Flossen oder Haut abschneiden).

SO HÄUTET MAN EIN FISCHFILET

1 Egal, ob platt oder rund – fangen Sie immer am Schwanz an und arbeiten Sie sich mit kleinen Schnitten vor. Die Haut möglichst ganz lassen.

2 Die Klinge im Winkel ansetzen und behutsam wie mit der Säge zwischen Filet und Haut schneiden. Die lose Haut nach jedem Schnitt straff ziehen, so dient sie als Hebel.

GEHT UNTER DIE HAUT

Mit etwas Salz geröstete Lachshaut schmeckt köstlich, ein wenig wie Schweinegrieben. In Stücke gebrochen, garniert man damit einen warmen Salade niçoise mit Lachs, Forelle, Kabeljau, Heilbutt oder anderen Rundfischen.

MEERESFRÜCHTE: POSEIDONS SCHATZKISTE

Schalentiere sind die Stars der klassischen Meeresfrüchteplatte, aber nicht die einzigen essbaren Meerestiere. Sie gelten als Festessen, als erlesen und sinnlich – wie geschaffen für gesellige Tischrunden, und viele isst man mit den Fingern. Sie machen Appetit auf Meer und sorgen für angeregte Gespräche.

Die beiden Hauptkategorien sind Krusten- und Weichtiere. Krustentiere wie Hummer, Garnelen und Scampi bilden die Königsklasse: Weichtiere unterteilt man in Kopffüßer wie Tintenfische (mit Innenskelett), Schnecken (lat. *gastropoda*, mit einer Schale) und Muscheln (lat. *bivalvia*, zwei Schalen mit

Scharnier) wie die Miesmuschel. Es gibt zudem Exoten, die in keine der Kategorien gehören, etwa die »Stachelhäuter« Seeigel und Seegurken. Viele Meeresfrüchte schmecken roh oder kurz gegart am besten, müssen allerdings fangfrisch sein. Manche wirft man noch lebendig ins kochende Wasser.

KRUSTENTIERE

Taschenkrebs

Hummer

Garnelen & Scampi

WEICHTIERE: KOPFFÜSSER

Tintenfisch

Oktopus

Kalmar

WEICHTIERE: SCHNECKEN

Abalone

Wellhornschnecke

Strandschnecke

WEICHTIERE: MUSCHELN

Venus- & Herzmuschel

Auster

Scheiden- & Miesmuschel

STACHELHÄUTER

Jakobsmuschel

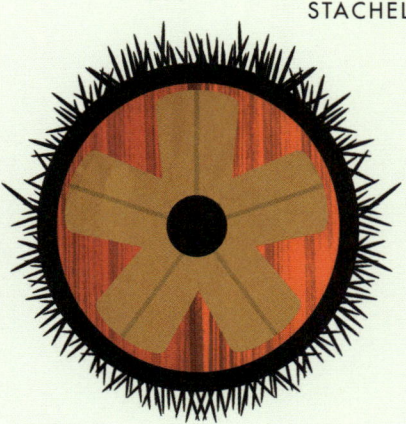

Seeigel

Seegurke

AN DER ANGEL

ATLANTISCHER LACHS

ROTLACHS (SOCKEYE)
(Pazifik)

KÖNIGSLACHS (QUINNAT)
(Pazifik)

KETALACHS
(Pazifik)

SILBERLACHS (COHO)
(Pazifik)

BUCKELLACHS
(Pazifik)

ZUCHTLACHS

Die Jungfische werden oft in riesigen Mengen in Netzgehegen nahe der Küste gemästet. Sie sind fetter und fader als Wildlachse. Die Folgen intensiver Aquakultur für die Umwelt sind umstritten.

WILDLACHS

Lachse laichen in kiesigen Flussbetten. Dort schlüpfen die Brütlinge und wandern flussabwärts ins Meer. Nach vier Jahren machen sie sich selbst auf den Weg zu den Laichgründen.

ROH

Tagesfrischer Lachs ist roh eine Delikatesse, sei es als Sashimi bzw. Sushi oder in Ceviche.

GEBEIZT

Die einfachste Zubereitungsart ist das Beizen mit Salz. Eine Mischung aus Salz und Zucker kann Textur und Geschmack verändern. Berühmt ist der skandinavische Graved Lax, der mit Salz, Zucker, Dill und weißen Pfefferkörnern eingelegt wird.

KALT GERÄUCHERT

Gebeizter Lachs wird bei maximal 30 °C geräuchert, um Aroma und Textur zu bewahren und zu unterstreichen. Der Beste ist der schottische: dünn geschnitten perfekt auf Bagel, Roggenbrot, Blinis und zu Rührei.

GEGART

Gebacken, gegrillt, frittiert, pochiert, gebraten, geröstet, gedämpft

HEISS GERÄUCHERT

Bei bis zu 80 °C heiß geräucherter Stremellachs schmeckt aromatischer und ist durch die Hitze gegart. Am besten gewürfelt in Salaten, zu Nudeln oder mit Meerrettichsauce auf Brot.

—

LACHS: FLOSSEN HOCH!

Einst Luxus pur, ist Lachs mittlerweile einer der beliebtesten Speisefische der Welt. Er gehört zur Familie Salmonidae und damit zu den Fettfischen. Als »König der Fische« ist er bei Mensch und Tier gleichermaßen begehrt. Doch er schmeckt nicht nur wunderbar, sondern liefert jede Menge gesunde Omega-

3-Fettsäuren und Vitamine. Aufgrund der enormen Nachfrage wird Lachs auf der Nordhalbkugel schon seit den 1960er-Jahren gezüchtet.

Als Speisefisch rangiert der feine Atlantische Lachs weit vorn, doch unter dem Aspekt der Nachhaltigkeit sind die fünf pazifischen Arten derzeit

die bessere Option. Man hat die Wahl zwischen Wildfang, biodynamischer und konventioneller Aquakultur, doch die Absatzmengen schaffen Probleme. Wie bei jedem Tier sollte man sich genau anschauen, woher der Lachs stammt. Achten Sie auf Nachhaltigkeitssiegel oder fragen Sie Ihren Fischhändler!

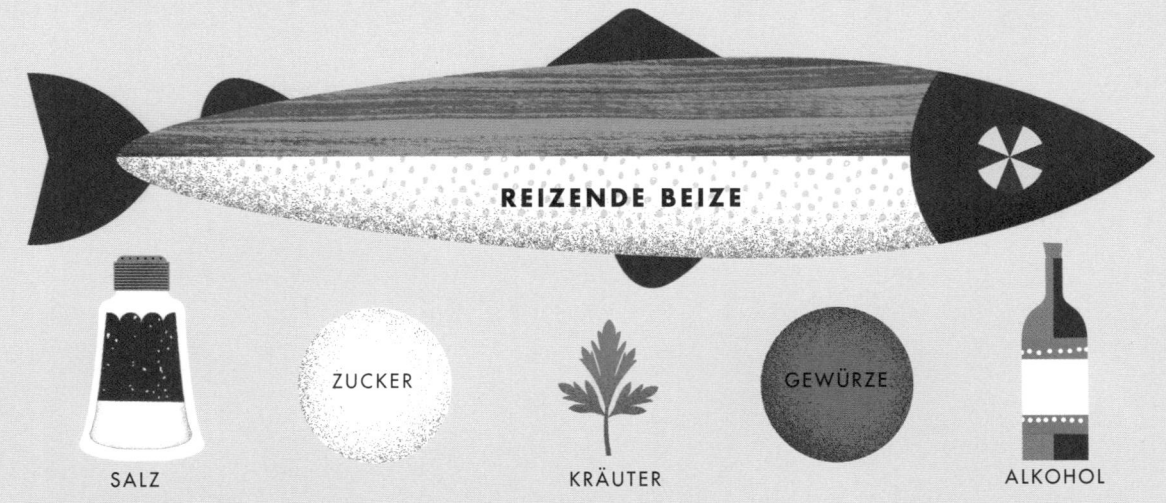

REIZENDE BEIZE

SALZ ZUCKER KRÄUTER GEWÜRZE ALKOHOL

DER LEBENSZYKLUS

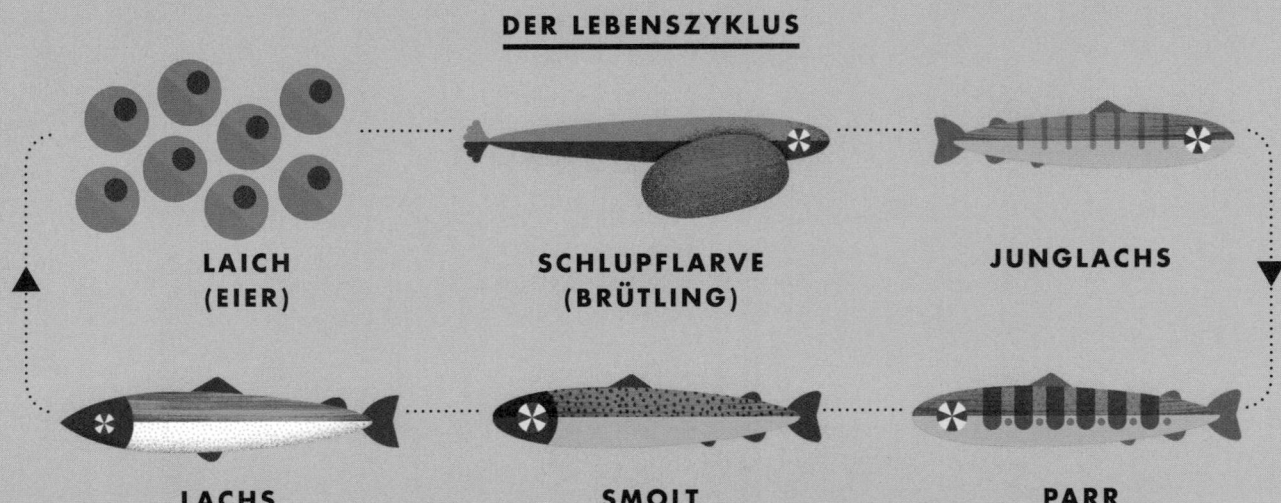

LAICH (EIER) **SCHLUPFLARVE (BRÜTLING)** **JUNGLACHS**

LACHS **SMOLT** **PARR**

ALGEN: MEER-GEMÜSE

Schleimig, glitschig und nach Fisch riechend – Seetang hat in der westlichen Welt nicht den allerbesten Ruf, doch in Ostasien isst man ihn seit Jahrhunderten. Auch auf unserem Speiseplan steht er viel häufiger, als Sie wahrscheinlich vermuten.

Seetang gehört zu den Großalgen, grob unterschieden in Grün-, Rot- und Braunalgen. Insgesamt gibt es weit über 10 000 Algenarten, aber nur ein paar Hundert davon dienen als Nahrung. Manche Sorten, wie grünen Meersalat, isst man roh oder gegart als Salat, andere, wie der in Irland beliebte rote Lappentang, werden getrocknet und als Partysnack geknabbert.

Vor allem die japanische Küche ist bekannt für ihre Vorliebe für Meeresgemüse. Besonders beliebt: Die Braunalge Wakame, die man in Japan zu Suppen, Salaten und sogar Tee verarbeitet, den würzigen Kombu, dem wir die Entdeckung der Geschmacksrichtung »umami« verdanken, und Nori, der auf unterschiedliche Art zubereitet wird und meist als getrocknete Blätter Maki-Sushi umhüllt.

Algen schmecken nicht nur nach Meer, sondern sind auch vielseitig zu gebrauchen. Aus Rotalgen stellt man zum Beispiel Carrageen her, das in sehr vielen Lebensmitteln als Gelier- und Verdickungsmittel enthalten ist. Ähnliche Arten verleihen Produkten wie Seife oder Shampoo mehr Stabilität. Der neueste Trend sind Algen als gesunder Salzersatz und natürlich als Wundermittel und Superfood, denn sie enthalten viel Eiweiß, Vitamine und Mineralien, haben jedoch fast kein Fett. Unser Landgemüse muss gut aufpassen, dass die Konkurrenz aus dem Wasser ihm nicht den Rang abläuft!

WER MÖCHTE SEETANG PROBIEREN?

JA

Mutig?

Soll ja gesund sein …

Seetang als Snack?

Nicht sicher, ob er Ihnen schmeckt?

VIEL-LEICHT

Klein anfangen

NEIN

Zu spät – Sie haben längst welchen gegessen!

Laverbread
In Japan heißt er Nori, in Schottland Sloke. In Wales kocht man Roten Seetang (laver), bis er zusammenfällt, verknetet ihn mit Haferflocken zu Küchlein, brät diese in Speck und serviert sie zum Frühstück.

Dashi
Japanische Brühe, die vor allem durch Kombu sehr nährstoffreich ist. Der braune Seetang ist das Geheimnis der beliebten aromatischen Miso-Suppe.

Norimaki
Klebreis mit frischen Meeresfrüchten und Gemüse gefüllt und in Noriblätter gewickelt ist eine unkomplizierte Methode, Seetang auf den Speiseplan zu setzen.

Seetang-Chips
Noriblätter mit etwas Wasser befeuchten, mit Salz und Shichimi togarashi bestreuen, in Stücke schneiden und 10–15 Minuten bei 150 °C knusprig backen.

Sie essen doch Gelee!
Gelees werden teilweise mit Agar-Agar angedickt, das man aus Seetang gewinnt. Für Vegetarier und Veganer eine gute Alternative zu Kuh- oder Schweinegelatine.

Würzmischungen
Seetang-Salz oder Shichimi togarashi (u. a. aus Chili, gerösteter Mandarinenschale, Sesamsaat, Ingwer und Seetang) geben vielen Speisen den letzten Schliff – von Nudeln bis Rindersteak.

AUS DEM WASSER

—

SCHONZEIT: ABWECHSLUNG MACHT APPETIT

In einem Punkt sind wir wohl alle gleich: Ob in der eigenen Küche oder im Restaurant, wir entscheiden uns spontan meist für das, was uns vertraut ist. Wir sind eben Gewohn-

STATT KABELJAU

TILAPIA

Würzig-säuerlich als Goa-Curry

aus Chilischoten, Kokos-milch, Knoblauch, Ingwer, Zwiebeln, Gewürzen, Tamarinden, Tomaten

STATT SCHELLFISCH

GERÄUCHERTER POLLACK

Mit Reis ein üppiges Kedgeree

aus Basmatireis, hart-gekochten Eiern, Currypulver, Zitrone, Zwiebeln

STATT SCHOLLE

FLÜGELBUTT

Fischstäbchen der leckeren Art

In breite Streifen schneiden, erst in Mehl mit Salz und dann in Ei wälzen (oder mit Naturjoghurt bestreichen), mit Semmelbröseln, trocke-nem Couscous, Polenta oder geschältem Sesam panieren. In der Pfanne braten, frit-tieren oder backen und zwischen zwei Scheiben Weißbrot klemmen. Mit Mayo, Salat und Tomaten, Blinis und Rührei servieren.

STATT FLEISCHBURRITO

KLIESCHE STATT RINDFLEISCH

Interessante Texturen: würziger Fisch-Burrito/-Taco

aus Avocado, Koriandergrün, Maistortilla, Jalapeños, Limettensaft, geraspeltem Weißkohl, geräucherter Chipotlesauce, Maiskörnern und Klieschenfilets, in Tempurateig ausgebacken

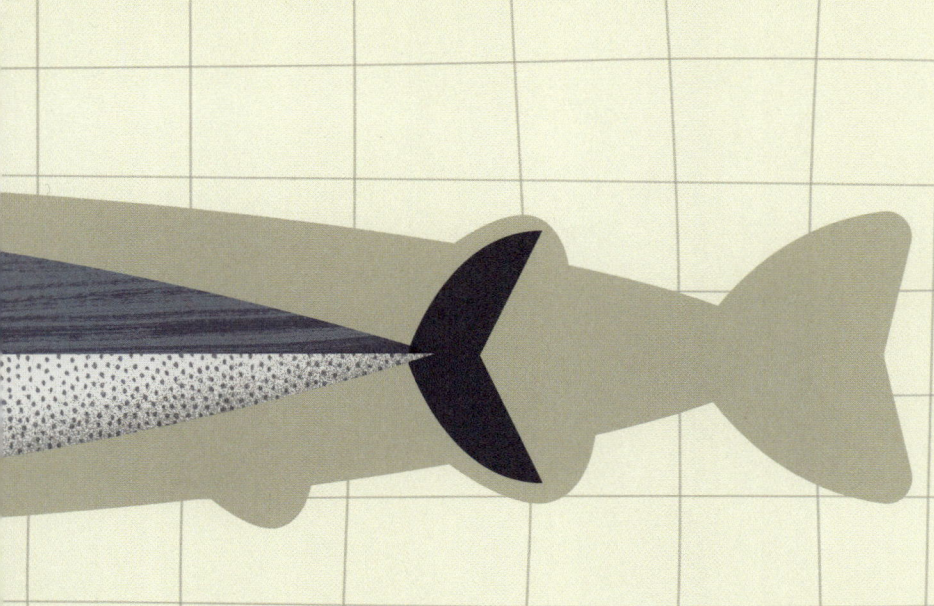

heitstiere. Bei Fisch ist das nicht anders. Die Liste der gefährdeten Arten vom Roten Thun bis zum Atlantischen Wildlachs belegt, dass wir viel zu oft zu den vertrauten Sorten greifen.

Wie wäre es mit ein wenig Abwechslung? Machen Sie mehr aus dem, was Sie essen, lassen Sie sich auf Alternativen ein, probieren Sie andere Aromen, neue Rezepte. Von dem Schonprogramm profitieren nicht nur Sie.

STATT LACHS

FORELLE

Machen was her:
Fischfrikadellen

Grob gehackte rohe Forelle mit zerdrückten gekochten Frühkartoffeln, Zitronensaft und Kräutern vermengen. Zu Küchlein formen und in der Pfanne knusprig braten.

STATT THUNFISCH

MAKRELE

Salat vom Feinsten

Fischfilets in Mehl und Cajun-Gewürz wälzen, in der Pfanne braten und auf einem Bett aus Brunnenkresse, gerösteten Kichererbsen mit Kreuzkümmel und Orangenfilets anrichten.

STATT WURSTEINTOPF

WELS

Ein würziger Eintopf aus Chorizo, Wels und Limabohnen

mit Limabohnen, Chorizo, Knoblauch, Zwiebeln, Paprikapulver, Petersilie, Dosentomaten

FISCHFOND

Schwaden köchelnder Fischbrühe, die durch das ganze Haus ziehen, sind vielleicht nicht jedermanns Sache, darum gibt es eine Abkürzung: Ein Meeresfrüchtefond ist schnell gekocht und der perfekte Geschmacksverstärker für Currygerichte, Suppen, Eintöpfe und Co. Wenn Sie Garnelen zubereiten, heben Sie einfach Schalen und Köpfe auf und braten Sie sie bei starker Hitze in ein wenig Rapsöl an, bis sie sich korallenrot färben. Mit Wasser bedeckt einmal aufkochen, dabei mit dem Kochlöffel zerdrücken. Rund 10 Minuten simmern lassen, durch ein Sieb abgießen und die Schalen gut ausdrücken. Den Sud würzen und nach Belieben als flüssige Geschmacksbombe einsetzen!

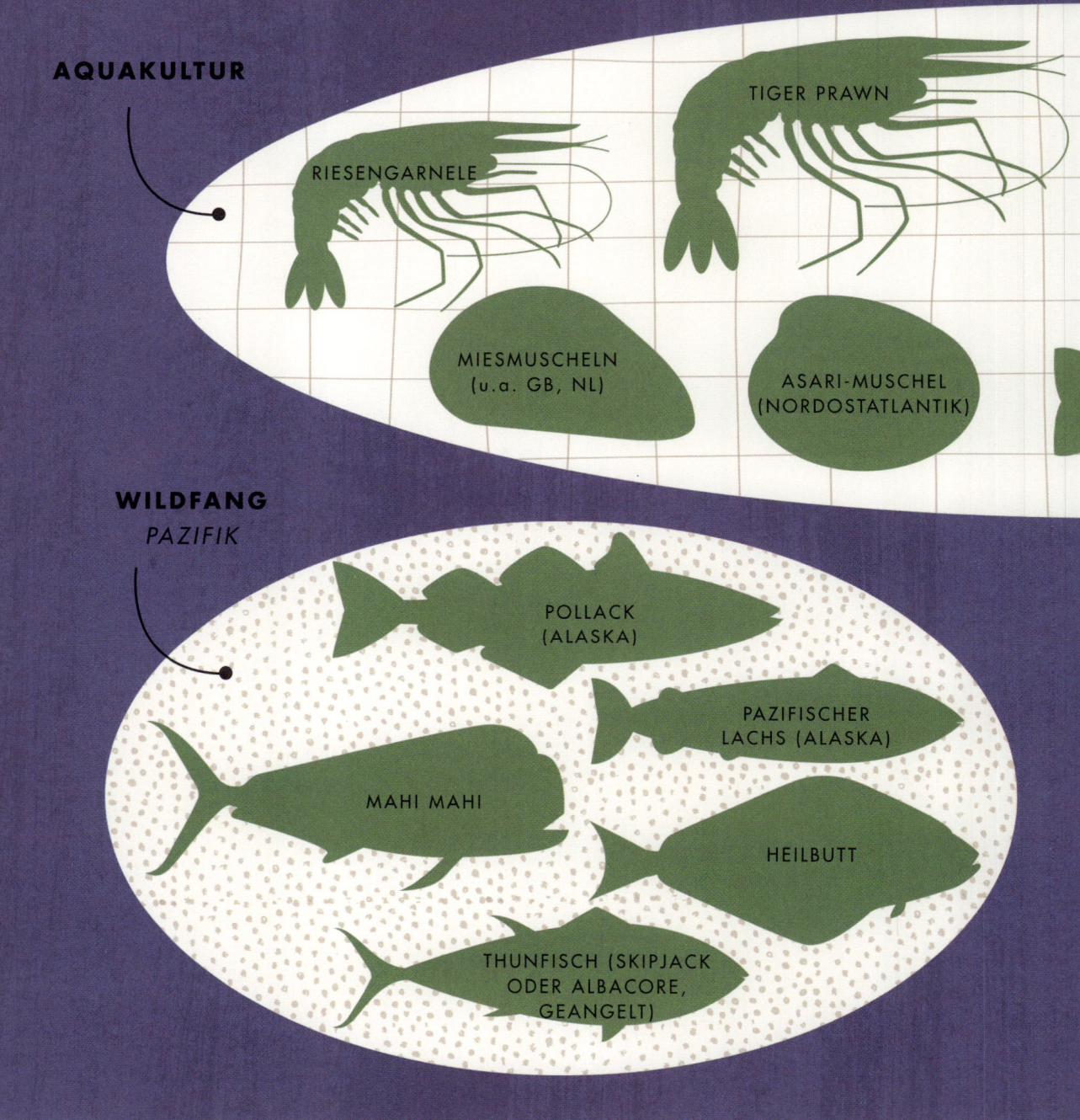

AQUAKULTUR

RIESENGARNELE

TIGER PRAWN

MIESMUSCHELN
(u.a. GB, NL)

ASARI-MUSCHEL
(NORDOSTATLANTIK)

WILDFANG
PAZIFIK

POLLACK
(ALASKA)

PAZIFISCHER
LACHS (ALASKA)

MAHI MAHI

HEILBUTT

THUNFISCH (SKIPJACK
ODER ALBACORE,
GEANGELT)

AUS DEM WASSER

—

AQUAKULTUR: JA, NEIN ODER JEIN?

Verantwortungsvoller Umgang mit Nahrung ist immer wichtig, aber bei der Aquakultur ist besonders schwer zu erkennen, was man essen »darf«: Fischfarmen im Meer sorgen theoretisch dafür, dass sich die Wildbestände erholen können. Doch oft dienen wilde Fische als Futter für Zuchtfische wie Lachs, die das Dreifache ihres Eigengewichts vertilgen können. Zudem sind Zuchtfische anfälliger für Krankheiten und bekommen Antibiotika und Impfstoffe, die wiederum das Wasser, benachbarte Ökosysteme und die Fische selbst belasten. Überdies stellen sich ethische Fragen, weil bei der intensiven Fischzucht Tiere auf engstem Raum zusammengepfercht werden.

AUSTERN
(ATLANTIK)

TILAPIA

WELS

FORELLE

WILDFANG
ATLANTIK

GARNELEN

KAISERGRANAT

SARDINE

GROSSE PILGER-
MUSCHEL

MAKRELE

SEELACHS
(u.a.NORWEGEN)

KLIESCHE

TASCHENKREBS
(ENGLAND)

HERING

Angesichts leergefischter Meere, verheerender Umweltschäden durch die Schleppnetzfischerei und der stetig wachsenden Nachfrage ist die Verunsicherung darüber groß, was man überhaupt kaufen soll: Fragen Sie Ihren Fischhändler, woher seine Ware kommt, und achten Sie auf Bio- und Nachhaltigkeitssiegel!

ESSEN ODER NICHT ESSEN, DAS IST DIE FRAGE:

JA

SELTEN

NEIN

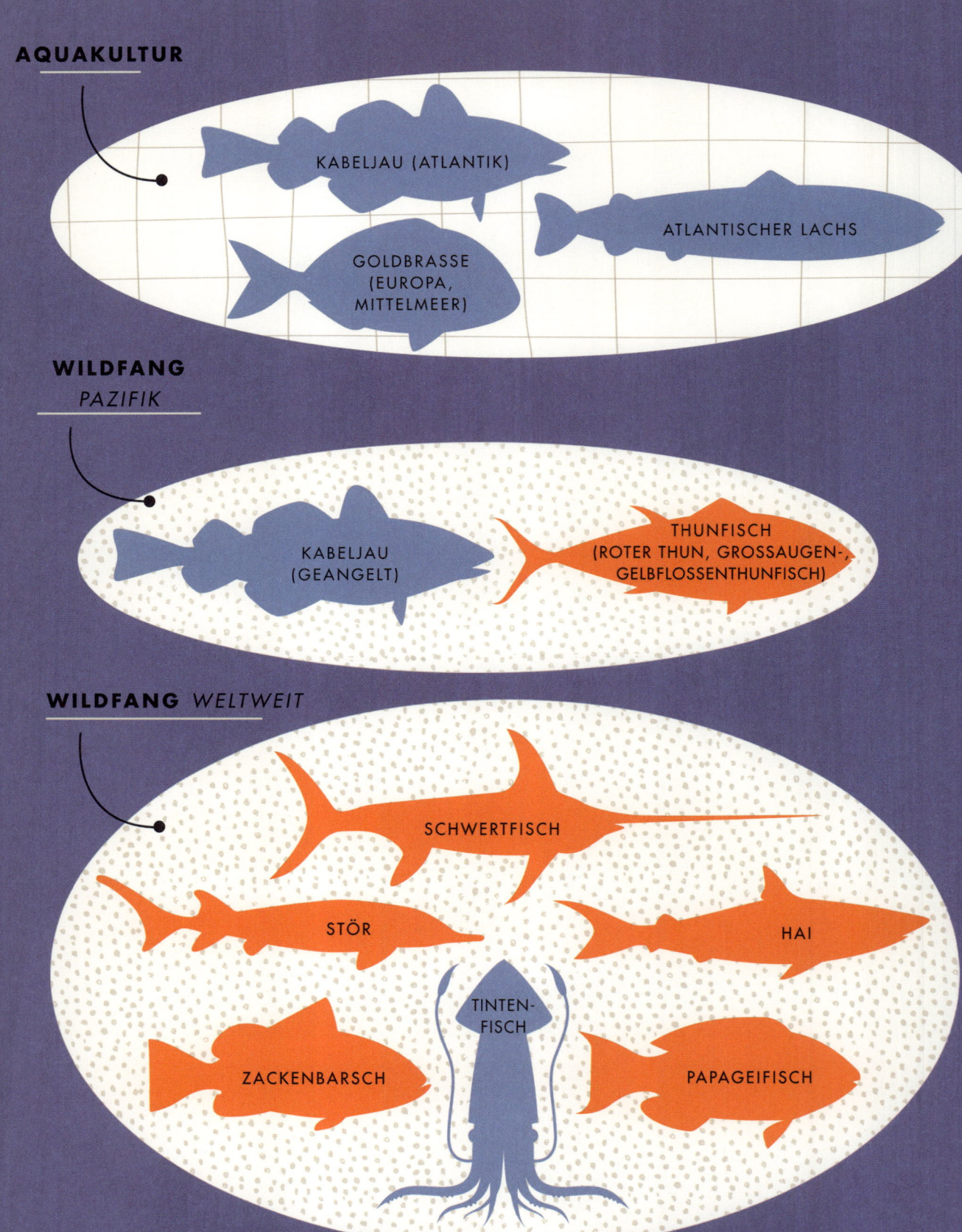

AQUAKULTUR

KABELJAU (ATLANTIK)

GOLDBRASSE
(EUROPA,
MITTELMEER)

ATLANTISCHER LACHS

WILDFANG
PAZIFIK

KABELJAU
(GEANGELT)

THUNFISCH
(ROTER THUN, GROSSAUGEN-,
GELBFLOSSENTHUNFISCH)

WILDFANG *WELTWEIT*

SCHWERTFISCH

STÖR

HAI

TINTEN-
FISCH

ZACKENBARSCH

PAPAGEIFISCH

73 MILLIONEN

Haie werden jedes Jahr für eine chinesische
Delikatesse getötet – Haifischflossensuppe.

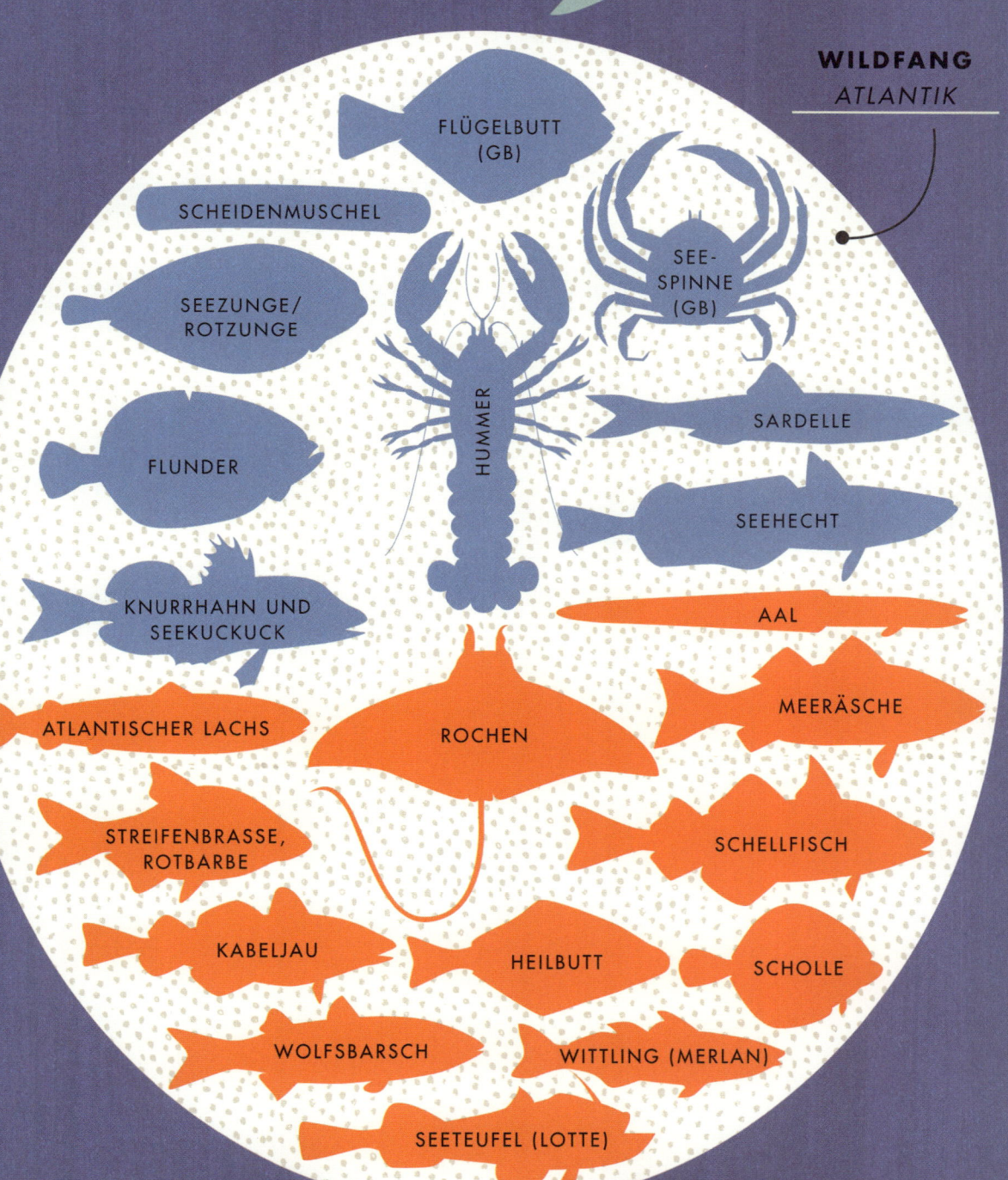

WILDFANG
ATLANTIK

FLÜGELBUTT
(GB)

SCHEIDENMUSCHEL

SEEZUNGE/
ROTZUNGE

SEE-
SPINNE
(GB)

HUMMER

SARDELLE

FLUNDER

SEEHECHT

KNURRHAHN UND
SEEKUCKUCK

AAL

MEERÄSCHE

ATLANTISCHER LACHS

ROCHEN

STREIFENBRASSE,
ROTBARBE

SCHELLFISCH

KABELJAU

HEILBUTT

SCHOLLE

WOLFSBARSCH

WITTLING (MERLAN)

SEETEUFEL (LOTTE)

IN DER
SPEISEKAMMER

——

FEINES TAFELSALZ

Das Salz, das die meisten Salzstreuer füllt, ist oft mit Jod- und Streuhilfe versetzt. Es ist am besten zum Backen geeignet, da es sich gleichmäßig verteilt.

HIMALAYA-SALZ

Das Salz wird an den Ausläufern des Himalaya abgebaut. Die typische rosa Farbe stammt von den enthaltenen Mineralien. Da es als »rein« gilt, ist es eines der teuersten Salze auf dem Markt.

KALA NAMAK

Auch schwarzes Salz genannt, hat es eigentlich eine rosa-graue Färbung und einen starken »Eigeruch«, Veganer lieben es.

MEERSALZ

Hat generell größere und gröbere Kristalle. Am berühmtesten ist das Fleur de Sel aus der Bretagne. Toller Geschmack und am besten zum Verfeinern geeignet!

NICHT JEDES SALZ IST GLEICH

SEL GRIS

Eine französische Spezialität: Die natürliche graue Farbe stammt von den Mineralien des Kalksteins am Rande der Salzteiche.

HAWAII-SALZ

Hawaiianisches Meersalz, das mit mineralreichem Vulkankalk vermischt ist, der ihm seine rote Farbe gibt. Daneben gibt es Hiwa kai, das durch beigemischte Kohle schwarz ist.

AROMATISIERTE SALZE

Es gibt geräuchertes oder mit zusätzlichen Aromen, wie Chili, Kräutern, Trüffeln oder Vanille vermischtes Salz.

SALZ: SCHATZ DER ERDE

Jeder hat Lebensmittel, die er für sich als »lebensnotwendig« betrachtet (bei mir sind es Chilisauce, Mayonnaise und Käse – am liebsten in Kombination), aber nur wenige davon sind wirklich notwendig für den Menschen – außer Salz.

Ob im Bergbau tief in der Erde abgebaut oder am Meer geerntet: Salz hat immer dieselbe chemische Zusammensetzung. Im Salz enthaltenes Natrium und Chlorid, die unser Körper nicht selbst produzieren kann, sind wichtig für die Funktion des Nervensystems und der Muskulatur, die Aufnahme von Nährstoffen und den Flüssigkeitshaushalt.

Neben seiner Bedeutung für unsere Gesundheit ist Salz aber auch wichtig für den Genuss. Salzig ist eine der fünf Grundgeschmacksrichtungen neben süß, sauer, bitter und umami und fungiert überdies als Geschmacksverstärker. Es reduziert Bitterkeit, verstärkt Süße und verbessert die Geschmacksbalance. Salz kann als Konservierungsmittel, zur Verbesserung von Textur und Farbe und sogar als Scheuermittel genutzt werden. Hunderte weiterer Möglichkeiten, Salz einzusetzen, zum Beispiel für die Schönheitspflege, sind hier noch gar nicht angesprochen. Selbst beim Vertreiben böser Geister – eine Prise Salz über die Schulter geworfen – soll es Wunder wirken!

Durchschnittlich haben wir alle rund 250 g Salz im Körper – das ist in etwa die Füllung von 3–4 Salzstreuern!

Salz besteht zu aus 40 % Natrium und zu 60 % aus Chlorid.

Die Weltgesundheitsorganisation (WHO) empfiehlt, nicht mehr als 5 g (ca. 1 TL) pro Tag zu sich zu nehmen.

Mit Salz im Eiswasser lassen sich Getränke in kurzer Zeit kühlen.

Salz diente als Gewürz und Währung: Römische Soldaten erhielten es als Sold, und Sklaven wurden damit gekauft.

Knoblauchpüree wird mit einer Prise Salz besonders geschmeidig – das Salz wirkt als »Scheuermittel«.

ZUCKER: SÜSS GENUG?

Dafür, dass Zucker so wenig Eigengeschmack hat, frei von Vitaminen, Mineralien oder Proteinen ist, spielt er in unserer alltäglichen Ernährung eine erstaunlich wichtige Rolle. Ein Leben ohne Zucker ist schwer vorstellbar, da er kräftig süßt, Geschmack verstärkt, Energie liefert und dazu preiswert ist. Ob in Kaffee gerührt, über frisches Obst gestreut oder mit Eiweiß zu luftigem Baiser verschlagen – es gibt unendliche Möglichkeiten, Zucker zu genießen.

Einst war Honig unsere wichtigste Zuckerquelle. Heute ist es Zuckerrohr, das ursprünglich aus Asien stammt, dann aber für die industrielle Landwirtschaft in die Tropen gebracht wurde – zusammen mit den Menschen, die es anbauen und ernten mussten.

Zuckerrohr ist mit süßem, saftigem Mark gefüllt. Die Flüssigkeit wird extrahiert und in mehreren Schritten zu weißem Zucker raffiniert. Die mit der Roten Bete verwandte Zuckerrübe, die in milderem

Klima wächst, ist der zweitgrößte Zuckerlieferant.

Unabhängig von der jeweiligen Herkunft hat raffinierter Zucker heute einen schlechten Ruf, und Ernährungsexperten weltweit raten dazu, ihn zu meiden. Das liegt nicht zuletzt an den hochverarbeiteten, mit versteckten Zuckern (wie etwa Maissirup) und künstlichen Süßstoffen angereicherten Nahrungsmitteln und Erfrischungsgetränken, die überall üblich geworden sind.

DU SÜSSES DING

Zuckerrohr und Zuckerrübe wetteifern um Platz eins als Zuckerquelle. Rohrzucker kann in diversen Verarbeitungsstufen genutzt werden, aus Zuckerrüben lässt sich nur raffinierter, weißer Zucker herstellen.

ZUCKERROHR

ZUCKERRÜBE

Wenig verarbeitet

MELASSE
Dunkel, gehaltvoll, klebrig, fast bitter

MUSCOVADO-ZUCKER
feucht, mit Karamell- und Zuckersirup-geschmack

DEMERARA-ZUCKER
knusprig, Butterkaramell-geschmack

HELLER ROHRROHR-ZUCKER
weich, hell, Karamellgeschmack

weiße Raffinade

ZUCKERRÜBEN-SIRUP UND GOLDEN SYRUP
Dickflüssig, dunkel bzw. goldgelb, sehr süß

BRAUNER ZUCKER
Hell, Honiggeschmack

WEISSER ZUCKER
Geschmacksneutral, süß

PUDERZUCKER

Zuckerpulver, der feinste raffinierte weiße Zucker

FEINSTER ZUCKER

Sehr fein, ideal zum Backen, da leicht löslich

RAFFINADE

Mittelgroße Kristalle, im Kaffee oder für eine
knusprige Kristallstruktur

EINMACHZUCKER

Größere Kristalle, die sich schnell lösen,
zum Einkochen

ZUCKRIGE STANGE

In den Anbauländern wird rohes
Zuckerrohr als Süßigkeit gekaut.

DAS MEHR AN GESCHMACK!

Zucker ist nur süß und hat keinen
Eigengeschmack, nimmt aber gut
Aromen auf. Steckt man etwa eine
Vanilleschote einige Wochen in ein
Marmeladenglas mit Zucker, nimmt
er das Aroma an. Beliebt sind auch
Kardamomkapseln, Zimtstangen,
Lavendelblüten, Zitronengras oder
Thymian.

FAIRE PREISE FÜR FAIREN HANDEL

Das Fairtrade-Symbol stellt sicher,
dass der Zucker fair gehandelt ist
und die Arbeiter in den Anbauländern angemessen entlohnt werden.

UNGESÄUERTES BROT AUS ALLER WELT

Brot heißt für Sie stundenlanges Kneten und Gehen lassen? Nicht immer! Diese simplen Fladenbrote aus aller Herren Länder sind aus verschiedenen Mehlsorten ganz leicht herzustellen und vielseitig zu belegen.

Mexiko: Tortilla
Masa Harina (feines Maismehl), Wasser, Salz

China: Shaobing
Weizenmehl, Wasser, Sesamsaat (gefaltet und gerollt)

Italien: Piadina
Weizenmehl, Schmalz oder Olivenöl, Wasser und Salz

Indien: Roti
Weizenmehl, Wasser, Salz und Ghee

Skandinavien: Knäckebrot
Knusperbrot aus Roggen-, Weizen- oder Gerstenmehl, Wasser und Salz

Norwegen: Flatbrød
Weizen-/Gerstenmehl, Salz und Dickmilch

Indien: Chapati
Weizenvollkornmehl, Wasser, Salz und Ghee

Israel: Matze
Weizen-, Gersten-, Roggen-, Dinkel oder Hafermehl, Wasser und Salz

Norwegen: Lefse
Weizenmehl, Kartoffeln, Wasser und Salz

Armenien: Lavash
Weizenmehl, Wasser und Salz (papierdünn und getrocknet)

USA: Hardtack (Schiffszwieback)
Weizenmehl und Wasser

Island: Flatbrauð/ Flatkaka
Roggenmehl, Wasser und Salz

Schottland: Bannock/ Oatcake
Hafermehl, Butter oder Schmalz, Wasser und Salz

Indien: Papadam
Mehl aus Urdbohnen oder Kichererbsen, Wasser, Salz, Pfeffer und Kreuzkümmel

ES MUSS NICHT IMMER HEFE SEIN

Brot auf die Schnelle? Nehmen Sie als Backtriebmittel statt Hefe besser Natron und Säure oder Backpulver, dann geht der Teig direkt beim Backen auf.

USA: Biscuits
Weizenmehl, Buttermilch, Butter, Natron und Salz

Belgien: Waffeln
Weizenmehl, Butter, Milch/Buttermilch, Backpulver, Salz, Zucker und Eier

USA: Cornbread
Maismehl, Zucker, Buttermilch, Natron und Salz

Australien: Puftaloon
Weizenmehl, Backpulver, Milch, Butter, Salz, traditionell in Schmalz ausgebacken

Schottland: Potato farls
Kartoffeln, Weizenmehl, Butter, Salz und Backpulver

Irland: Soda bread
Weizenmehl, Buttermilch, Natron und Salz

Frankreich: Pain d'épices
Weizen-/Roggenmehl, Honig, Butter, Backpulver und Gewürze

Tibet: Balep korkun
Mehl, Backpulver und Wasser

England: Scone
Weizenmehl, Zucker, Buttermilch, Butter, Natron und Salz

Serbien/ Balkan: Proja
Maismehl, Butter/Öl, Salz, Milch/Joghurt, Eier und Backpulver

MEHL: GAR NICHT VERSTAUBT

Als Ausgangsmaterial für Kuchen, Torten, Plätzchen und Brot ist Mehl eines unserer wichtigsten Grundnahrungsmittel. Man versteht darunter im Wesentlichen eine pulverförmige Substanz, die durch Mahlen von Getreidekörnern (aber auch Bohnen, Kartoffeln, Nüssen und einigen Wurzelgemüsen) entsteht.

Seit der Steinzeit bereiten Menschen aus Mehl ihre Nahrung zu. Bevor jemand auf die Idee kam, den Teig mit Hefe anzureichern, wurde das Mehl einfach mit Wasser an- gerührt und gebacken. Solche ganz simplen »ungesäuerten« Backwaren nennen wir heute meist Fladenbrote. Überall auf der Welt dienen sie als einfache, schnelle, preiswerte und sättigende Beilage, die viele Gerichte perfekt abrundet.

Olivenöl ist eine Mischung aus raffiniertem nativen und nativem Olivenöl extra. Das eher geruchs- und geschmacksarme Öl hat einen höheren Rauchpunkt und eignet sich gut zum Backen und Braten.

50%

des weltweit produzierten Olivenöls stammen aus Spanien.

OLIVENÖL LAGERN

Luft, Hitze und Licht sind die größten Feinde des Olivenöls. Am Herd hat die Olivenölflasche nichts verloren. Korken und Schraubverschlüsse sind gut, Ausgießer nicht, denn durch den Kontakt mit Luft wird das Öl ranzig. Lagern Sie Öl kühl und dunkel und bedenken Sie: Öl wird nicht mit der Zeit besser – lieber öfter kleine Mengen kaufen, so bleibt es frisch!

Natives Olivenöl stammt auch aus erster Pressung, hat aber einen höheren Säuregehalt (unter 2 %) und mittleren Rauchpunkt. Am besten für Dressings und Marinaden, zum Sautieren und Grillen.

Farbe, Geruch und Geschmack können je nach Herkunftsregion stark variieren.

IN DER
SPEISEKAMMER

OLIVENÖL: ERSTKLASSIGER TREIBSTOFF

Öl ist meist die allererste Zutat für die Zubereitung von Speisen. Ob als Basis einer Salatsauce, als Grundlage einer Marinade oder als Fett zum Braten – Öl ist in aller Welt einer der wichtigsten Vorräte in der Speisekammer.

Schon wegen seines Geschmacks ist Olivenöl eines der beliebtesten Öle. Es gilt aufgrund seines hohen Anteils an einfach gesättigten Fettsäuren (den guten), des geringen Anteils an gesättigten Fettsäuren (den schlechten) und dem Fehlen von Transfetten aber auch als besonders gesund. Zudem ist es reich an Antioxidantien wie Vitamin E, Omega-3- und Omega-6-Fettsäuren, die zur Senkung des Cholesterinspiegels und zur Gesundheit von Herz, Gelenken und Gehirn beitragen.

Der Geschmack von Olivenöl wird oft als fruchtig, bitter oder kräftig beschrieben. Es kann buttrig und blumig sein, würzig und pfeffrig, aber auch grasartig und bitter.

Tropföl (Spanisch Flor de Aceite – Blume des Öls) tritt beim Schichten der Olivenpaste auf Matten aus. Es ist die teuerste Variante. Bitte nicht erhitzen!

Oliven werden von Hand gepflückt oder maschinell geerntet, immer jedoch werden sie von den Bäumen geschüttelt. Anschließend werden sie zu einer Paste gepresst. Das Öl wird in einer Zentrifuge herausgeschleudert, nach Güteklasse eingeteilt und abgefüllt. Es kann auch gefiltert oder raffiniert werden, ist dann aber nicht mehr so hochwertig.

Wie beim Wein haben neben der Olivensorte auch der Boden, das Klima und der Olivenbauer selbst Einfluss auf das Öl. So kann man heute sortenreines und lagenreines Olivenöl kaufen, doch die meisten Öle sind Mischungen. Geschmack, gesunde Eigenschaften und Verwendung variieren ja nach Art des Öls. Achten Sie also gut darauf, welches Öl Sie kaufen!

Natives Olivenöl extra stammt aus der ersten Kaltpressung der Oliven und wird nach Geschmack und Säuregehalt (weniger als 0,8 %) klassifiziert. Es hat den besten Geschmack und höchsten Nährstoffgehalt – ideal für Dips, Salatsaucen oder zum Garnieren warmer Speisen!

210 °C

OLIVENÖL

180 °C

DEN RAUCHPUNKT KENNEN

Überhitzen zerstört Nährstoffe und Geschmack von Ölen. Für die hohen Temperaturen, die zum Frittieren benötigt werden, ist kein Olivenöl geeignet. Dafür nutzt man besser Raps-, Sonnenblumen- oder anderes Pflanzenöl.

24
Liter Olivenöl verbrauchen die Griechen pro Kopf und Jahr.

SOJASAUCE: DER GESCHMACK ASIENS

Aromatische Sauce, Gewürz, Dip, Marinade und vieles mehr – Sojasauce ist in der ostasiatischen Küche so allgegenwärtig wie Salz in der westlichen Welt. Das jahrtausendealte Rezept kommt in vielen Variationen daher: dick, dünn, hell und dunkel.

Berühmt ist die Sauce für ihren kräftig würzigen, fast fleischigen Geschmack – obwohl sie rein vegan ist. Traditionell hergestellt, kann die Fermentation mehr als ein Jahr dauern, mit modernen Herstellungsmethoden ist sie teils schon in drei Monaten fertig.

Die schnellste Variante (von deren Kauf ich dringend abrate) entsteht innerhalb weniger Tage durch chemische Hydrolyse, bei der verschiedene Säuren, Konservierungsstoffe, Süßstoffe und künstliche Geschmacksstoffe beigefügt werden.

SAUCEN-SHOPPING

Überall im Orient brauen die Nationen ihre eigene Sojasauce, von der kräftigen, aber weizen-(und damit gluten-)freien Tamari in Japan bis zur indonesischen dickflüssigen, dunklen Kecap Manis aus schwarzen Sojabohnen. Es gibt sogar mit Pilzen vermischte Varianten, aber die beiden wichtigsten Sorten sind helle und dunkle Sojasauce.

   Die helle ist die erste Pressung – dünner und salziger – und eignet sich gut als Würze oder für Dips. Die dunkle Sojasauce reift länger und ist ideal zum Kochen und für Marinaden, die Farbe ist intensiver (oft wird Melasse und Maisstärke zugegeben).

START

Sojabohnen ernten

Bohnen einweichen & dämpfen

Getreide (Weizen) ernten

Rösten & zerstoßen

Herzlichen Glückwunsch! Shoyu koji ist fertig!

Mischen & Starterkultur hinzugeben

Herzlichen Glückwunsch! Moromi ist fertig!

Mit Sole & Hefe vermischen

Ausgepresster Moromi-»Kuchen« wird zu Tierfutter

Fermentieren & reifen lassen (mehrere Monate)

Ausgepresstes Moromi-»Öl« wird zu Brennstoff

Durch Pressen Sojasauce gewinnen

SOJABOHNEN

WEIZEN

SALZ

WASSER

SOJASAUCE

Sauce durch Erhitzen pasteurisieren

SAFRAN: KÖNIGLICHES GEWÜRZ

Die Safran-Stempelfäden werden seit Jahrtausenden zum Kochen, Färben und als Medizin verwendet.

Das gelbe, »männliche« Staubblatt ist kulinarisch uninteressant.

Man vermutet, dass es über 80 Krokussorten gibt, aber nur *Crocus sativus* produziert Safranfäden.

Jede Zwiebel treibt nur eine Blüte aus.

AUF ECHTE WÜRZE KOMMT ES AN

Echter Safran ist teuer, und seine Fäden sind dunkelrot oder braun-orange gefärbt, gleichmäßig groß und trompetenförmig. Guter Safran enthält nicht allzu viel gelbe Staubblätter (geschmacksneutral) oder Blütenblätter und ein blumiges, leicht metallisches Aroma. Abhängig vom Anbaugebiet weist er einen leichten Honiggeschmack mit zarter Bitternote auf. Safran will dunkel gelagert werden und ist auch als Pulver erhältlich. Man sollte dieses aber nur bei einem guten Händler kaufen, da Safranpulver relativ leicht gefälscht werden kann.

ISO 3632

Die Internationale Organisation für Normung (ISO) hat eine eigene Norm für die Qualität von Safran. Sie gilt vor allem bei wissenschaftlichen Methoden zur Bestimmung des Crocin- (verantwortlich für die Farbe) und Safranal-Gehalts (verantwortlich für das Aroma). Je höher der jeweilige Gehalt, desto besser der Safran!

GOLD

Nach Gewicht bemessen, kann Safran teurer als Gold sein, es ist das teuerste Gewürz der Welt. Glücklicherweise benötigt man nur wenig, um einem Gericht den gewissen Goldhauch zu verleihen, meist reichen einige Fäden. Setzen Sie Safran ohnehin sparsam ein, da er schnell alle anderen Aromen übertönt.

TEATIME

Verwenden Sie Safran nie unmittelbar wie andere Gewürze. Sie können ihn rösten, mit dem Mörser zerstoßen oder (am besten) in lauwarmer Flüssigkeit wie Wasser, Brühe oder Milch sowie auch in Alkohol einweichen. Je länger er zieht (mindestens 20 Minuten bis 24 Stunden), desto intensiver wird der Geschmack.

SAFRAN-SCHWINDLER

So lang es Safran gibt, gibt es auch falschen Safran oder Safranersatz. Meist wird dafür die Färberdistel verwendet oder Kurkuma (Gelbwurz). Wenn es billig ist, ist es kein Safran!

AN DIE TÖPFE!

Probieren Sie Safran einmal in einem der süßen oder herzhaften Klassiker aus aller Welt.

- ITALIENISCHES RISOTTO ALLA MILANESE
- SPANISCHE PAELLA
- ENGLISCHE SAFFRON BUNS
- SCHWEDISCHE LUSSEKATTER
- FRANZÖSISCHE BOUILLABAISSE
- IRANISCHE TSCHELO KABAB

—

TRÜFFEL: DER GESUCHTE

Für Gourmets sind Trüffel wertvoller als Gold – ein Schatz aus dem Unterholz. Die unterirdisch wachsenden Pilze finden sich unter Eichen, Haseln und Linden. Es gibt zwei Hauptarten: schwarze Trüffel, deren feinste Exemplare angeblich aus dem französischen Périgord stammen, und die weißen Trüffel, für die die Stadt Alba im Piemont berühmt ist. Der schwarze Trüffel eignet sich zum Kochen, der weiße ist so zart, dass er nur roh als Garnitur gegessen wird. Beide sind allerdings eine kostspielige Zutat mit Kilogrammpreisen von 1000 bis 9000 Euro. Sie sollten so frisch wie möglich verzehrt werden, bevor sie ihr Aroma einbüßen und bitter werden. Was ist es also, das diesen seltsam moschusartig riechenden Pilz für uns so attraktiv macht? Vielleicht ist es das Androstenol, der Stoff, der für den speziellen Geruch verantwortlich ist. Das Pheromon findet sich auch im Speichel des Ebers (was Schweine unwiderstehlich finden) und im Achselschweiß von Männern.

—

JÄGER UND SAMMLER

Früher nutzte man vorwiegend Schweine zur Trüffelsuche. Da sie die Trüffel aber ebenso gierig verschlingen wie wir Menschen, setzt man heute während der Trüffelsaison (November bis März) auf Hunde.

WERTVOLLE FRACHT

2014 entdeckte man in der italienischen Provinz Umbrien mit 1,89 kg den bislang größten weißen Trüffel. Er wurde für rund 44 500 Euro versteigert.

Butter

Käse

Pasta

Risotto

KRÄFTIGE FREUNDE

Die Aromen des schwarzen und des weißen Trüffels sind so einzigartig und intensiv, dass sie am besten zu einfachen Gerichten mit klarem Geschmack passen, zum Beispiel Milchprodukten oder Pasta. Wer einmal Käsemakkaroni mit frischen Trüffelhobeln oder echtem Trüffelöl probiert, ist verloren.

Honig

Hummer

Rindfleisch

Pilze

Eier

Huhn

Kartoffeln

FEIN GEHOBELT

Frisch gerieben oder gehobelt werden Trüffel am besten nur in kleinen Mengen verwendet, da das Essen sonst eher nach feuchten Socken als nach edlen Pilzen schmeckt.

AROMAKICK

Frische Trüffel sollten in luftdicht verschließbaren Behältern aufbewahrt werden. Zusätzlich kann man rohe Eier dazulegen: Das Aroma durchdringt die porösen Eierschalen und macht das Frühstücksei zur Delikatesse.

—

REIS: ERNÄHRER DER WELT

Was die Verzehrmenge angeht, ist Reis sicherlich das wichtigste Getreide der Welt. Er ist rund um den Globus Grundnahrungsmittel und bietet denen, die es am dringendsten benötigen, kohlenhydrat- und energiereiche Nahrung sowie Einkommen.

Die Vielfalt an Reisgerichten reicht vom indonesischen Nasi Goreng bis zum süßem Reispudding aus England, von Chinas Reisbrei Congee bis zur Paella mit Safran und Meeresfrüchten in Spanien. Es gibt unzählige Reissorten. Die beste Einkaufsstrategie ist, sich immer nach der Verwendung zu richten. Für aromatische Einzelkörner, wie im türkischen Pilaf oder einem westafrikanischen Benachin (oder Jollof-Reis), nimmt man gekochten oder gedämpften Langkornreis. Mittellanger Reis passt gut zu den cremigen, käse-verwöhnten italienischen Risottos, und glutenreicher Rundkornreis ist ideal zum Formen japanischer Spezialitäten wie Sushi.

Die meisten Rezepte arbeiten mit weißem Reis, man kann aber auch den etwas nährstoffreicheren Vollkornreis, schwarzen oder roten Reis verwenden. Es gibt verschiedene Methoden, Reis zu kochen. Für Langkornreis wie Basmati gilt die Grundregel: Den Reis in der doppelten Menge Salzwasser kochen, bis das Wasser verdampft ist. Vom Herd nehmen, den Deckel auflegen und den Reis dämpfen, bis er bissweich ist. Ein Hauch Butter zum Schluss ist die perfekte Verfeinerung!

REIS WÄCHST IN MEHR ALS **100** LÄNDERN

3. PLATZ BEI DER WELTWEITEN ANBAUMENGE, NACH ZUCKER-ROHR UND MAIS

158 MILLIONEN HEKTAR LAND WERDEN WELTWEIT MIT REIS BEBAUT.

REIS WIRD ANGEBAUT IN

- 🟢 ASIEN
- 🔴 AMERIKA
- 🟤 AFRIKA
- ⚪ OZEANIEN
- 🟢 EUROPA

DIE 3 GRÖSSTEN REIS-PRODUZENTEN DER WELT

200 Mio.

100 Mio.

0 TONNEN

CHINA • INDIEN • INDONESIEN

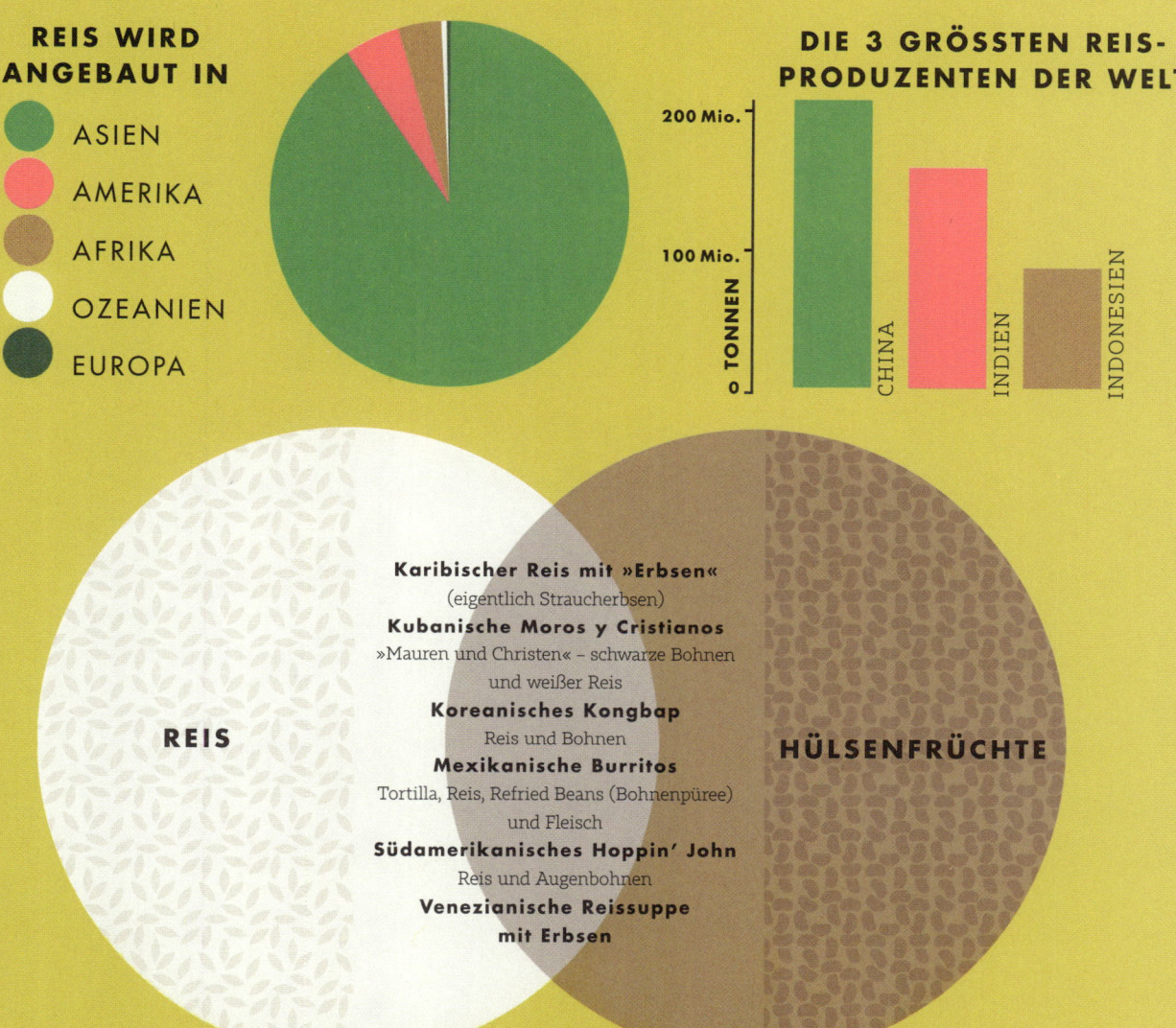

REIS

Karibischer Reis mit »Erbsen«
(eigentlich Straucherbsen)
Kubanische Moros y Cristianos
»Mauren und Christen« – schwarze Bohnen
und weißer Reis
Koreanisches Kongbap
Reis und Bohnen
Mexikanische Burritos
Tortilla, Reis, Refried Beans (Bohnenpüree)
und Fleisch
Südamerikanisches Hoppin' John
Reis und Augenbohnen
**Venezianische Reissuppe
mit Erbsen**

HÜLSENFRÜCHTE

RESTE KÖSTLICH NUTZEN!

WIE IM WESTEN

1. Arborio-Reis zu golfball-großen Kugeln formen.

2. Kleine Mozzarella-Würfel in die Mitte drücken.

3. Kugeln erst in Mehl, Eigelb, dann Semmelbröseln wälzen.

4. In der Pfanne in Fett schwimmend goldbraun ausbacken.

5. Mit Tomaten-Chutney oder Tomatensauce servieren.

WIE IM OSTEN

1. Übriggebliebener Basmatireis oder Langkornreis.

2. Gehackte Frühlingszwiebeln, Knoblauchscheiben, Ingwer und Chili im Wok in geschmacks-neutralem Öl anbraten. Reis zugeben und dünsten, bis er heiß und leicht knusprig ist.

3. Mulde in die Mitte drücken, Ei hineinaschlagen, setzen lassen.

4. Das Ei mit Stäbchen verrühren und unter den Reis heben.

5. Mit Koriander abschmecken.

NUDELN: VON GLAS BIS UDON

Wie kann etwas scheinbar so Simples – in der einfachsten Form nur Mehl und Wasser – so köstlich sein und beim Essen auch noch so viel Spaß machen? Nudeln sind das Grundnahrungsmittel für Studenten, das Geburtstagsessen der Wahl in China und die wichtigste Zutat in vielen der beliebtesten Gerichte der Welt. Was wären die asiatischen Suppen Pho oder Ramen ohne Nudeln?

Doch woher stammt die Nudel? Die Italiener und Araber beanspruchen für sich, dass ihr Originalrezept zur Popularität der Nudel beigetragen hat. Jedoch fanden Archäologen 2005 im Nordwesten Chinas einen 4000 Jahre alten Topf mit gut erhaltenen langen, dünnen, gelben Nudeln aus Hirsemehl.

Heute lassen sich Nudeln (zumindest die asiatischen) grob in vier Gruppen unterteilen: Weizennudeln (Udon, Ramen, Somen) – das sind die beliebtesten – , Buchweizennudeln (Soba), Reisnudeln und Eiernudeln. Glasnudeln werden meist aus Mungbohnen oder Süßkartoffeln zubereitet – wie etwa im koreanischen Wok-Gemüse (Japchae).

Sie können flach oder dick sein, dünn oder lang, gezogen oder gerollt – und in jedem Land, in dem sie gegessen werden, heißen sie anders, sehen anders aus und schmecken anders.

1958
Erfindung der
»Instant-Nudeln«
in Japan.

DIE MIT 4000 JAHREN

CHINA ERBRINGT DIE HÄLFTE DER

ÄLTESTE NUDEL WURDE IN CHINA GEFUNDEN.

WELTWEITEN INSTANTNUDEL-PRODUKTION.

Es gibt sogar »Rattennudeln« die nach ihrer kurzen, konischen Form benannt sind, nicht etwa nach einer Zutat – sie werden aus Reismehl gemacht.

Nudeln kochen ist einfach. Über Instant-Nudeln gibt man zum Beispiel nur kochendes Wasser und wartet zwei Minuten. Darüber sollte man nicht die Nase rümpfen – 105,6 Milliarden Schüsseln wurden 2013 weltweit davon verzehrt. Die meisten werden traditionell mit Stäbchen (und einem Löffel, falls sie in Brühe schwimmen) gegessen, im Westen eher mit der Gabel.

Eines aber ist allen asiatischen Erscheinungsformen der Nudel gemein: Sie sollten mit Genuss geschlürft werden. Bei dieser Verzehrweise kühlt die Nudel nicht nur etwas ab, was dazu führt, dass sich die Aromen des Gerichts entfalten, auf diese Weise macht man dem Koch auch das größte Kompliment. Unter keinen Umständen sollte man eine asiatische Nudel schneiden! Lange Nudeln bedeuten langes Leben. Abbeißen ist hier die einzig erlaubte Technik des Kürzens.

DIE TOP 10 DER INSTANT-NUDEL-GENIESSER

CHINA 46.220*

INDONESIEN 14.900

JAPAN 5.520

VIETNAM 5.200

INDIEN 4.980

USA 4.350

KOREA 3.630

THAILAND 3.020

PHILIPPINEN 2.720

BRASILIEN 2.480

*Mio.
Portionen
pro Jahr

—

PASTA: GEFÜLLT ODER GEDREHT?

Pasta kann frisch (oft aus Weizenmehl Type 405–550 und Eiern) oder getrocknet (meist nur aus Hartweizenmehl und Wasser) gekocht werden, sollte aber immer »al dente«, also bissfest sein.

Der Trick besteht darin, die Pasta immer in einem großen Topf mit viel Wasser zu kochen. Die Faustregel: 1 Liter Wasser pro 100 g Nudeln – zusammen mit einer reichlichen Prise Salz.

PLATTEN LASAGNE

KLEIN

Anelli

Ditalini

Risoni

DEKORATIV

Alfabeto

Fiori

Orecchiette

Conchiglie

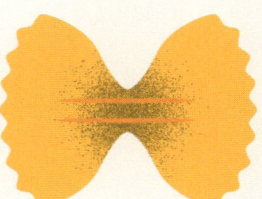

Farfalle

Stelline

GEFÜLLT

Cannelloni

Caramelle

Ravioli

Agnolotti

Tortellini

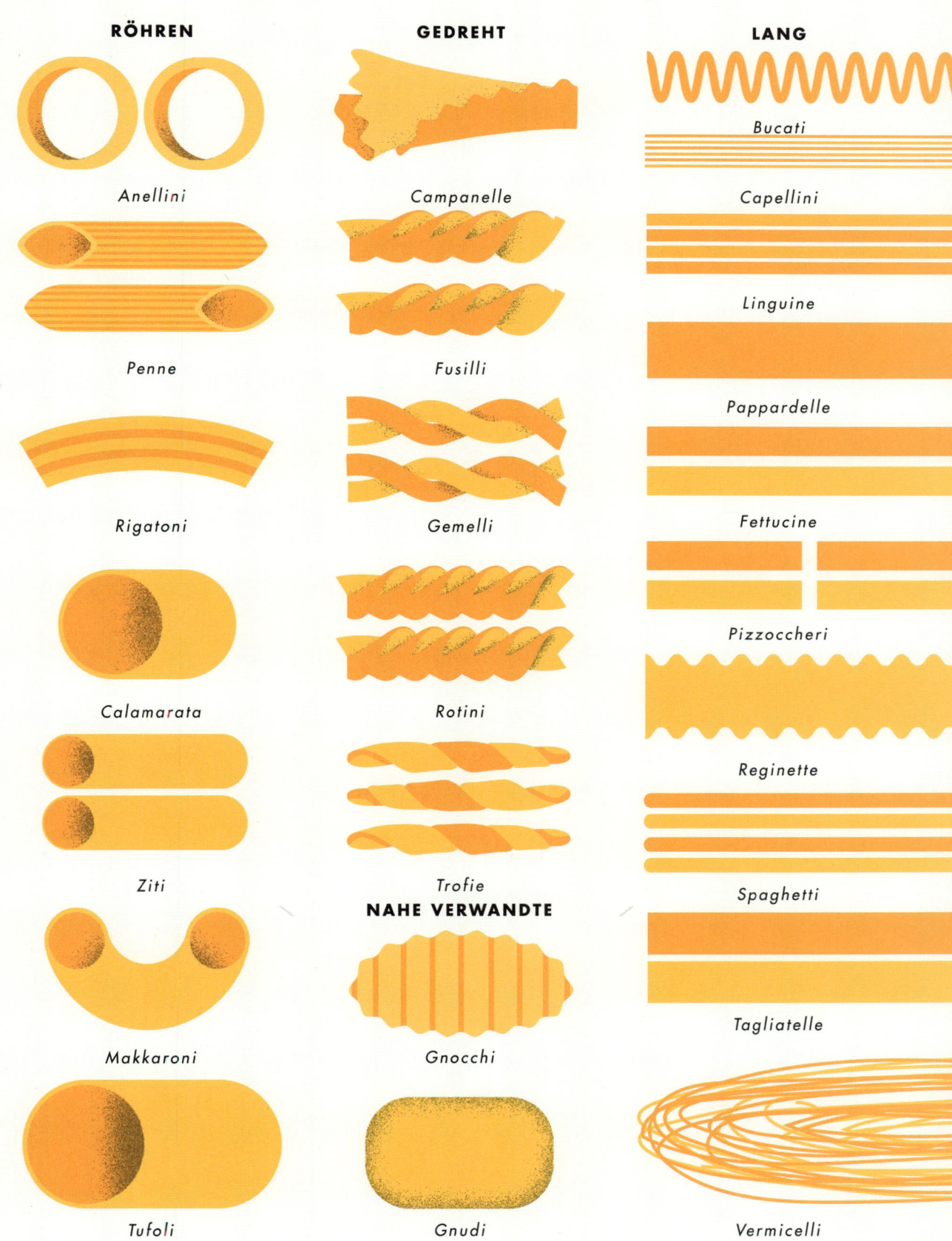

RÖHREN

Anellini

Penne

Rigatoni

Calamarata

Ziti

Makkaroni

Tufoli

GEDREHT

Campanelle

Fusilli

Gemelli

Rotini

Trofie

NAHE VERWANDTE

Gnocchi

Gnudi

LANG

Bucati

Capellini

Linguine

Pappardelle

Fettucine

Pizzoccheri

Reginette

Spaghetti

Tagliatelle

Vermicelli

TOFU: SOJA SUPREME

Kleine Unfälle in der Küche können köstliche Ergebnisse hervorbringen. In Asien prägt ein solches Zufallsprodukt die Esskultur seit über 2000 Jahren: Tofu entstand, als einem chinesischen Koch Sojamilch mit bittersalzhaltigen Algen gerann. Seitdem wird Tofu dank seines neutralen Geschmacks und seiner verschiedenen Texturen auf dem gesamten Kontinent für unzählige Gerichte genutzt. Tofu ist die leere Leinwand, die den kräftigeren Aromen der Region ihre Strahlkraft verleiht.

Im Westen ist Tofu als Fleischersatz beliebt, wird aber auch dank seines hohen Gehalts an Vitamin B und Kalzium gepriesen. Natürlich ist er als Sojabohnen-Produkt mit rund 8 % Eiweiß außerdem eine erstklassige Proteinquelle und steht schon aus diesem Grund bei Vegetariern und Veganern besonders hoch im Kurs.

Tofu ist besser verdaulich als die Sojabohne selbst, da deren faserhaltigen äußeren Schichten mit ihren verdauungshemmenden Enzymen beim Herstellungsprozess entfernt werden. Zudem wird ihm nachgesagt, dass er – wie alle Sojaprodukte – den Cholesterinspiegel senkt und reich an Isoflavonen ist. Diese Stoffe senken angeblich das Risiko einer Erkrankung an Osteoporose, Brust- oder Prostatakrebs und können möglicherweise Beschwerden in den Wechseljahren lindern.

VON DER BOHNE ZUM BLOCK

1. Getrocknete Sojabohnen werden 12–24 Stunden in Wasser eingeweicht und quellen auf das doppelte Volumen.

2. Die Bohnen werden nochmals mit Wasser vermischt und dann gekocht, was ihre verdauungshemmenden Enzyme neutralisiert.

3. Mit einer Walzenpresse drückt man die Sojamilch heraus. Zurück bleibt der Schrot aus Hüllen und Fasern, der als Viehfutter dient.

4. Dann wird der Sojamilch, ähnlich wie bei der Käseherstellung, ein Gerinnungsmittel (Nigari) zugegeben.

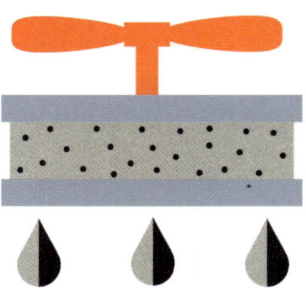

5. Der Tofubruch (geronnene Flocken) wird nun zu Blöcken gepresst und die Tofumolke ausgepresst – je mehr Molke, desto fester der Tofu.

6. Der gepresste Tofu wird geschnitten, in frischem Wasser gespült und für die Haltbarkeit pasteurisiert.

TOFU-KNOW-HOW

SEIDENTOFU

Der feuchtigkeitsreiche Seidentofu besteht aus nicht abgetropfter, geronnener, aber nicht ausgeflockter Sojamilch und ist daher löffelbar. Er wird oft in süßen oder herzhaften Speisen als Ersatz für Milchprodukte oder Ei verwendet.

MITTELFESTER BIS FESTER TOFU

Die mittelfeste Tofuvariante ist elastisch und federt zurück, wenn man mit dem Finger daraufdrückt. Er kann eine äußere Haut haben, seine Textur im Inneren erinnert aber an festen Pudding, weshalb er sich gut für Smoothies oder zum Einrühren in Gerichte eignet. Die etwas festere Variante ist gut zum Braten, für Currys und Saucengerichte geeignet.

FESTER TOFU

Presst man alle Flüssigkeit aus, entsteht ein fester Block Tofu. Gummiartig und dicht, ist er ideal zum Braten, Backen oder Rösten, lässt sich aber auch zerkrümeln oder einlegen, räuchern und grillen. Diese festeste Tofusorte hat auch den höchsten Anteil an Proteinen, Kalzium und Vitaminen.

WONACH RIECHT DAS?

Wie Fleisch und Gemüse wird auch Tofu fermentiert und eingelegt, um ihn haltbar zu machen. Das beeinflusst auch den Geschmack. Die Tofublöcke werden luftgetrocknet, bevor eine langsame bakterielle Fermentierung einsetzt. Der fermentierte Tofu wird in Salzlake eingelegt und in Kombinationen aus chinesischem Weinessig, Chilis, Misopaste oder einer Reis-Bohnen-Paste mariniert. Manchmal wird rot fermentierter Reis zum Färben hinzugegeben. Die kräftigste Tofusorte ist Stinkender Tofu: Seidentofu, der in einer Gemüse-Fisch-Lake fermentiert wird. Er riecht penetrant, gilt aber als Delikatesse.

TOFU – EIN »AROMA-SCHWAMM«?

Tofu nimmt, anders als man vermuten mag, nicht etwa aufgrund seiner schwammartigen Textur Aromen gut auf. Außer bei gefrorenem Tofu mit poröser Struktur oder mithilfe eines Vakuumgarers, der den Flüssigkeitshaushalt des Tofu austauschen kann, ist es schwierig, ihm Geschmack zu verleihen. Man vergisst am besten das Marinieren, wie man es vom Fleisch kennt, und glasiert ihn stattdessen. Im Fett ausgebacken, bekommt Tofu eine goldene Kruste, die das gewünschte Aroma annimmt – von Honig über Ingwer und Tamari bis hin zu Chili- oder Sataysauce.

LINSEN: HÜLSENLOS

Als eines der ältesten Lebensmittel sind Linsen in den Küchen von Asien bis Afrika zu finden. Bei falscher Behandlung werden sie leider rasch unappetitlich – auch die Vermarktung als gesundes Lebensmittel hilft dabei wenig.

Linsen sind bei Vegetariern und Veganern überaus beliebt, denn sie gehören zu den besten Eiweißlieferanten – direkt nach der Sojabohne. Wer zudem die richtige Linse für sein Rezept wählt und sie ordentlich kocht und würzt, hat eine der vielseitigsten Zutaten im Vorratsschrank.

Bei Kichererbsen und einigen Bohnen kann man sich gelegentlich auch mit einer Konservendose behelfen, doch Linsen sollte man stets selbst zubereiten, dann sind sie nicht zu weich. Sie sind in 20 Minuten zubereitet: Einfach in einem Topf mit kaltem Wasser bedecken, zum Kochen bringen und sanft köcheln lassen. Kleine ganze Linsen, wie französische Puy- oder spanische Pardina-Linsen lassen sich gut bissfest kochen. Die größeren geschälten Linsen eignen sich für cremige Pürees. Am besten würzt man Linsen nach dem Kochen, aber noch warm, mit Salz und Gewürzen oder auch mit einer Vinaigrette.

Wie ihre Hülsenfruchtschwester, die Bohne, wird die Linse in der Schote geerntet. Viele Schoten enthalten nicht mehr als zwei Linsen.

CASTELLUCCIO-LINSEN

BELUGA-LINSEN

Italienische Linse von grün-brauner Farbe (auch gesprenkelt), klein und mit nussigem Geschmack. Gut für Eintöpfe und Currys, aber auch als Alternative zu Reis oder Kartoffeln.

Die kleinen, runden, schwarzen Linsen erinnern an Kaviar, halten beim Kochen gut die Form und sind ideal für Pilaw (Reisgericht) und nahrhafte Salate.

Geschmorte Linsen mit Mirepoix (Gemüse) & Lorbeerblättern

Geröstete Paprika, Linsen & gegrillter Halloumi

Huhn, Blutorange, glatte Petersilie & Linsen in Vinaigrette

Mit Balsamessig geröstete Rote Bete & Linsen

Linsencurry, Räucherbarsch & pochierte Eier

In Limettensaft marinierte Garnelen, rote Chilischoten, Koriander & Linsen

ROTE LINSEN

TELLER-LINSEN

PUY-LINSEN

Die geschälten, geteilten Linsen verkochen zu einem köstlichen Püree, das sich ideal für Suppen, Dips und indisches Dal eignet.

Diese großen Linsen, die beim Kochen weich werden, sind die perfekte Einlage für Suppen und Aufläufe.

Unter den preiswerten Linsen ist die Puy die Luxusvariante. Die marmorierte Linse wächst in der Auvergne, ist klein, pfeffrig und passt perfekt zu geschmortem Schweinefleisch.

Linsen-Hummus

Linsen-Gemüsesuppe

Linseneintopf mit Würstchen

Tarka Dal

Linsen mit Röstzwiebeln, gebratenem Speck & Kartoffelpüree

Pilz-Linsen-Stroganoff

Sambar

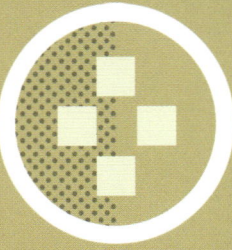

Linsencurry mit Panir

Linsensalat

ALLER ANFANG

Nur mit Wasser und Mehl lässt sich kein Starterteig erzeugen, aber Joghurt mit lebenden Bakterien gibt dem Sauerteig den richtigen Schub. Man benötigt ein Gefäß (das man entsprechend beschriftet), damit das Ganze auch funktioniert. Das Gefäß, in dem der Teig lebt, sollte nie luftdicht verschlossen werden, da er beim Gären Kohlendioxyd freisetzt, was das Gefäß sprengen kann.

ZUTATEN

50 g backstarkes Bio-Weizenmehl (Typ 550)

50 g Bio-Vollkornroggenmehl

100 ml Wasser (vorzugsweise gefiltert)

1 TL Joghurt mit lebenden Kulturen

METHODE

Tag 1: In einer großen Schüssel Mehl und Wasser mit dem Joghurt zu einer dicken Paste verrühren. Locker mit Frischhaltefolie oder einem Küchentuch abdecken und 24 Stunden an einen warmen Ort stellen.
Tag 2–5: Täglich weitere 50 ml Wasser, 25 g Weizenmehl und 25 g Roggenmehl hinzugeben, wieder abdecken und an einen warmen Ort stellen. Wenn Sie täglich kräftig umrühren, gelangt Sauerstoff hinein, der den Starter beschleunigt.
Tag 4–5: An der Oberfläche der Starterkultur bilden sich kleine Blasen, und sie entwickelt den typisch sauren Geruch. Weiterhin Mehl und Wasser zugeben.
Tag 6–7: Der Starter ist nun gebrauchsfertig. Die Bakterien brauchen jetzt etwas frisches Mehl und Wasser, damit sie weiter gedeihen. Also die Hälfte der Starterkultur wegwerfen oder verschenken und die zweite Hälfte täglich mit 50 g Roggenmehl, 100 g Weizenmehl und 150 ml Wasser »füttern«. Im Kühlschrank hält sich die Kultur ewig!

BLEIB MIR GUT

Die Milchsäure, die die Bakterien während der Gärung freisetzen, sorgt nicht nur für den kräftigeren Geschmack, sondern wirkt auch konservierend, wodurch sich das Brot länger hält.

SAUERTEIG:
EIN »WILDER« GESELLE

Während die meisten Brotrezepte nach frischer, Instant- oder Trockenhefe verlangen, benötigt man für Sauerteigbrot etwas »Wilderes«. Dieses Brot mit seinem typischen Biss und kräftigen Geschmack nutzt wilde Umgebungshefen für seinen Starter. Der kann schlicht aus einer Mischung aus Wasser und Mehl bestehen, die etwa eine Woche lang gären soll. Dieser Prozess sorgt dafür, dass das Brot aufgeht. Nach dem Ansetzen des Starters kann die Zubereitung des Brotes je nach verwendeter Mehlsorte, Jahreszeit,

Temperatur und Luftfeuchtigkeit des Raums, in dem das Brot geht, zwischen 12 und 24 Stunden dauern.

Der Starter kann sich bei guter Pflege Jahrzehnte halten. In Finnland werden die wilden Hefen von Generation zu Generation weitergegeben. Sauerteig erlebt derzeit weltweit und ganz besonders in Skandinavien eine Renaissance. Seine Beliebtheit dort ist so groß, dass »Urban Deli« in Stockholm sogar ein »Sauerteighotel« betreibt, das den Sauerteig füttert, während seine Besitzer im Urlaub sind.

DA GEHT DAS BROT AUF

Es kann eine Weile dauern, bis man Sauerteig meistert. Der Schlüssel liegt in der langen, langsamen Gärung bei kühlerer Temperatur: Bei schneller Gärung vermehren sich die Bakterien allzu stark, was den Teig saurer macht. Häufiges »Füttern« der Starterkultur (auch Sauerteig-Mutter genannt) lässt die Hefen aufleben, und das gibt dem späteren Brot den nötigen Auftrieb. Sollte aber einmal ein Brot eher brikettartig werden, können Sie immer noch Toast oder Croutons daraus machen!

TEILEN SCHAFFT FREUNDE

Ihre Starterkultur lässt sich aber nicht nur für das tägliche Brot verwenden. Daraus lassen sich Pizzateig, Muffins, Waffeln, Pfannkuchen und sogar Kuchen backen. Der Freundschaftskuchen Hermann ist beispielsweise eine deutsche Tradition, bei der ein Kuchenteig auf Sauerteigbasis mehrere Tage gefüttert, dann geteilt und zur Hälfte an Freunde verschenkt wird.

DAS KORN MACHT'S

Sauerteig lässt sich praktisch aus allen Getreiden herstellen, wobei sich einige besser eignen als andere. Backstarkes Hartweizenmehl geht am bereitwilligsten auf, da es einen hohen Glutenanteil hat. Wer aber Vollkornmehl liebt, kann es zur Hälfte mit weißem Weizenmehl mischen oder für Roggenbrot eine Hälfte Roggenmehl verwenden. Der Geschmack von reinem Roggensauerteigbrot ist köstlich, da Roggenmehl aber einen niedrigen Glutenanteil hat, geht es nur schwer auf und wird viel dichter und damit für manche schwerer verdaulich. Wer eine Glutenempfindlichkeit hat, verwendet lieber alte Weizensorten, wie etwa Dinkel, Kamut oder Einkorn, und wer Gluten gar nicht verträgt, kann Sauerteig aus Zwerghirse oder Sorghumhirse zubereiten.

BROT: ALTBACKEN EIN GEDICHT

Frisches Brot bekommt man überall und jederzeit, doch eigentlich kann man damit wenig mehr anfangen, als es warm aus dem Ofen kommend mit Butter zu bestreichen. Altbackenes Brot hingegen hat ein ganz anderes Potenzial. Wenn es nach ein, zwei Tagen trocken und hart ist, wird es zum Suppenretter, Süßspeisenkönig und Meister leckerer Alltagsgerichte. Werfen Sie also Brotreste nicht weg, sondern machen Sie das Beste daraus!

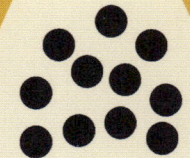

SEMMELBRÖSEL & CO.

Wenige Tage altes Brot kurz im Mixer zerkleinern und die Krümel entweder sofort verarbeiten oder einfrieren. Für Paniermehl das Brot nachbacken, bis es trocken und goldgelb ist, dann reiben und in einem luftdichten Behälter bei Zimmertemperatur aufbewahren.

BINDEMITTEL
für Würste, Fleischbällchen, Veggie-Burger und Hackbraten

VERDICKUNGSMITTEL
für Eintöpfe und Saucen

SÜSSE KRUSTE
für Eiscreme oder Kompott

PIKANTE KRUSTE
für Fisch, Fleisch, Gemüse, Nudeln, Risotto und Gratin

PANADE
für Fischfrikadellen, Hühnchen Kiew oder Schnitzel

FÜLLUNG

FÜR SEMMELKNÖDEL

VIELE NACHSPEISEN

SALATE

Croutons oder geröstete Fladenbrotstreifen sind eine wunderbar knusprige Salatzutat.

PANZANELLA
Italienischer Brotsalat aus Bauernbrot, Tomaten, roten Zwiebeln, Gurken, Paprika, Basilikum, Olivenöl, Kapern, Sardellen, Knoblauch, Essig

FATTOUSH
Libanesischer Brotsalat aus Fladenbrot, Petersilie, Minze, Tomaten, Gurken, Frühlingszwiebeln, Sumach-Gewürz, Olivenöl

CAESAR-SALAT
Getoastetes Brot, Romanasalat, Knoblauch, Olivenöl, Parmesan, Sardellen

SÜSSSPEISEN

Auch in süßen Gerichten leistet
Brot als Aromaträger beste Dienste.

SOMMERPUDDING
Gekühlte Brotscheiben, gemischte
Beeren, Zucker

BROT-UND-BUTTER-PUDDING
Gebackene Brotscheiben mit
Vanillesauce und Zucker

TREACLE TART
Mürbeteig, Golden Syrup
bzw. Zuckerrübensirup,
Weißbrotkrümel, Zitrone

EXETER PUDDING
Vanillepudding mit gebackenen
Semmelbröseln und Konfitüre im
Biskuitmantel

APFEL-CHARLOTTE
Gebackene Brotscheiben, Äpfel,
Butter, Zucker

EISCREME MIT DUNKLEM BROT
würzig

ARMER RITTER
Brotscheiben in Ei getaucht, in Butter
gebraten und mit Zucker und
Zimt bestreut

BROTPUDDING
Brot, Vanillepudding, Dörrobst,
Gewürze, im Wasserbad gebacken

BROWN BETTY
Süße Semmelbrösel mit geschmortem Obst

PANADA
Brotsuppe mit Milch, Zucker, Muskat

SUPPEN

Als Croutons, Verdickungsmittel oder Hauptzutat ist
Brot eine ausgezeichnete
Ergänzung zu kalten und
heißen Suppen.

GAZPACHO
Kalte Suppe aus Brot, Tomaten,
Gurken, Knoblauch

RIBOLLITA
Brot, Bohnen, Gemüse

PAPPA AL POMODORO
Brot, Tomaten, Knoblauch

GARBURE
Schinken, Kohl, Gemüse, Brot

FRANZÖSISCHE
ZWIEBELSUPPE
Gedünstete Zwiebeln, dazu
geröstete Brotscheiben mit
Käsekruste

SAUCEN

Brot macht viele Saucen
wunderbar sämig.

BROTSAUCE
(Milch, Nelken, Zwiebeln,
Brot, zu gebratenem
Geflügel)

ROMESCO
(rote Paprika, Paprikapulver,
Mandeln, Knoblauch,
Brot, Olivenöl, Essig)

BROT-
KRUMEN

Bis zum letzten Krümel
ein Genuss:

MIGAS
Gezupfte, mit Gewürzen und
Chorizo gebratene Brotstücke

STRATA
Pikante Schichtspeise aus Fleisch
oder Gemüse, Eiern und Käse

ANADE
Geschichteter Brotauflauf mit
Mangold, Zwiebeln, Brühe

TORTILLA- ODER
PITA-CHIPS FÜR DIPS
Scheibenweise im Ofen
gebacken

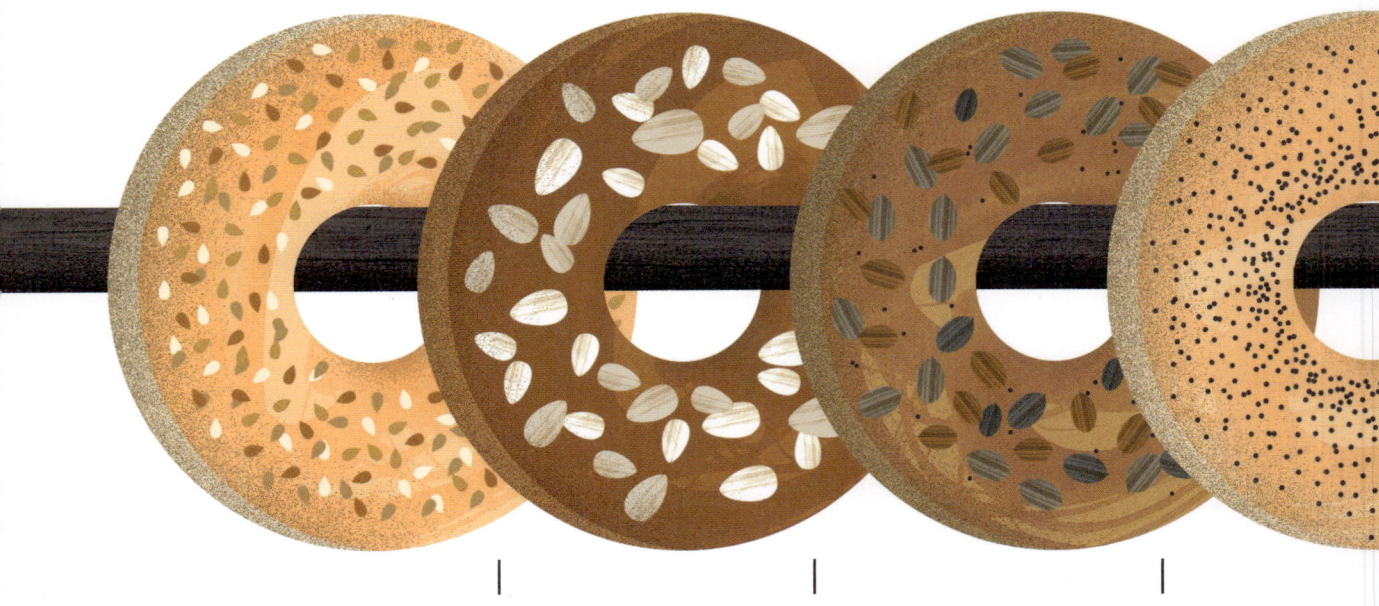

WIE DER BAGEL NACH NEW YORK KAM

1394

Erwähnung des Obwarzanek in Rechnungsbüchern des polnischen Königshofs.

1610

Erste schriftliche Erwähnung des Beigel in Krakau.

1872

Beginn der Massenproduktion von Cream Cheese durch den US-Industriellen William Lawrence.

IN DER SPEISEKAMMER

—

BAGELS: RUND UM DIE UHR

Das Brötchen mit dem Loch trug im Laufe der Jahrhunderte schon viele Namen, doch seine Ringform änderte sich nie. Anders als die meisten Brote werden Bagels vor dem Backen kurz überbrüht. Man lässt die Rohlinge über Nacht bei niedriger Temperatur gehen und kocht sie ein paar Minuten in Salz- oder Zuckerwasser ab. Das gibt dem Bagel seinen einmaligen Biss und die glänzende Kruste.

Um seine Herkunft ranken sich Legenden: Mal gilt er als Nachfahr der deutschen Brezel, mal als Abwandlung des größeren, süßen polnischen Obwarzanek. Erstmals schriftlich erwähnt wurde der »Beigel« 1610 in Krakau als Geschenk für Frauen im Kindbett: Die typische Ringform spielt offenbar auf den Kreislauf des Lebens an.

Mit jüdischen Einwanderern begann in den 1880er-Jahren auch der Siegeszug des Beigels an der New Yorker Lower East Side und im Londoner East End. Als Bagel machte er in der Neuen Welt Karriere: New York adoptierte den Kringel als ur-amerikanisches Brötchen, am liebsten mit Doppelrahmkäse – Cream Cheese – und Räucherlachs.

Das Backwerk selbst wird seit Jahrhunderten so gut wie unverändert aus Mehl, Hefe, Wasser, Salz und Malz hergestellt, auch wenn die New Yorker schwören, es liege nur an ihrem Wasser, dass die Kringel so gut sind. In Montreal taucht man sie vor dem Backen in Honigwasser. Neuere Varianten enthalten Zutaten wie Rosinen und Zimt oder Käse und Jalapeños. Auch bei der Garnitur sind der Fantasie keine Grenzen gesetzt. Neben Mohn und Sesam findet man heute Meersalz und knusprige Röstzwiebeln – aber ich persönlich mag das Original nach wie vor am liebsten!

1880

Jüdische Einwanderer (vor allem aus Polen) machen den Beigel in New York populär.

1907

Die Gewerkschaft der »Bagel Bakers Local #338« (ca. 300 Mitglieder) beherrscht den New Yorker Bagel-Markt.

1960er

Neue Technologien ermöglichen die Massenproduktion von Bagels.

2008

Der kanadische Astronaut Gregory Chamitoff nimmt Bagels mit ins All.

12 UHR

Lunch – getoasteter Mohn-Bagel mit Doppelrahmkäse, Räucherlachs, roten Zwiebelringen und ein paar Kapern.

BAGEL-ZEIT!

8 UHR

Frühstück – frischer Bagel Natur mit knusprig gebratenem Räucherspeck, einem Löffel Rührei und Schnittlauchröllchen.

18 UHR

Abendbrot – frischer Zwiebel-Bagel, dick belegt mit Corned Beef, Schweizer Käse, Sauerkraut und einem Klecks scharfem Senf.

—

FEINGEBÄCK: HÜFTGOLD

Selbst das aufwendigste Feingebäck – seien es Schweineohren, Profiteroles oder Pain au Chocolat – beginnt mit einem Teig aus Mehl, Fett und Wasser (mit etwas Salz oder Zucker). Ob wir Quiche essen oder ein Croissant – gut gemacht ist dieser Teig ein buttriger Genuss. Aber er kann auch misslingen, krümeln, zäh oder klebrig werden.

Feingebäck kommt in unterschiedlichsten Formen daher, von Mürbe- bis Brandgebäck und von Sand- bis Blätterteig, aber grundsätzlich gelten immer die Regel: Man sollte den Teig immer zügig verarbeiten, damit er kühl bleibt. Hier noch weitere Tipps für den Einstieg …

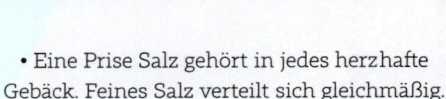

MEHL

Die meisten Teige, wie Mürbe-, Plunder-, Blätter- oder Brandteig, stellt man mit einfachem Weizenmehl Type 405 her.

- Eine Prise Salz gehört in jedes herzhafte Gebäck. Feines Salz verteilt sich gleichmäßig.
- Für süßen Mürbeteig oder Pâte sucrée verwendet man Puderzucker statt Salz, und mit Eigelb anstelle von Wasser wird der Teig deutlich reichhaltiger.
- Bei süßen Teigen gelingt die Kruste oft besser, denn Zucker macht den Teig mürber und zarter, da er die Ausbildung von Glutenketten behindert.

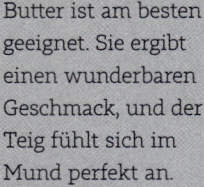

Butter ist am besten geeignet. Sie ergibt einen wunderbaren Geschmack, und der Teig fühlt sich im Mund perfekt an.

Schweineschmalz sorgt mit seinem geringeren Wassergehalt für besonders flockigen Teig, dem aber der Buttergeschmack fehlt.

Pflanzenfett und Margarine sind zwar eher geschmacksneutral, sind aber für Veganer eine gute Alternative.

VERMENGEN

• Flüssige Zutaten, Wasser ebenso wie Ei, nach und nach zugeben, damit in der Schüssel ein geschmeidiger Teig und keine Streusel entstehen. Wird der Teig zu klebrig, mit einem Tafelmesser etwas mehr Mehl einarbeiten und dann vorsichtig eine Kugel formen.

• Das Glutennetz ist der Feind des Feingebäcks, denn es macht den Teig zäh. Um dies zu unterbinden, wird der Teig kaum geknetet, sondern nur leicht vermengt.

KÜHLEN

• Auch zu viel Hitze verträgt das Feingebäck nicht: Zutaten, Hände, Utensilien und Oberflächen sollten kalt sein.

• Kühlen ist aus zwei Gründen wichtig: Das Fett kann erhärten, sodass es den Teig beim Backen auflockert, und das Gluten kann »entspannen«, sodass der Teig nicht schrumpft. Am besten eine Stunde blitzfrosten oder im Kühlschrank herunterkühlen.

• Kühlen Sie Ihre Hände vor dem Vermengen unter kaltem Wasser. Auch eine Arbeitsfläche und Teigrolle aus Marmor bleiben immer kühl.

AUSROLLEN

• Rollen Sie den Teig immer vom Körper weg aus. So üben Sie am wenigsten Druck aus und erzielen eine gleichmäßige Teigform. Rollen, wenden, wieder rollen und wenden.

• Beim Blätterteig kommt es auf das richtige Rollen und Falten an. Nach jedem Durchgang wird der Teig gekühlt, damit die Butter wieder fest wird, da nur so die knusprigen Lagen entstehen. Blätterteig kann jedoch nicht wieder zur Kugel geformt und erneut ausgerollt werden, denn dies zerstört die sorgfältig eingearbeiteten Fettlagen.

• Den Teig immer mit einem schnellen, scharfen Schnitt zerteilen und die Klinge nicht verdrehen, da sonst die Lagen beschädigt werden.

• Den ausgerollten Teig vorsichtig auf den Teigroller wickeln, anheben und so auf das Backblech oder in die Form transportieren. Er sollte sich dann einfach abwickeln.

• Etwas Teig überhängen lassen, um ein Schrumpfen auszugleichen, und nach dem Backen abschneiden.

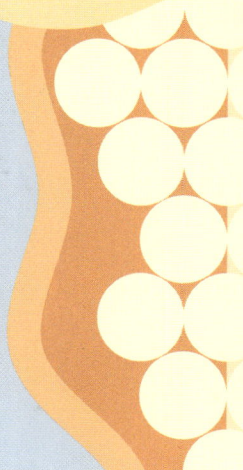

BACKEN

• Blindbacken bedeutet, den Boden vor dem Füllen oder Belegen vorzubacken, damit er nicht durchweicht. Belegen Sie den Boden mit Backpapier und beschweren Sie ihn zum Beispiel mit Trockenerbsen, damit er beim Backen nicht aufgeht. 10 Minuten in den vorgeheizten Ofen geben, dann die Backgewichte entfernen und weitere 5 Minuten goldgelb backen.

• Verquirlen Sie ein Eigelb mit einem Spritzer Milch und bestreichen Sie Teigkanten und/oder -deckel damit. So erhält der Teig seinen goldgelben Glanz. Bestreicht man den blindgebackenen Boden mit leicht verquirltem Eiweiß, kann eine flüssige Füllung nicht durchtropfen.

POWER-PAARE: FÜR JEDE ZUTAT DIE PASSENDE SCHOKOLADE

SCHOKOLADE: TAFELWEISE GLÜCK

Es gibt wohl kein anderes Lebensmittel, auf das ich mich zuerst setze, bevor ich es esse, aber der Schmelzpunkt von Schokolade liegt so niedrig, dass sie davon sündhaft cremig und unwiderstehlich wird.

Aller Schokolade Anfang ist der Kakaobaum: *Theobroma cacao* ist in den Regenwäldern Mittelamerikas heimisch, wird aber rings um den Erdball zwischen 20° nördlicher und südlicher Breite kultiviert. Wie Wein spiegeln sich im Kakao Umwelt und Klima, sein »Terroir«. Nach fünf Jahren tragen die Bäume erstmals Früchte, die jeweils 20–40 Kakaobohnen enthalten. Geerntet wird zweimal im Jahr, und zwar auch heute noch von Hand, um die Bohnen nicht zu beschädigen – knapp 4000 Jahre, nachdem die Olmeken in Mesoamerika den Kakao entdeckten! Für Schokolade verwendet man drei unterschiedliche Kakaosorten.

Forastero ist die gängigste Qualität. Seltener findet man Criollo, denn wegen der geringen Ausbeute macht sie nur rund 5% der Weltproduktion aus. Trinitario ist eine Kreuzung aus beiden. Jede dieser Sorten hat einen typischen Charakter, aber der Geschmack der Schokolade (fruchtig-blumig oder nussig-würzig) hängt auch von Herkunft und Verarbeitung ab.

Um die »Speise der Götter« zu würdigen, sollte man sie mit allen Sinnen genießen. Erschnuppern Sie die einzelnen Aromen, biegen Sie die Tafel und achten auf das appetitliche Knacken, wenn der Riegel bricht. Dann lassen Sie ein Stück auf der Zunge schmelzen. Das nächste Stückchen kauen Sie andächtig, um noch mehr Geschmacksnuancen zu erschließen. Echte Kenner unterscheiden Hunderte davon, also nicht verzagen!

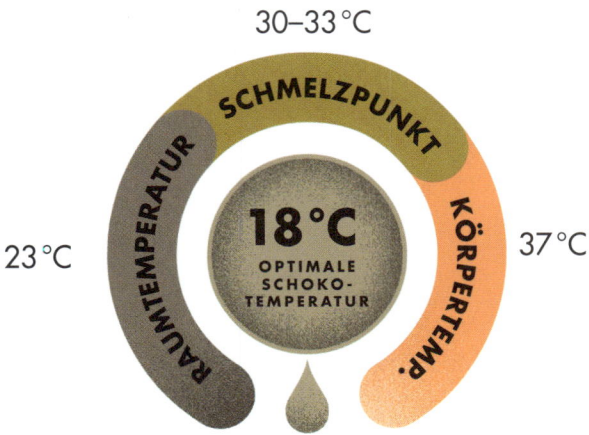

30–33 °C
SCHMELZPUNKT
RAUMTEMPERATUR
KÖRPERTEMP.
23 °C
37 °C
18 °C
OPTIMALE
SCHOKO-
TEMPERATUR

TANNIN-TRAUMA

Essen Sie Bitterschokolade nicht zu trockenem Rotwein und Schwarztee, alle drei enthalten viel Tannine!

DER WEG ZUM SCHOKO-GLÜCK

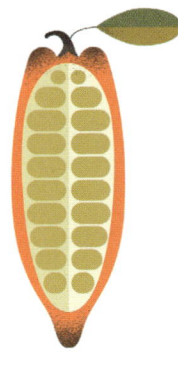

1. Die Früchte werden von Hand geerntet und mit der Machete aufgeschlagen. Die Schale wird zu Kompost, Tierfutter oder Seife verarbeitet.

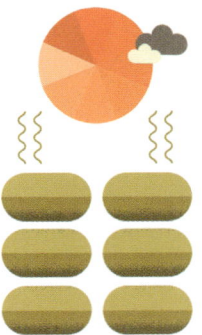

2. Die Samen mitsamt dem süßen essbaren Fruchtfleisch (der Pulpe) gären bis zu sieben Tage in der Sonne.

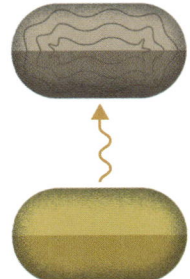

3. Dann breitet man sie aus und lässt sie trocknen, bis fast alle Feuchtigkeit verdunstet ist.

4. Die Kakaobohnen werden sortiert, in Säcke gefüllt und verschifft. Später entfernt man Fremdkörper wie Steinchen.

GERÖSTET
GEMAHLEN
GEMISCHT
CONCHIERT

5. Die Bohnen werden geröstet und aufgebrochen. Die Kernbruchstücke (Nibs) werden zu Masse vermahlen und mit Zucker, Kakaobutter, Milch, Vanille und Emulgatoren versetzt.

6. Nun wird die Schokolade conchiert (glatt gerührt), temperiert (erhitzt und abgekühlt) und zu Tafeln geformt, die beim Abkühlen aushärten.

EISCREME: KALTE VERFÜHRUNG

Gibt es eine schönere Melodie als das scheppernde Gedudel eines Eiswagens? Natürlich nicht, denn Speiseeis ist ein wahres kulinarisches Kleinod: Die enthaltene gefrorene Sahne ist Ambrosia und Seelentrost gleichermaßen.

Der Überlieferung nach mochte schon Alexander der Große mit Honig und Nektar gesüßten Schnee, und der römische Kaiser Nero ließ sich von seinen vielen Sklaven aus den Bergen Schnee holen und mit Früchten und Saft vermischen. Verantwortlich für unsere heutige kalte

Leidenschaft war allerdings – wie sollte es anders sein – eine gebürtige Italienerin. Caterina de' Medici heiratete Mitte des 16. Jahrhunderts den französischen König Heinrich II. und führte in ihrer neuen Heimat Tischmanieren und die feine Küche ein. Zu den Gerichten, die sie und ihre Hofköche populär machten, gehörte auch Speiseeis.

Vor der Erfindung der Gefriertruhe erzeugte man Eiscreme mit Eisbrocken und Salz, das die Temperatur des Wassers auf unter Null senkt. Heutzutage kann man

Speiseeis im Handumdrehen mit Flüssigstickstoff herstellen und sogar mit einem 3-D-Drucker formen.

Woraus besteht also Eiscreme? Natürlich aus Sahne oder Milch, Zucker und oft auch Eiern. Die wichtigste Zutat ist allerdings unsichtbar: Luft. Sie macht das Eis so köstlich cremig und leicht. Manchmal wird sie vor dem Gefrieren untergezogen (manche Rezepte arbeiten mit italienischem Baiser, andere mit einem Parfait aus Eigelb und Zucker), manchmal erst durch beständiges Rühren beim Gefrieren.

AVOCADO

SPECK UND EI

EIGENWILLIGE
AROMEN

GLÜHWÜRMCHEN
(Quallen-Protein)

LAVENDEL

DURIAN
(Stinkfrucht)

ROTE BETE

ZIEGENKÄSE

DIE 5 WELTMEISTER IM EISESSEN

AUSTRALIEN

DÄNEMARK

BELGIEN

NEUSEE-LAND

USA

BOOZA

(Levante) Seine elastisch-klebrige Konsistenz beruht auf Salep (getrockneten, gemahlenen Orchideenwurzeln) und Mastix (Harz des Mastix-Pistazienbaums) – ohne Ei.

KULFI

(Indien) Milch oder Sahne dick eingekocht und ohne Zucker und Ei karamelli-siert. Moderne Rezepte arbeiten auch mit Kondens-milch.

EISCREME AUS ALLER WELT

AKUTAQ

(Alaska) Eskimo-Eiscreme. Traditio-nell aus Rentierfett Robbenöl, frischem Schnee, Beeren und zerpflücktem Fisch.

GELATO

(Italien) Höherer Milch-anteil als Eiscreme, weniger Sahne, mit oder ohne Ei. Durch langsameres Rühren wird es fester. Etwas weniger kalt serviert und deshalb samtweich und intensiver im Geschmack!

KONFITÜRE: KESSE FRÜCHTCHEN

Wussten Sie, dass die Tradition süß konservierter Früchte bis in die Antike zurückreicht? Schon vor Urzeiten mischte man reife Früchte mit Honig, um sie haltbar zu machen, bei den alten Griechen hieß das *melómeli*. Doch Konfitüren und Marmeladen, wie wir sie kennen, gibt es erst seit der Einführung des Rohrzuckers.

Nach traditioneller Vorstellung enthält perfekte Konfitüre Zucker und Früchte zu gleichen Teilen, um die richtige Balance zwischen den drei Bestandteilen Zucker, Pektin und Säure zu erzielen, aber viele Köche experimentieren auch gerne mit anderen Mischungen. Damit etwas Appetitliches dabei herauskommt, empfiehlt es sich, die Grundlagen zu kennen.

Durch Kochen wird das im Obst enthaltene Pektin freigesetzt und lässt die Früchte in ihrem eigenen Saft stocken. Pektinmoleküle bilden lange Ketten, die alles wie ein Netz zusammenhalten. Wasser ist dabei hinderlich, aber der Zucker bindet es, damit das Pektin sein Zauberwerk vollbringen kann. Der leichten negativen Ladung der Moleküle wirkt die natürliche Säure der Früchte oder Zitronensaft entgegen. Ist das Pektin zufrieden, gelieren Obst und Zucker – fertig ist die Konfitüre!

1 KG

1 KG

½ ZITRONE

0,5 % PEKTIN

60 % ZUCKER

DIE MISCHUNG MACHT'S

Wenn Sie pektinarmes Obst verarbeiten, geben Sie ein paar pektinreiche Früchte hinzu, die den Geliervorgang unterstützen.

VIEL	WENIG
Quitten	Aprikosen
Äpfel	Rhabarber
Brombeeren	Erdbeeren
Zitronen	Blaubeeren
Birnen	Kirschen
Orangen	Pfirsiche
Stachelbeeren	Ananas
Pflaumen	Himbeeren
Weintrauben	Bananen
Preiselbeeren	Melonen

FRUCHTIGE KÖSTLICHKEIT

Bevor man auf die Idee kam, Marmelade und Konfitüre auf Toast oder Biskuitplatten zu streichen, servierte man sie oft löffelweise als Leckerei zum Tee. Dieser Brauch hält sich bis heute etwa in Griechenland, auf Zypern, in der Türkei und weiten Teilen des Nahen Ostens.

GEHEIMTIPPS

- Verarbeiten Sie nur (gerade eben) reife Früchte. Überreifes Obst enthält weniger Pektin und schmeckt bei Weitem nicht so gut.
- Achten Sie auf die richtige Sorte Zucker. »Gelierzucker« beispielsweise enthält bereits Pektin und ergibt bei pektinreichem Obst eine sehr feste Konfitüre.
- Ein guter Trick ist es, die Früchte über Nacht mit dem Zucker zu mazerieren – das funktioniert bestens bei Erdbeeren und Tomaten.
- Vor dem Aufkochen muss sich der Zucker vollständig aufgelöst haben, sonst brennt er als Karamell am Topfboden an.
- Sobald Sie erste Erfolge erzielt haben, können Sie mit interessanten Aromen experimentieren, etwa Himbeeren mit Rosen, Stachelbeeren mit Holunderblüten oder Pflaumen mit Vanille.
- Den Schaum, der sich an der Oberfläche bildet, können Sie mit einem Löffel abheben oder mit einer Messerspitze Butter auflösen.
- Lassen Sie die Konfitüre vor dem Abfüllen in Gläser noch 5–10 Minuten auf der Herdplatte nachziehen. Dadurch verteilen sich die Fruchtstückchen besser.
- Möglichst wenig rühren!

GELIERTEST

Da der Pektingehalt je nach Obstsorte und Reifegrad unterschiedlich ist, ist schwer zu bestimmen, zu welchem Zeitpunkt die Konfitüre perfekt geliert. Stellen Sie zuvor einen Teller in den Gefrierschrank. Um zu prüfen, ob es so weit ist, geben Sie etwas Konfitüre auf den kalten Teller, lassen Sie sie etwas abkühlen und schieben sie dann mit dem Finger weg. Ist sie fertig, bilden sich Falten. Ist das noch nicht der Fall, stellen Sie den Topf wieder auf den Herd, kochen sie kurz weiter und testen erneut.

SAUBERE SACHE

Sauberkeit ist beim Einkochen von Früchten ein Muss. Sterilisieren Sie die Gläser vor dem Abfüllen im heißen Programm der Spülmaschine oder indem Sie sie spülen und im Backofen bei 140 °C trocknen. Beim Abfüllen sollen Konfitüre und Glas heiß sein. Auf die Oberfläche einen Kreis Wachspapier legen und mit einem Deckel fest verschließen. Nach dem Abkühlen Etiketten mit dem Datum aufkleben.

140 °C

HIMBEERE
15. 9. 2015

SÜSS ODER HERZHAFT?

Marmelade muss nicht immer süß sein. Pikante Varianten funktionieren nach demselben Prinzip. Entweder geben Sie zu den Früchten pikante Kräuter oder Gewürze hinzu, oder Sie nehmen herzhafte Zutaten wie Tomaten, Paprika, Chilischoten oder sogar Speck und geben Zucker oder Sirup dazu.

1. Kichererbsen einweichen.

200 g getrocknete Kichererbsen

2. Abtropfen lassen.

½ TL Natron

2 fein geriebene Knoblauchzehen

3. Kichererbsen mit Natron aufkochen und 30 Minuten köcheln lassen, bis sie weich sind.

Saft von 1 Zitrone

4. Abgießen, abkühlen lassen, ½ Tasse Kochflüssigkeit zurückbehalten.

2 EL Tahini

Große Prise Salz

5. Kichererbsen im Mixer pürieren.

Etwas Olivenöl

6. Mit Knoblauch, Zitronensaft, Tahini und Salz und der abgekühlten Kochflüssigkeit glatt pürieren.

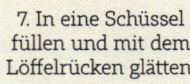

7. In eine Schüssel füllen und mit dem Löffelrücken glätten.

HUMMUSREZEPT

8. Mit Olivenöl beträufeln und lauwarm servieren.

—

HUMMUS: INTERNATIONAL, TRANSZENDENTAL

In einer hübschen Schale angerichtet, mit tiefgrünem Olivenöl beträufelt und geräuchertem Paprikapulver bestäubt, liefert Hummus einmal mehr den Beweis, dass das Auge mitisst. Vergessen Sie die Gläschen aus dem Supermarkt: Mit ein bisschen Sorgfalt verwandelt sich beigegrauer Tapetenkleister in einen himmlischen Dip erster Güte.

Die uralte Spezialität aus der Levante macht aus der bescheidenen Kichererbse einen Weltstar. Mit Knoblauch, Tahini (Sesampaste), Salz und Zitronensaft püriert, werden die eiweißreichen Hülsenfrüchte mit relativ wenig Aufwand zur cremigen Verheißung für alles, was man hineintunken kann,

von knusprigem Fladenbrot über knackige Rohkost bis zu ihrer Schwester im Geiste, der Falafel.

Wie bei allen einfachen Dingen kommt es auf die Zutaten an. Machen Sie sich die Mühe, die Kichererbsen selbst einzuweichen und zu kochen. Achten Sie auch beim Tahini auf Qualität, sonst läuft der Zaziki Ihrem Hummus noch den Rang ab.

DAS DARF MIT IN DEN MIXER:

Gebratene Artischocken-
herzen
Geröstete rote Paprika
Avocado
Limabohnen
Kreuzkümmel
Sonnengetrocknete Tomaten
Rote Bete
Rote Linsen
Karamellisierte Zwiebeln
Koriandergrün
Harissa
Griechischer Joghurt
Feta
Chipotle-Chili
Grüner Pesto

VINAIGRETTE: EINE FRAGE DER MISCHUNG

EXTRAS

Mögen Sie es cremig? Rühren Sie ein wenig Crème fraîche ein. Käseliebhaber? Dann nehmen Sie Roquefort oder Dolcelatte.

ÖL

Natives Olivenöl extra oder Rapsöl sind ideal, obwohl auch Nussöl, Sesamöl oder Hanföl gut funktionieren. Das Öl sollte Eigengeschmack haben, die neutralen sind eher zum Braten geeignet.

ESSIG

Scharfe Essige wie Malzessig passen nicht zu Salat. Verwenden Sie besser Weißwein- oder Rotweinessig, Sherry-, Apfel-, Balsam- oder Reisessig. Auch Zitronen- oder Limettensaft sind eine wunderbare Ergänzung – von Letzterem braucht man etwas mehr.

Lässt man ein frisch gepflücktes Salatblatt von jeglichem Gewürz und Dressing unberührt, ist es kaum verwunderlich, dass der unerfahrene Esser es schnell als Karnickelfutter abtut. Doch schon ein kleiner Spritzer Olivenöl und etwas Meersalz geben ihm den nötigen Pfiff. Mit einem guten Dressing verwandelt man Salat in eine köstliche Mahlzeit.

Weil es so einfach ist, sollte man nur die besten Zutaten verwenden. Man gibt sie in ein Schraubglas – erst die Gewürze, dann Öl und Essig – und schüttelt (mit zugeschraubtem Deckel), bis alles gut vermischt ist.

Richten Sie den Salat immer erst in letzter Minute an – und auch dann nur zurückhaltend, damit er nicht zusammenfällt. Robustere Zutaten wie Tomate, Gurke, Avocado, Artischockenherzen, Spargel, Zucchini usw. schmecken besonders gut, wenn sie etwas früher angemacht werden. Vinaigrette passt auch zu warmen Speisen, etwa zu neuen Kartoffeln, Bohnen aller Art, gerösteten Paprika und blanchiertem Frühlings- oder Sommergemüse (Sprossenbrokkoli, Erbsen etc.).

GEWÜRZE

Salz und Pfeffer sind unerlässlich, weitere mögliche Zutaten sind: Senf (Dijon, mittelscharfer oder grober Senf), geriebener Meerrettich oder Wasabi, Soja- oder Fischsauce, fein gehackte frische Kräuter, feine Chilistreifen, gehackter Knoblauch, fein gewürfelte Schalotten und Sardellen, Honig und/oder gebratener Speck.

MEHR GESCHMACK, BITTE!

Aromatisierte Oliven- oder Raps-öle verleihen der Vinaigrette sofort Geschmack: Der Geschmacksträger sollte in der Fla-sche immer gut mit Öl bedeckt sein.

IM SCHLEUDERGANG

Waschen Sie Salatblätter sanft im mit kaltem Wasser gefüllten Spül-becken und lassen ihn vor dem Anrichten gründlich trocknen – ent-weder mithilfe der Salatschleuder oder aber Sie geben die abgetropften Blätter in ein sauberes Geschirrtuch, fassen die vier Ecken zusammen und schleudern das Ganze beherzt im Kreis herum – am besten im Freien, und nicht loslassen …!

ZART VERWÖHNT

Eine Vinaigrette eignet sich auch zum Marinieren von Fleisch, Fisch oder Gemüse vor dem Grillen (als Zartmacher). Besonders gut sind Dressings mit starken Aromen, wie etwa Balsamessig, Rapsöl, Honig und scharfer Senf oder Reisweinessig mit Sesamöl (geröstet), fein gehacktem Ingwer und dunkler Sojasauce.

PESTO

Sorten

IN DER
SPEISEKAMMER

—

PESTO: VIVA IL BASILICO!

So wie Bologna seine Pastasauce und Neapel seine Pizza hat, so ist die Hafenstadt Genua in Norditalien berühmt für sein Pesto. Das Original enthält gerade einmal sechs Zutaten, und da nichts gekocht werden muss, überrascht es kaum, dass diese Sauce inzwischen weltweit beliebt ist.

Unklar ist, ob die rohe Würzsauce auf die Römer, die Perser oder die Araber zurückgeht. Außerdem gibt es über die Jahrhunderte verschiedenste Evolutionsstufen an Kräuter- und Knoblauchkombinationen. Sicher ist aber, dass das Rezept in seiner heutigen Form zum ersten Mal im 19. Jahrhundert auftauchte.

Die Hauptrolle beim Pesto spielt natürlich das Basilikum – ein weiches, grünes, süßes und leicht nach Anis schmeckendes Kraut. Man benötigt die frischen Blätter (vor allem die jungen), nicht die Strünke oder gar getrocknetes Kraut. Älteren Blättern nimmt man die Bitterkeit, indem man sie 30 Sekunden blanchiert und dann in Eiswasser abschreckt. Auch der Knoblauch sollte jung, frisch und saftig sein. Verwenden Sie möglichst europäische Pinienkerne, denn die asiatischen können einen bitteren Geschmack haben, der sich über Wochen im Mund hält, und sie sollten ungeröstet sein. Wählen Sie natives Olivenöl extra von hoher Qualität, aber weder zu pfeffrig noch zu grasig. Traditionell gehört salziger italienischer Hartkäse wie Pecorino oder Parmesan in das Pesto. Das grobe Meersalz würzt nicht nur, sondern hilft auch beim Zerkleinern.

Die Art der Zubereitung und die Reihenfolge der Zutaten sind von größter Bedeutung. Puristen arbeiten nur mit einem Marmormörser mit Holzstößel, um die Zutaten zu mahlen: Zuerst Knoblauch und Nüsse, dann Basilikum, Salz und Öl einträufeln und den geriebenen Käse einrühren. Moderne Köche nutzen eher den Standmixer und die Intervallschaltung.

In Genua wird Pesto mit Trofie serviert (kurzen, gedrehten Nudeln) oder zusammen mit Kartoffeln und grünen Bohnen unter Trenette (ähnlich den Linguine) gehoben. Die grüne Paste wird aber auch gerne in Lasagne verwendet, auf Gnocchi serviert oder als Garnitur auf die Suppe geträufelt – neben Millionen anderen modernen Verwendungen, als Sandwich-Belag, als Dip zu Gemüsesticks, und, und, und. Pesto wird in Ligurien so geschätzt, dass es inzwischen sogar eine »Confraternità del Pesto« (Bruderschaft des Pesto) gibt, um das Originalrezept zu schützen und das Erzeugnis noch beliebter zu machen.

DIE ZUTATEN
—

Basilikum
(junge Blätter)

Alternativen: Koriander, Minze, Brennnessel, Oregano, Petersilie, Erbsensprossen, Rucola, Sauerampfer, Brunnenkresse, Bärlauch – sogar mit gerösteten roten Paprika oder auch sonnengetrockneten Tomaten.

Pinienkerne
(aus Europa)
Alternativen: Mandeln, Cashewkerne, Haselnüsse, Macadamianüsse, Pistazien, Erdnüsse, Sonnenblumenkerne (geröstet), Walnüsse.

Käse
(Parmesan)
Alternativen: gereifte, salzige Hartkäse, wie etwa Pecorino, reifer Cheddar, Grana Padano oder Manchego.

Olivenöl
(ein leichtes und fruchtiges natives Olivenöl extra)

Alternativen: Stark grasige oder pfeffrige Öle meiden, da sie zu dominant sind. Rapsöl oder Butter sind gut.

Knoblauch
(jung, frisch und ohne grünen Spross)

Alternativen: Manche Rezepte verzichten gänzlich auf den kräftigen Geschmack des Knoblauchs. Schnittlauch oder Schnittknoblauch sind mögliche Alternativen.

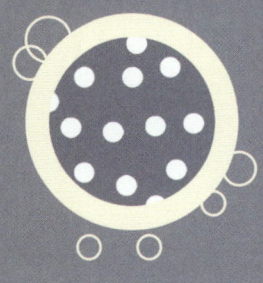

Salz
(grobes Meersalz)

Alternativen: Man benötigt nicht viel, da der Käse salzig ist, aber das grobe Salz hilft, die Zutaten zur sämigen Sauce zu zerreiben. Experimentieren Sie mit gewürzten Salzen.

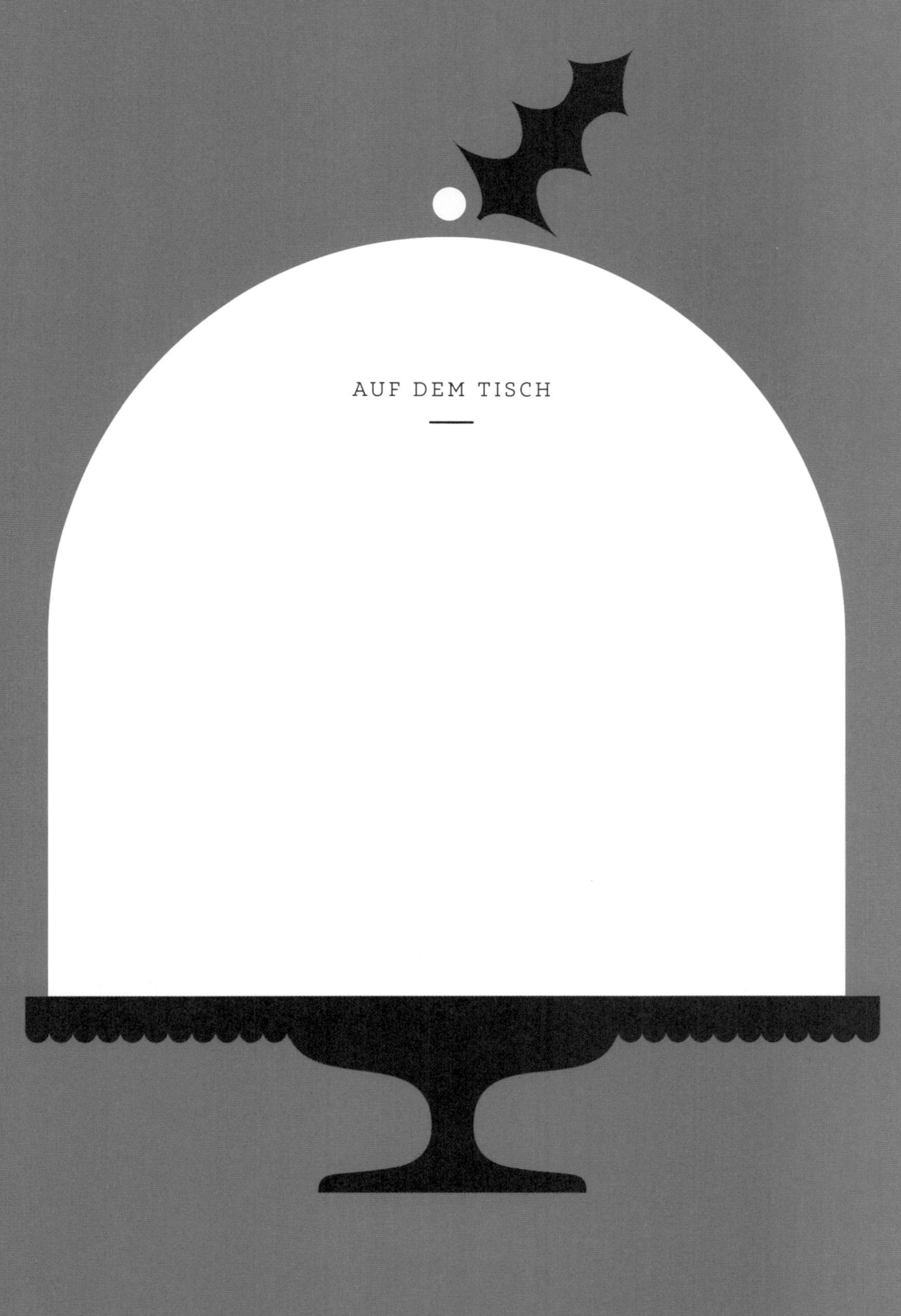

AUF DEM TISCH

———

ROLLEN

Cheong Fun: Rindfleisch, Schweine-fleisch oder Garnelen in gedämpfte Glasnudeln eingewickelt, dazu süße Sojasauce.

Fu Pei Guen: Eine Rolle aus der »Haut«, die sich bei der Tofu-Her-stellung bildet, gefüllt mit Fleisch oder Fisch, gedämpft oder frittiert.

Lo Mai Gai: Gedämpfter Klebreis mit Frühlingszwiebeln, Huhn, Pilzen und chinesischer Wurst auf einem Lotos- oder Bananenblatt.

Fung Zao: Gebratene und gedämpfte Hühnerfüße (»Phönixklauen«) in einer süß-sauren Schwarze-Bohnen- oder Sojasauce.

Pai Gwut: Winzige Stücken Schweinerippe, mit fermentierten Sojabohnen gedämpft. Vorsicht mit den kleinen Knochenstücken!

TEIGTASCHEN (GAO)

Har Gao: Gedämpfte, transparente Garnelen-Taschen mit Frühlings-zwiebeln und Bambussprossen.

Chiu Chow Fun Guo: Knusprige gedämpfte Taschen, gefüllt mit Schweinefleisch, Garnelen und Erdnüssen, gewürzt mit Koriander und Jícama (Yambohne).

Siu Maio: Offene Teighülle mit gedämpftem Schweinefleisch oder Garnelen, oft mit Möhre oder Fischrogen garniert.

Ham Sui Gok: Frittierte Taschen mit Reis und Schweinefleisch.

Wu Gok: Gebratene Taro-Taschen mit Schweinefleischfüllung.

SÜSSES

Daan Taat: Eiercrremetörtchen, ähnlich den portugiesischen, aber kräftiger und mit mehr Ei.

Jin Deu: Frittierte Reismehlbällchen, vergleichbar japanischen Mochi, mit süßer Lotus- oder Rote-Bohnen-Paste.

Dao Fu Fa: weicher Pudding aus Seidentofu, gewürzt mit Ingwer oder Zuckersirup.

Ma Lai Go: Gedämpfter Biskuit-kuchen, der aus Malaysia stammt.

Lai Wong Bao: Gedämpfte und gefüllte Eiercreme-Brötchen.

DIM SUM: DER PERFEKTE SNACK

Dim Sum wurde ursprünglich in Kanton im Süden Chinas erfunden, um Feldarbeiter und müde Reisende oft schon ab fünf Uhr morgens mit einer Vielfalt an herzhaften und süßen Snacks zu ihrem Tee zu bewirten. Traditionell ist Dim Sum also eher ein Frühstück oder Brunch, aber in der westlichen Welt gilt es mittlerweile als Mittagessen für Touristen oder Angestellte, die sich in der Pause mit einer Auswahl von bunten Köstlichkeiten stärken wollen.

Ungeachtet der Tageszeit sollte man Dim Sum in Gesellschaft genießen und die kleinen Portionen aus oft nur drei oder vier mundgerechten Teilen ähnlich wie Tapas kombinieren. Bestellen Sie eine reiche und bunte Mischung, aber übertreiben Sie es nicht mit den reisgefüllten Blättern, die man eher als Variante des Brotkorbs in einem westlichen Restaurant verstehen sollte. Es gibt keine festgelegte Reihenfolge, stattdessen darf man Süß und Herzhaft nach Belieben kombinieren.

DIPS

Für viele sind die wahlweise würzigen, süßen oder salzigen Dip-Saucen das Beste am Dim Sum.

NUR ZUM TEE

»Dim Sum« heiß wörtlich übersetzt »das Herz berühren«, aber im Chinesischen nennt man es auch »Yum Cha«, was »Teetrinken« bedeutet. In Dim-Sum-Restaurants wird auch immer Tee zur Mahlzeit gereicht.

BRÖTCHEN (BAOZI)

Cha Siu Boa: Hefebrötchen, mit auf kantonesische Art gegrilltem Schweinefleisch, gedämpft oder gebacken.
Char Siu Sou: halbsüßes Blätterteigbrötchen mit Schweinefleischfüllung.

—

SANDWICH: FINGERFOOD

Der vierte Earl of Sandwich, notorischer Kartenspieler, wollte ein Essen, das er in der Hand halten konnte. Diese scheinbar simple Erfindung (vermutlich inspiriert durch die Mezze mit Fladenbrot, die im Mittelmeerraum seit Jahrhunderten beliebt sind) ist zum Dauerbrenner geworden. Das neue Fingerfood erwies sich als so praktisch, dass es bis heute weltweit eines der beliebtesten Fastfood-Gerichte ist – sogar noch vor dem Hamburger.

Damit das Sandwich perfekt wird, müssen wir uns aber seiner »Architektur« widmen. Ob Eiscreme zwischen Keksen oder Schweinefleisch in gedämpftem Hefebrötchen – das Sandwich muss immer richtig konstruiert sein. Ist die Füllung falsch geschichtet oder die Mayonnaise zu großzügig eingesetzt, wird aus dem himmlischen Sandwichtraum schnell ein klebriger Albtraum.

SCHICHT FÜR SCHICHT

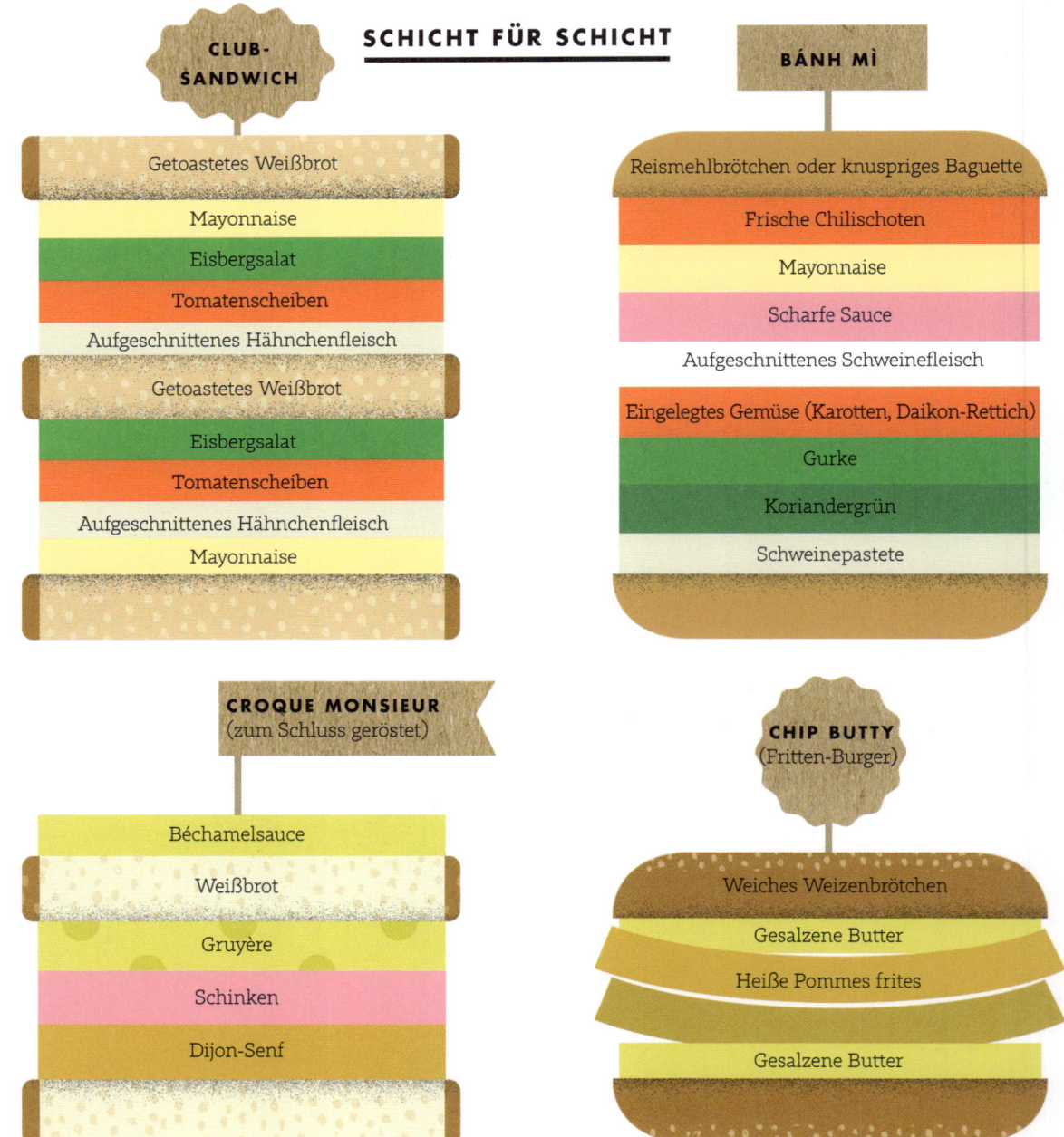

CLUB-SANDWICH

Getoastetes Weißbrot
Mayonnaise
Eisbergsalat
Tomatenscheiben
Aufgeschnittenes Hähnchenfleisch
Getoastetes Weißbrot
Eisbergsalat
Tomatenscheiben
Aufgeschnittenes Hähnchenfleisch
Mayonnaise

BÁNH MÌ

Reismehlbrötchen oder knuspriges Baguette
Frische Chilischoten
Mayonnaise
Scharfe Sauce
Aufgeschnittenes Schweinefleisch
Eingelegtes Gemüse (Karotten, Daikon-Rettich)
Gurke
Koriandergrün
Schweinepastete

CROQUE MONSIEUR
(zum Schluss geröstet)

Béchamelsauce
Weißbrot
Gruyère
Schinken
Dijon-Senf

CHIP BUTTY
(Fritten-Burger)

Weiches Weizenbrötchen
Gesalzene Butter
Heiße Pommes frites
Gesalzene Butter

SANDWICH-EIS

Weiche Schokoladenkekse (oder Waffeln)

Vanilleeis

FISH FINGER SARNIE
(Fischstäbchen-Sandwich)

Weißbrot

Blattsalat

Sauce tartare

Heiße Fischstäbchen

GUA BAO

Gedämpfte taiwanesische Brötchen

Koriandergrün

Gemahlene Erdnüsse

Schweinebauch (warm)

Eingelegter Senfkohl

ELVIS-SANDWICH
(zum Schluss gebraten)

Butter

Weißbrot

Erdnussbutter

Banane

Knuspriger Bacon

Erdnussbutter

ERDNUSS-
BUTTER-
GELEE-
SANDWICH

Weißbrot

Erdnussbutter

Traubengelee oder -konfitüre
(oder andere Fruchtsorten)

REUBEN-SANDWICH
(zum Schluss getoastet)

Roggenbrot

Russisches Dressing

Emmentaler

Sauerkraut

Dünn geschnittenes Corned Beef
(dicke Lage)

Russisches Dressing

TAHINI-DRESSING

TAHINI-PASTE

WASSER

SALZ

ZITRONENSAFT

KNOBLAUCH

FALAFEL

SALZ

KREUZKÜMMEL

KORIANDER

KICHERERBSEN

DICKE BOHNEN

PETERSILIE

KNOBLAUCH

PACK DIE PITA!

Füllen Sie das Pita-Brot mit einem Löffel
Hummus (siehe S. 108), Tomatenscheiben,
Gurkenscheiben, knackigem Eisbergsalat, heißer
Falafel und Tahini-Sauce. Zu fade? Geben Sie
eine scharfe Paste hinzu, zum Beispiel die
jemenitische Zhoug aus grünen Chilis.

FALAFEL: FLEISCH-LOS GLÜCKLICH

Wenn jemand meint, veganes Essen bestünde nur aus rohen Möhrenstiften, geben Sie ihm eine heiße, frittierte Falafel in einem getoasteten Fladenbrot mit cremigem Hummus, Salat und eingelegtem Gemüse. Das korrigiert eine solche Fehleinschätzung.

Die wohl ursprünglich aus Ägypten (wo sie Ta'amina hießen) stammenden Falafel enthielten keine Kichererbsen, sondern wurden aus getrockneten, geschälten dicken Bohnen hergestellt, die die Falafel weich machten und zusammenhielten. Später wurden im östlichen Mittelmeerraum stattdessen aufgrund ihres Geschmacks und der Textur nussige Kichererbsen verwendet und man ließ die Bohnen teils gänzlich

weg. In Israel ist diese Variante zum Nationalgericht geworden.

Bereits die alten Rezepte waren von Region zu Region verschieden, moderne Falafel-Interpretationen sind noch experimentierfreudiger. So kombinieren Profis und Amateure heute alle möglichen Gemüsesorten – von Süßkartoffeln und Kürbis bis zu Rote Bete oder Paprika – und sogar Käse mit Kichererbsen, einer bunten Vielfalt an Saucen und diversen Beilagen.

LEICHTIGKEIT

Ein Treibmittel wie Speisenatron oder Backpulver macht die Falafel leicht und luftig.

ZUSAMMENHALT

Kichererbsen aus der Dose haben hier nichts verloren. Sie müssen roh, getrocknet, dann über Nacht eingeweicht und glatt püriert sein. Eine leicht grobe Konsistenz ist kein Problem, sondern verleiht dem Ganzen nur mehr Textur.

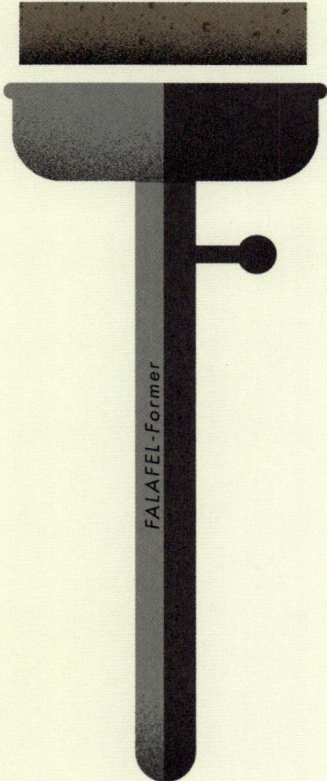

FALAFEL-Former

FRITTIEREN, ODER?

Es gibt Rezepte für gebratene oder gebackene Falafel, aber das sind gesunde Hochstapler. Man frittiert sie bei 180 °C in Pflanzenöl und tropft sie auf Küchenpapier ab.

RUHEN LASSEN

Lassen Sie den Falafelteig vor dem Formen eine Zeit lang ruhen.

GUT FORMBAR

Falafel müssen die richtige Form haben, damit sie beim Frittieren auch ganz durchgaren. Traditionell verwendet man einen Falafel-Portionierer, aber man kann auch mit zwei Löffeln Nocken stechen oder den Teig zu golfballgroßen Klößchen formen.

RAMEN-REGELN

Jedes Ramen-Gericht enthält dieselben Grundzutaten, um die perfekte Geschmacksharmonie von salziger, fettiger, kohlenhydrathaltiger Köstlichkeit zu erreichen.

LANGSAM KOCHEN

DIE BRÜHE

Für den fleischigen Geschmack werden Schweine- oder Hühnerknochen ausgekocht, Meeresfrüchte und andere Aromen sind aber auch geeignet. Der Fischsud Dashi aus Kombu (Seetang) und Katsuobushi (getrocknete Bonito-Fischspäne) ist ebenfalls beliebt. Das klingt gesund, aber für gute Ramen braucht die Brühe Fett und sollte kochend heiß sein.

DIE TARE

Bei Ramen geht es um die Kombination von Aromen. Die wichtigsten Bausteine sind Gewürze oder »Tare«, die auf den Grund der Schüssel gegeben werden – wie etwas Shio (Salz) oder Gewürzsalze, Shoju (eine japanische Sojasauce) oder Miso (japanische Soja-Paste).

DIE NUDELN

Sie bestehen aus Mehl, Wasser, Salz und Kansui – einer stark alkalischen Lösung, die für Aroma und Biss der Nudeln sorgt. Sie können dick, dünn, gerade oder gewellt sein, werden aber immer separat und kürzer als eine Minute gekocht, abgetropft und direkt vor dem Servieren in die Brühe gegeben.

DIE EINLAGEN

Hier gibt es eine große Vielfalt, von Narutomaki über Chashu, Hanjuku, Menma bis zu kalter Butter, Negi, Nori und Kikurage – siehe rechte Seite!

SCHNELL ESSEN

DAS RAMEN-ABC

Es gibt allein in Japan rund 30 regionale Varianten (die berühmteste kommt aus Tokio), hier zeigen wir deshalb nur die vier Grundtypen der Ramen-Nudel:

SHIO-RAMEN

SHOYU-RAMEN

TONKOTSU-RAMEN

MISO-RAMEN

RAMEN-EINLAGEN

Narutomaki
Fischkuchen

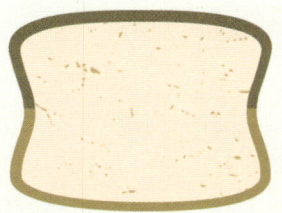

Chashu
Schweinebauchscheiben

Hanjuku
Weich gekochtes Ei

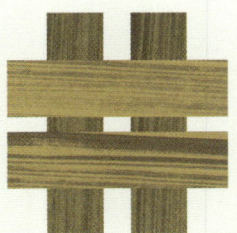

Menma
Eingelegte Bambussprossen

Kalte Butter

Negi
Dünn geschnittene Frühlingszwiebeln

Nori
Dunkle Seetangblätter

Kikurage
Wolkenohrpilze (Mu-Err-Pilze)

KÖRPEREINSATZ!

Mit Ramen ist nicht zu Spaßen: Man muss schlürfen und die Nudeln schnell einsaugen. Wartet man zu lange, werden die perfekt gekochten Nudeln fad und weich. Geübte Ramen-Esser erkennt man an ihrem über die Schüssel gebeugten Gesicht, Schweiß über den Brauen und leicht verbranntem Gaumen.

AUF DEM TISCH

—

RAMEN: DIE ROCK 'N' ROLL-NUDELN

Freunde der Instantsuppe könnten meinen, Ramen sei eine Nudelsuppe unter vielen. Wer sie aber einmal frisch gegessen hat, will nie wieder etwas anderes. Es handelt sich sozusagen um langsam gegartes Fast Food. Die Brühe kann bis zu 20 Stunden köcheln, die Nudeln können aus Teig hauchdünn handgezogen, die Eier so sanft gekocht, und der Schweinebauch kann so zart gegart sein, dass es einem ein entrücktes Lächeln ins Gesicht zaubert.

Ramen ist als Gericht derart beliebt, dass es in Japan geschätzte 34000 Ramen-Restaurants gibt, 4000 allein in Tokio. Nicht schlecht für Nudeln, die erst vor etwas mehr als 100 Jahren mit den Chinesen ins Land kamen! Heute haben die Japaner das Gericht gewisserma-ßen zu ihrem Nationalgericht erkoren, von dem überall regionale Variationen entstehen. In Yokohama gibt es sogar ein Ramen-Museum. Mittlerweile erobert Ramen die Welt und schaut über den Tellerrand – es gibt Ramen-Burger, -Pizza, -Taco, -Burrito und sogar einen Ramen-Pudding.

Wie aber sieht echtes Ramen aus, und wie schmeckt es? Befolgen Sie unsere Ramen-Regeln – und dann brechen Sie sie! Das macht viel mehr Spaß.

HAMBURGER: FAST-FOOD FANTASTISCH

Es gibt wohl nur wenige Gerichte, die für Restaurantketten auf der ganzen Welt, für Fernsehshows, wissenschaftliche Experimente und Wirtschaftsdaten verantwortlich sind. Es sind aber auch nur wenige Gerichte so lecker wie ein richtig guter Burger.

In den letzten zehn Jahren hat der schlichte Burger, im Prinzip nur eine Frikadelle im Brötchen, eine Renaissance erlebt. Er hat den Sprung in die Gourmetwelt geschafft. Längst ist nicht mehr jedes Fleisch akzeptabel, es kommt auf das Verhältnis von Fett zu Fleisch, das richtige Brötchen und den Belag an: Welcher Käse, Speck, welches Gemüse und welchen Salat? Köche werden kreativ und füllen das Brötchen mit Pulled Pork, Chili con Carne, Gänseleber und sogar Hummer. Senf und Ketchup werden durch Trüffelmayonnaise ersetzt, Gurken durch Kimchi – angesichts der Vielfalt verliert man fast den Überblick. Aber was macht nun den perfekten Burger aus? Hier unsere Antwort:

DER ANTIPODEN-BURGER:
Machen Sie es wie die Australier und nehmen Sie Rote Bete, Ananasscheiben, ein Spiegelei und Chili. Wirklich!

BURGERNOMIE:
Das Wirtschaftsmagazin *The Economist* nutzt seit 1986 den Big-Mac-Index zur Darstellung globaler Kaufkraft.

BRÖTCHEN

Das perfekte Burgerbrötchen muss leicht süß und fest genug sein, um die pralle Füllung zu halten. Gut geeignet sind Brötchen mit einem Anteil Sauerteig. Toasten Sie sie es in derselben Pfanne bzw. auf demselben Grill wie das Fleisch.

SALAT

Die Parole lautet: Grün und knackig! Holen Sie in der letzten Minute vor der Zusammenstellung aller Zutaten frische Eisbergblätter aus dem Kühlschrank.

ROTE ZWIEBEL

Eine dünn aufgeschnittene, dann schnell in Rotweinessig und Zucker marinierte rote Zwiebel bringt den Burger zum Jubeln.

SAURE GURKE

Man braucht einen scharfen Kontrast zum saftigen Fleisch. Am besten sind Gewürzgurkenscheiben (für Säure und Biss) oder eine selbst eingemachte Gurke.

TOMATEN

Ob nun Fleisch- oder Eiertomate, Hauptsache sie ist reif und mit einem Sägemesser bei Zimmertemperatur etwa 5 mm dick in Scheiben geschnitten.

KÄSE

Selbst Spitzenköche können sich nicht dem Reiz von geschmolzenem Analogkäse entziehen. Aber für mehr Geschmack sorgt eine Scheibe Gouda (dünn und etwas größer als der Burger), die man sofort nach dem Wenden auf die Frikadelle legt. Wenn das Fleisch gar ist, ist auch der Käse perfekt geschmolzen.

FLEISCH

Rind – und zwar ausschließlich! Man nimmt ein Steak aus der Kurzen Rippe, denn es hat das perfekte Fleisch-Fett-Verhältnis (rund 20–25 % Fett). Drehen Sie es grob durch oder lassen es beim Metzger durchdrehen. Würzen Sie nur mit Salz und Pfeffer, nicht mit Ei, Semmelbröseln, Kräutern oder Gewürzen. Vermengen Sie alles nur kurz. Formen Sie 250-g-Frikadellen (eine Handvoll) und drücken Sie eine Delle in die Mitte. Stellen Sie sie abgedeckt 30 Minuten kalt – Burger sollten immer kalt aufs Feuer kommen. Am besten erhitzt man eine Kasserolle oder hängt den Grillrost recht tief und brät den Burger 2–3 Minuten von einer Seite, ohne ihn festzudrücken oder zu bewegen. Dann wendet man ihn und brät bzw. grillt ihn 1 Minute lang fertig.

BRÖTCHEN

Wichtig ist das Verhältnis Brötchen zu Füllung. Das Modell »Maulsperre« sieht beeindruckend aus, endet aber in der Regel in einer Schweinerei. Man sollte Burger immer ohne Besteck essen können!

AUF DEM TISCH

SALAT: KOMBINIERE!

Stellen Sie sich Stück für Stück und Schicht für Schicht den perfekten Salat zusammen.

DIE BESTANDTEILE – VON GEMÜSE BIS BROT

Lassen Sie keine Zutaten am Boden der Salatschublade verrotten! Peppen Sie Ihre Salate mit Proteinen, Obst und Gemüse, knusprigen Nüssen, Samen und Croutons auf. Der perfekte Salat verlangt nach einer Vielfalt an Farben, Texturen und Geschmacksnoten.

PROTEINE

Lachs Ei

Käse Speck

Hühnchen Sojabohne

GEMÜSE

Zucchinistreifen Kartoffel

Avocado Artischockenherzen

Rote Bete Paprika

DAS BINDEMITTEL: VINAIGRETTE

Eine gute Salatsauce verbindet alle Bestandteile harmonisch miteinander. Kräftige Kohlsorten sollten 1–2 Stunden vor dem Servieren angemacht werden, gekochte Salatzutaten, wie neue Kartoffeln, gibt man am besten warm in die Sauce. Zarte Blätter werden hingegen erst kurz vor dem Servieren untergehoben, damit der Salat nicht durchweicht.

DER ALLROUNDER

Dijon-Senf

Zitronensaft

natives Olivenöl extra

DAS SÜSSMAUL

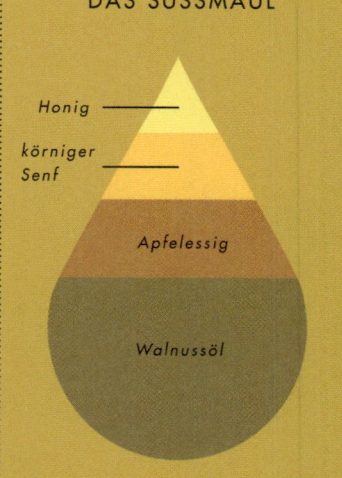

Honig

körniger Senf

Apfelessig

Walnussöl

DIE BASIS: DAS BLATTGRÜN

Die Grundlage jedes Salats, seine grünen Blätter, ob zarte Wildkräuter oder knackiger Blattsalat, bestimmt auch später seine Geschmacksnote. Bei Radicchio gilt es, das Bittere auszugleichen, für die Säure des Sauerampfers ist cremiges Dressing ein schöner Kontrapunkt, und bei pfeffrigem Rucola sind weitere kräftige Aromen gefragt. Zarte Blätter und Kräuter sollten liebevoll behandelt werden, robuste Kohlsorten kann man gehobelt und roh oder leicht blanchiert und warm servieren.

WER'S PFEFFRIG MAG

Rucola

Brunnen-kresse

Mizuna (Japanischer Blattsenf)

WER'S KNACKIG MAG

Eisbergsalat

Frisée-salat

Romanasalat

OBST

Nektarine   Gelbe/Pink Grapefruit

Birne   Wassermelone

Apfel   Granatapfelkerne

BISSFESTES

Croutons   Pita-Brotstreifen

Walnüsse   geröstete Kichererbsen

Pinienkerne   Kürbiskerne

DER LETZTE SCHLIFF

Minze   Basilikum

Koriandergrün   Dill

essbare Blüten   Schnittlauch

DER WELTENBUMMLER

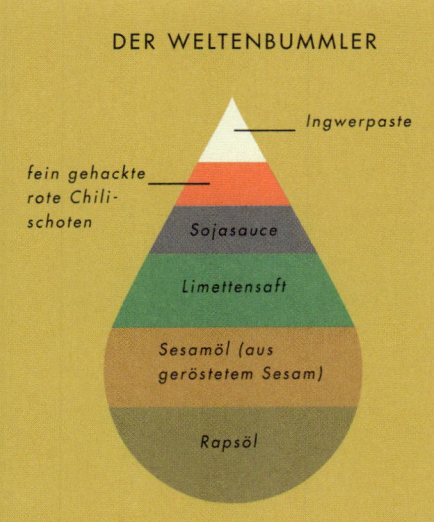

Ingwerpaste
fein gehackte rote Chilischoten
Sojasauce
Limettensaft
Sesamöl (aus geröstetem Sesam)
Rapsöl

DER RANCHER

fein gehackter Schnittlauch
fein gehackte Knoblauchzehe
Weißweinessig
natives Olivenöl extra
Buttermilch

DER EINFACHE CAESAR

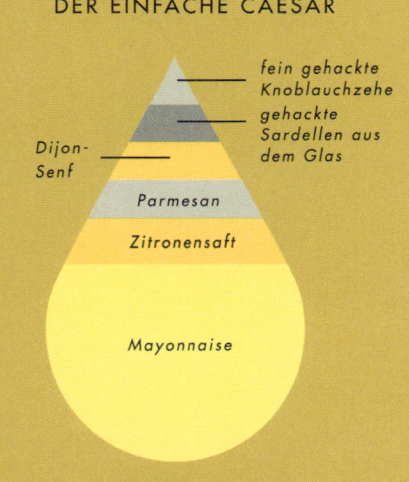

fein gehackte Knoblauchzehe
gehackte Sardellen aus dem Glas
Dijon-Senf
Parmesan
Zitronensaft
Mayonnaise

WER'S BITTER MAG

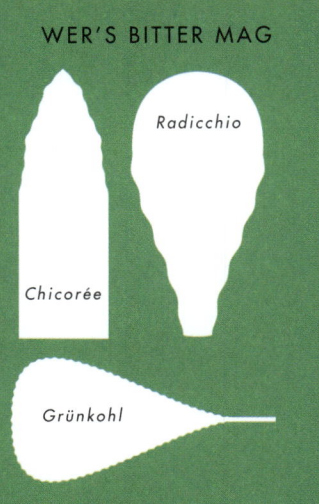

Radicchio
Chicorée
Grünkohl

WER'S SCHLICHT MAG

Feldsalat
junger Spinat
junge Rote-Bete-Blätter

WER'S WILD MAG

Weiß- & Rotkohl

glatte Petersilie
Sauerampfer

PIZZA: DIE WELT IST FLACH UND RUND

Auch wenn heute Neapel als Geburtsort der guten Pizza gilt – für den wahrlich authentischen Genuss ordert man am besten eine Marinara (Tomaten, Oregano, Knoblauch und Olivenöl) anstatt einer Margherita – so essen Menschen rund ums Mittelmeer schon seit der Antike Fladenbrote mit Belag. Mit der Pizza hat das Rezept dann seinen weltweiten Siegeszug angetreten.

Das Geheimnis der perfekten Pizza ist aber unabhängig vom Belag der glühend heiße Ofen. Profis bevorzugen Holzöfen, die bis zu 400 °C erreichen können. Zu Hause reicht es aber, den Backofen auf höchste Temperatur zu stellen. Soll der Boden richtig knusprig werden, heizt man einen Pizzastein, eine Metallgrillpfanne oder das Backblech vor – und belegt die Pizza nicht zu dick, da sie sonst nicht gleichmäßig gart.

PIZZA-BAUSATZ

Die Heimat der Pizza mag die italienischen Hafenstadt Neapel sein, aber es gibt mehr als die dreifarbige Margherita. Lassen Sie sich durch Rezepte aus aller Welt inspirieren!

Beginnen Sie mit Pizzateig + Tomaten-Knoblauch-Sauce + ...

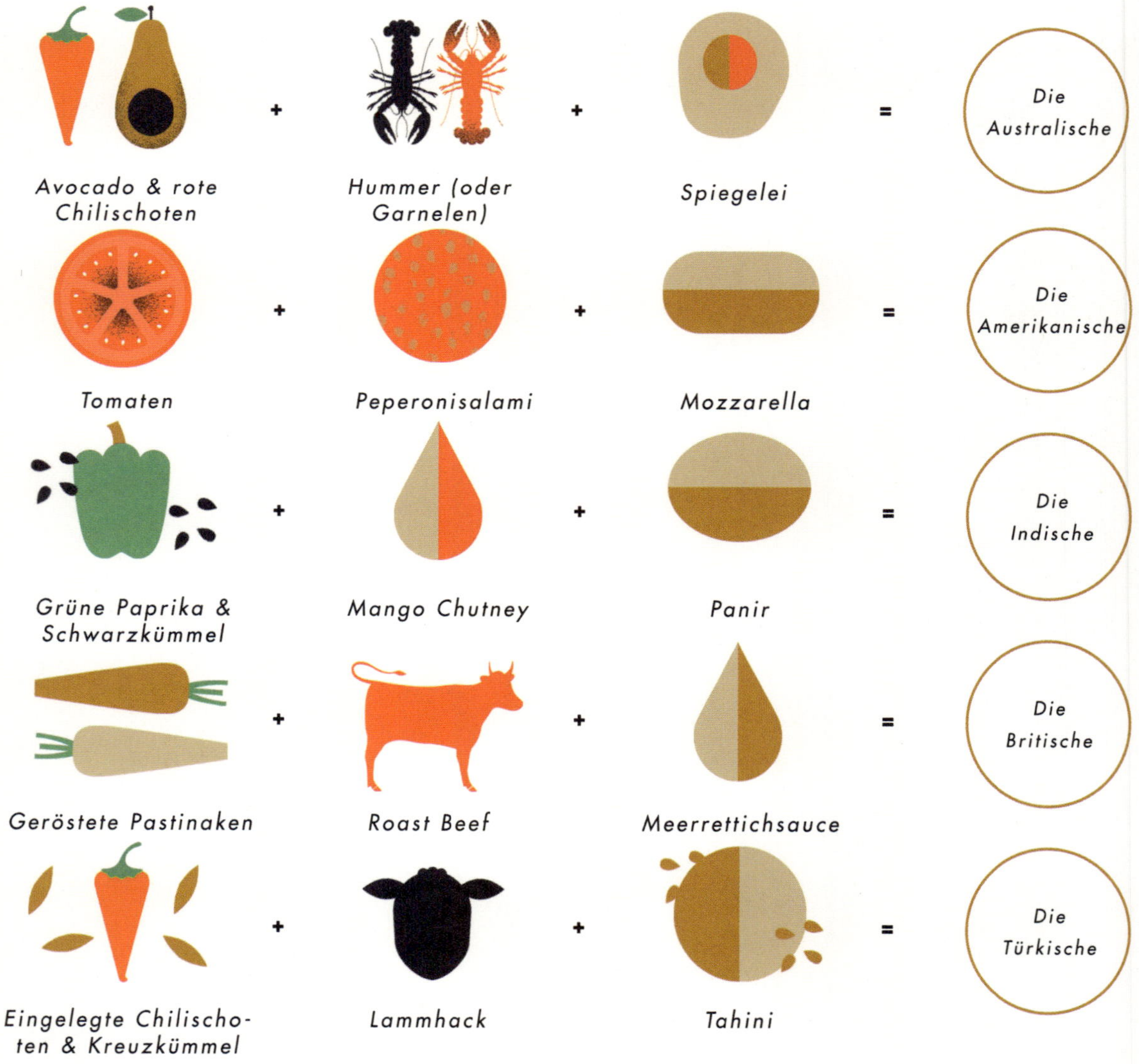

Avocado & rote Chilischoten	+ Hummer (oder Garnelen)	+ Spiegelei	= Die Australische
Tomaten	+ Peperonisalami	+ Mozzarella	= Die Amerikanische
Grüne Paprika & Schwarzkümmel	+ Mango Chutney	+ Panir	= Die Indische
Geröstete Pastinaken	+ Roast Beef	+ Meerrettichsauce	= Die Britische
Eingelegte Chilischoten & Kreuzkümmel	+ Lammhack	+ Tahini	= Die Türkische

Kapern, Zitrone & Dill + Räucherlachs + Naturjoghurt = Die Skandinavische

Rucola + Rinder-Carpaccio + Parmesanspäne = Die Römische

Geröstete Paprika + Chorizo + Manchego = Die Spanische

Granatapfel & gegrillte Aubergine + Pinienkerne + Tahini = Die Persische

Oliven + gebratenes Lamm + Feta = Die Griechische

Karamellisierte rote Zwiebeln + Sardellen + Ziegenkäse = Die Französische

Jalapeños & Koriander + Gewürztes Rinderhack + Saure Sahne = Die Mexikanische

Neue Kartoffeln in Scheiben + Paprikahähnchen + Queijo Serpa = Die Portugiesische

DIE GRUND-
LAGEN

Kokoscreme

Erbsenauberginen

Fischsauce

Grüne Chilischoten

Koriander-
wurzel

Schalotten

Palmzucker

Schwarze Pfefferkörner

Garnelenpaste

Hühnchen, Garnelen,
Schweine- oder Rindfleisch,
Tofu

Knoblauch

Kaffir-Limettenblätter

PASTE

Kaffir-Limettenblätter

Galgantwurzel

Zitronengras

Thai-Basilikum

Koriandergrün

CURRY

Limettenspalten

AUF DEM TISCH
—

GRÜNES THAI-CURRY:
WÜRZE DES LEBENS

Grünes Thai-Curry ist gleichzeitig
kräftig, feurig, süß, sauer, salzig
und wohltuend und enthält im
Gegensatz zu seinen asiatischen
Cousins reichlich Flüssigkeit. Das

Geheimnis eines perfekten Thai-
Currys ist von Familie zu Familie
ein anderes, aber sie alle gehen von
der Paste aus. Die ist heute leicht
selbst zuzubereiten, denn man
kann alle wichtigen Zutaten (von
den aromatischen Kaffir-Limet-
tenblättern und dem Zitronengras
bis zum süßen Palmzucker und

der Fischsauce) in vielen Super-
märkten oder online bekommen.
Den Eiweißlieferanten können Sie
nach Belieben bestimmen. Es dürfen
Riesengarnelen, Tofuwürfel oder
Gemüse der Saison sein – sie müssen
nur mundgerecht klein geschnitten
sein, denn dieses Curry isst man mit
Gabel und Löffel.

FEUER UND EIS

Wenn Sie Thai-Curry selbst zube-
reiten, darf es gleich eine größere
Menge sein. Bewahren Sie die Paste
in einem Schraubglas mit neutralem
Pflanzenöl bedeckt auf oder frieren
Sie sie in einem Eiswürfeltablett ein.

VON HAND

Moderne Annehmlichkeiten haben
ihre Berechtigung, aber diese Paste
ist altmodisch. Wenn Sie sich
dagegen entscheiden eine fertige
Paste zu kaufen, dann sollten Sie
die Zutaten auch im Mörser von
Hand zerstampfen. Ein Mixer ist
hier fehl am Platz. Nur im Mörser
finden die ätherischen Öle der
einzelnen Zutaten zu einer aromatischen Geschmacksexplosion
zusammen. Ein Mixer hackt alles
nur klein.

ES GIBT REIS, BABY!

Reis spielt in der Thai-Küche eine
wichtige Rolle und kann gekocht
oder gedämpft sein. Nehmen Sie am
besten Duftreis.

BESTE DER BESTEN

Sie mögen grünes Curry? Dann werden Sie diese Thai-Gerichte lieben!

LARB

Ein knackiger, scharfer Salat, der
mit Hackfleisch (Schwein, Rind oder
Pute) auf knackigen Salatblättern
serviert wird.

TOM YAM

Eine aromatische, scharf-saure
Suppe mit Zitronengras, Limette
und Chilis – macht garantiert die
Atemwege frei.

PAD THAI

Gebratene Nudeln mit Knoblauch,
Fischsauce, Eiern, Bohnensprossen,
gerösteten Erdnüssen und Eiweiß,
z. B. Garnelen oder Schweinefleisch.

—

TEIGTASCHEN: AUF DIE HAND

Manche Speisen müssen von feinem Porzellan genossen werden, andere sollte man einfach aus der Hand essen. Das beste Beispiel hierfür ist eine buttrige Teigtasche mit einer heißen, herzhaften Füllung.

Pasteten haben eine lange Tradition, in Europa erlebten sie während der Renaissance eine erste Blütezeit.

In England wurde sie aus Mürbeteig mit einer Gemüsefüllung hergestellt, Fleisch war meist unerschwinglich. Später kamen diverse Füllungen hinzu – von Huhn und Wild bis hin zu Aal.

Besonders beliebt und bekannt ist die »Cornish Pasty« mit ihrer typischen D-Form, dem gewellten Rand und der herzhaften – und authen-

tischen – Füllung aus Rindfleisch, Rüben, Kartoffeln, Zwiebeln und reichlich schwarzem Pfeffer, geadelt in der englischen Literatur durch den großen William Shakespeare und in aller Welt geschätzt. Mittlerweile wurde sie sogar in den Kreis der schützenswerten regionalen Spezialitäten der Europäischen Union aufgenommen.

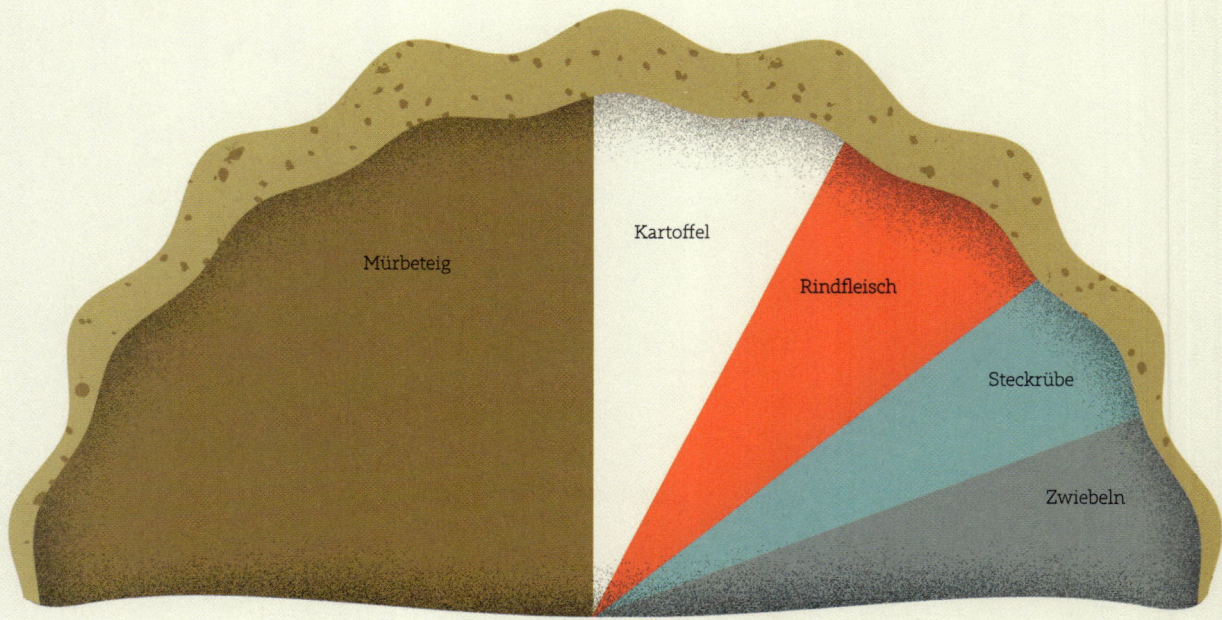

ENGLAND – CORNISH PASTY

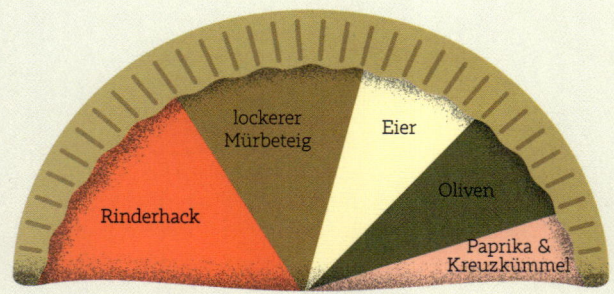

ARGENTINIEN – EMPANADA

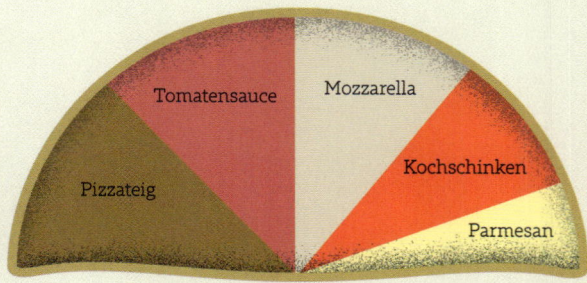

ITALIEN – CALZONE

BRASILIEN – PASTEL

Palmherzen
Pastetenteig
Frischkäse
Cachaça

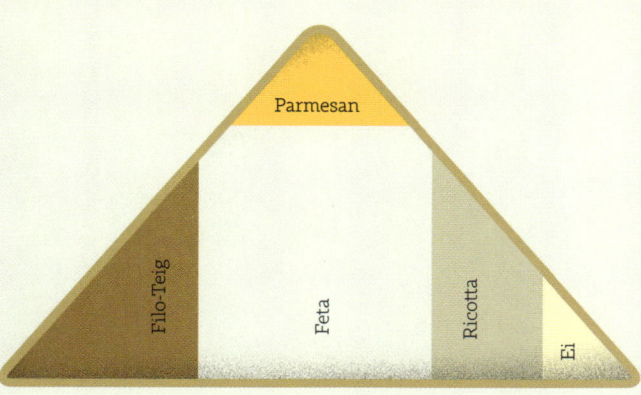

GRIECHENLAND – TIROPITAKIA

Parmesan
Filo-Teig
Feta
Ricotta
Ei

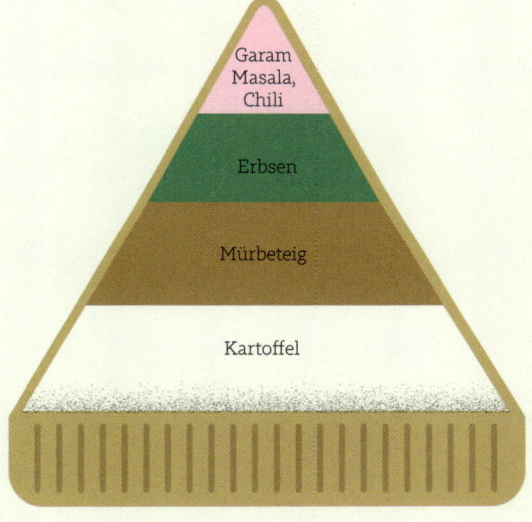

INDIEN – SAMOSA

Garam Masala, Chili
Erbsen
Mürbeteig
Kartoffel

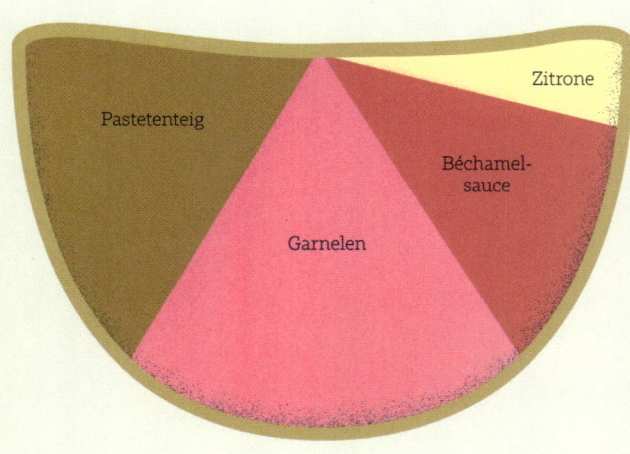

PORTUGAL – RISSOLE

Pastetenteig
Zitrone
Béchamel-sauce
Garnelen

TÜRKEI – BÖREK

Filo-Teig
Feta
Petersilie

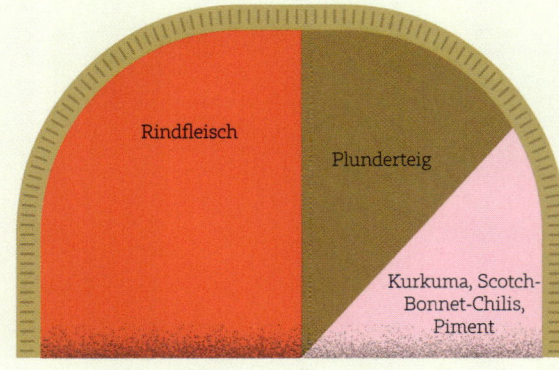

JAMAIKA – PATTY

Rindfleisch
Plunderteig
Kurkuma, Scotch-Bonnet-Chilis, Piment

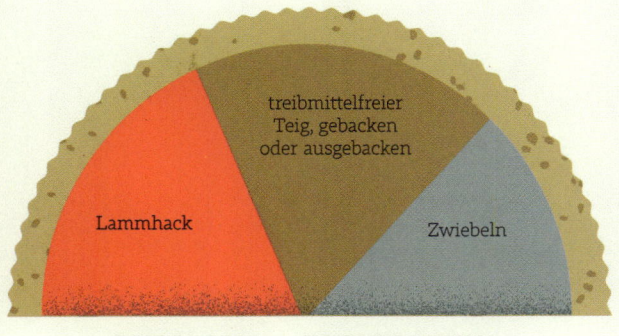

RUSSLAND – TSCHEBUREKI

Lammhack
treibmittelfreier Teig, gebacken oder ausgebacken
Zwiebeln

SUSHI: GUT GEROLLT

Perfektes Sushi beginnt mit dem Reis: Japanischer Rundkornreis wird gekocht oder gedämpft, bis er weich und klebrig ist, und mit Salz, Zucker und Reisessig gewürzt. Er wird mit rohem und/oder gekochtem Fisch, Meeresfrüchten, Gemüsen, Pickles und (seit Neuestem im Westen) auch mit Fleisch belegt und eingerollt. Dann hüllt man ihn in Nori (Seetangblätter) und garniert ihn z. B. mit leuchtend orangefarbenem Fischrogen, schwarzen Sesamsamen oder mit Mayonnaise.

Traditionell ist Wasabi-Paste (aus scharfem Wasabi-Rettich) im Sushi enthalten. Sie kann aber auch dazu gereicht werden wie Sojasauce und eingelegter Ingwer, der zunächst zum Erfrischen des Mundes nach jeder Sushi-Sorte diente. Japanische Köche müssen die Kunst der perfekten Rolle etwa zwei Jahre lang lernen, und jede Sorte wird auf spezielle Art gegessen. Doch Regeln sind dazu da, um gebrochen zu werden … außer die Regel, dass man bei Nigiri die Fischseite in die Sojasauce tunkt. Nur ein Narr ignoriert diesen Rat, denn sonst zerbröselt die Reisrolle, und dann hilft nur der Löffel!

SUSHI SELBST MACHEN! SIE BRAUCHEN:

Feuchte Finger erleichtern das Formen des klebrigen Reises.

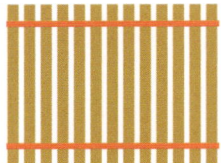

Die Sushimatte aus Bambus zum festen Einrollen. Aufgeschnitten wird erst zum Servieren.

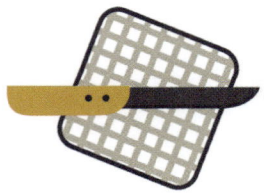

Ein scharfes, nasses Messer für saubere Schnitte – nach jedem Schnitt säubern.

ZUTATEN

FISCH/MEERESFRÜCHTE

NORI

SUSHI-REIS

GEMÜSE

HOSOMAKI

MAKI

URAMAKI

NIGIRI

TEMAKI

TEMARI

SASHIMI

FUTOMAKI

—

EINTOPF: EIN SCHMELZTIEGEL

Beim Eintopf geht es um das lange und langsame Garen, damit die Stars des Gerichts (meist Fleisch, manchmal auch Gemüse) zart werden und die diversen Kräuter, Gewürze und Aromen sich zu einer reichhaltigen und kräftigen Sauce vereinen. Eintopf schmeckt nach Zuhause, ist ein Wintergericht und erstaunlich preiswert und leicht zu kochen.

1. DER STAR DES ABENDS

Für Fischfreunde

Wählen Sie Fisch- und Meeresfrüchtesorten nur aus nachhaltiger Fischerei (Köhler, Makrele, Alaska-Seelachs/Pollack; Muscheln und Garnelen). Sie werden nur kurz gekocht, aber die richtige Brühe ist ausschlaggebend.

Für Gemüse-liebhaber

Probieren Sie es für den Protein-Schub im Winter neben Linsen, Kichererbsen und Bohnen (Garten-, Cannelini- und Limabohnen) einmal mit Auberginen und Pilzen, oder Erbsen, Blattsalat und Zucchini mit frischen Kräutern wie Estragon, Kerbel und Schnittlauch.

Für die Fleischesser

Nehmen Sie Beinscheiben vom Rind, Rinderbäckchen, Rinderbrust oder Ochsenschwanz, Lammnacken, -brust oder -schulter, Schweinehaxe oder -schulter, Hühnerschenkel oder -beine und ganze Kaninchen oder Fasane, deren zartes Fleisch gern in Flüssigkeit schmort.

2. DIE STÜTZE DES GESCHMACKS

Kräuter

Trockene, holzige Kräuter, wie Lorbeerblätter, Salbei, Rosmarin und Thymian, sollten gleich zu Anfang zugegeben werden – gehackt bleiben sie drin, am Stück werden sie zuletzt herausgenommen. Fenchel, Dill und Estragon werden zum Schluss eingerührt.

Heilige Dreifaltigkeit

Beginnen Sie jeden Eintopf mit Zwiebeln, Karotten und Sellerie, und es kann nichts schiefgehen. Knoblauch rundet Eintöpfe gut ab.

Alkohol

Schwein und Kaninchen mögen Cidre oder trockenen Sherry in einer Senf-Sahne-Sauce, Rindfleisch liebt Rotwein oder Bier, Fisch und Wildgeflügel vertragen sich gut mit einem Schluck Wermut.

Der Salz-Kick

Kräftig würzen ist ein Muss, aber kleine Mengen Pökelfleisch, wie Bacon, Pancetta, Guanciale, italienische Salami oder Chorizo runden den herzhaften Eintopfgeschmack ab.

3. DER KÖRPER

Getreide

Perlgraupen, Urweizen und Kamut-Weizen oder kleine Pasta, wie Reisnudeln, geben dem Eintopf Gehalt und Textur. Kleine Pseudogetreide, wie Quinoa, Buchweizen und Amaranth ergeben eine leichtere Version.

Hülsenfrüchte

Bohnen und Linsen sind Proteinlieferanten und preiswerte, leckere Sattmacher.

Klöße

Ob mit Fett, Mehl und Wasser zubereitet oder mit kühneren Zutaten wie Safran, Gries und Parmesan: Klöße sind der krönende Abschluss jedes Eintopfs und lassen sich nach Geschmack mit Kräutern, Zitrusschalen und Gewürzen verfeinern.

Kartoffeln

Sie sind günstig, machen satt und nehmen Flüssigkeit auf. Ganze neue Kartoffeln halten gut die Form und zerfallen beim Kochen nicht allzu sehr.

Gemüse

Kleine Perlzwiebeln, in Stücke geschnittenes Wurzelgemüse wie Pastinaken, Süßkartoffeln, Kürbis oder Rüben sorgen im Winter für Abwechslung.

4. IM TOPF

1. Das schnelle Bräunen und Karamellisieren des Fleischs bei starker Hitze gibt einen Geschmacksschub. Doch danach lautet die Devise: langsam und gemächlich. Auch das Gemüse wird durch Anbraten aromatischer und hält seine Form, wenn man es erst kurz vor Schluss in den Topf gibt.

2. Ob im Ofen oder auf dem Herd gegart, die Flüssigkeit im Topf sollte nur leicht in der Mitte wallen. Oder verwenden Sie doch einen Schongarer, der auch noch Energie spart.

3. Die Zutaten sollten entsprechend ihrer jeweiligen Kochzeit hinzugegeben werden – Fleisch und eingeweichte Trockenbohnen brauchen am längsten, Wurzelgemüse und Getreide etwas kürzer – am besten gibt man sie eine Stunde vor Ende der Garzeit hinzu – und zum Schluss folgen frische Gemüse wie Gartenerbsen.

5. ZUM ABSCHLUSS

Frische Note: Eingerührte Gremolata, Persillade, ein Löffel Salsa verde oder gehackte frische Kräuter verleihen dem fertigen Eintopf ein besonderes Aroma. Fein gehackte, eingelegte Zitronen geben Sommerfisch eine delikate Säure.

Mehr Geschmack: ein Löffel Joghurt, saure Sahne oder Crème fraîche auf jeder Portion macht einen schweren Eintopf leichter. Probieren Sie griechischen Joghurt mit Knoblauch, Salz, Kräutern, Zitronenschale, Olivenöl und Tabasco.

Käse: Ein Gemüseeintopf wird mit Feta oder Ziegenfrischkäse zum Gedicht, geriebener Hartkäse verleiht Fleischeintöpfen mit Bier oder Tomaten den letzten Schliff.

—

PIE: VÖLLIG UNBERECHENBAR

Es gibt kaum ein Wohlfühlessen, dessen Zubereitung solche Kontroversen auslöst, wie der britische Pie. Er ist aus Englands Fußballstadien nicht wegzudenken und wurde sogar zum Thema von Kinderreimen. Die schlichte Teighülle mit süßer oder herzhafter Füllung stellt diverse Anforderungen: Der Pie darf nicht gefaltet werden und die Decke muss flach sein, außer es ist ein »Pork Pie«. Ein Pie kommt aus der Pie-Form, die entweder aus Metall ist, um ein Durchweichen des Bodens zu verhindern, oder aus Keramik oder Porzellan für schonende Bräunung. Und was ist mit modernen Pies mit Eintopffüllung und Teigdeckel oder dem »Key Lime Pie« ganz ohne Teig? Erlaubt ist fast alles – bis auf den seltsamen mittelalterlichen Brauch, als Überraschung für die Gäste einen lebendigen Vogel mit einzubacken!

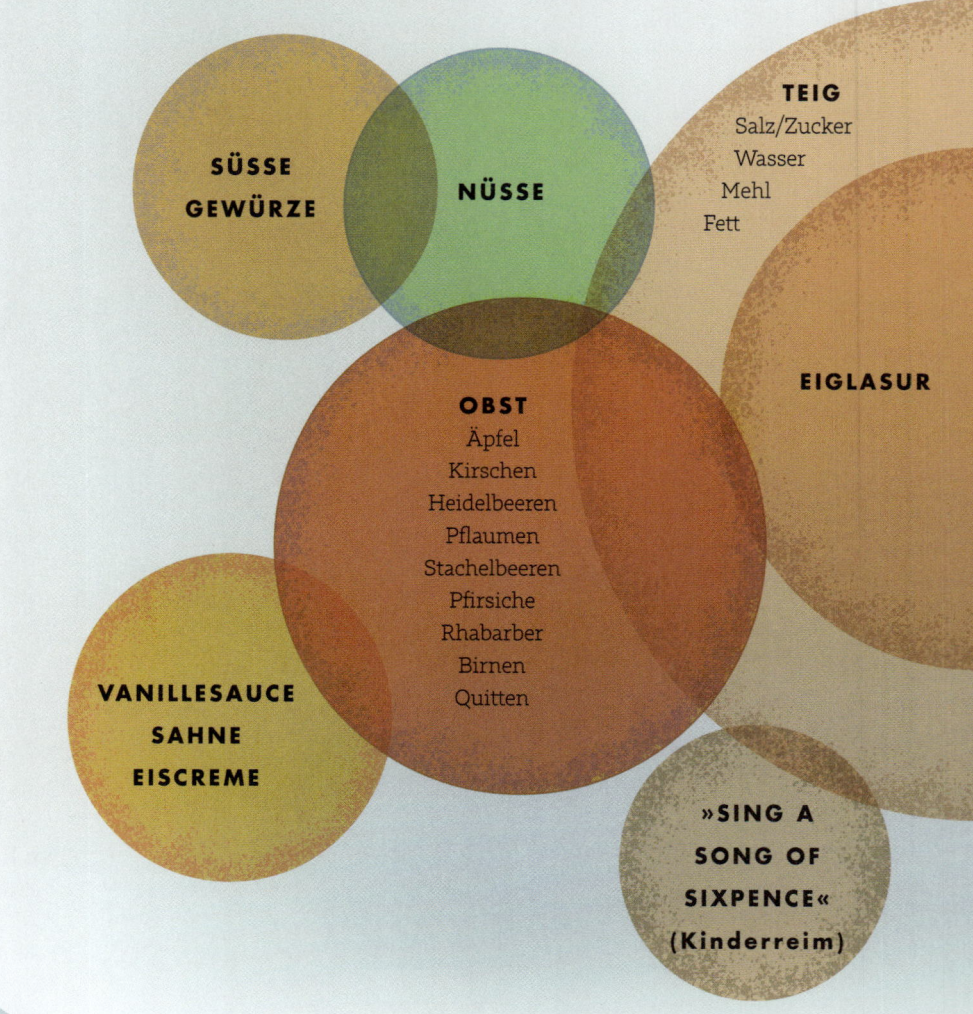

SÜSSE GEWÜRZE

NÜSSE

TEIG
Salz/Zucker
Wasser
Mehl
Fett

EIGLASUR

OBST
Äpfel
Kirschen
Heidelbeeren
Pflaumen
Stachelbeeren
Pfirsiche
Rhabarber
Birnen
Quitten

VANILLESAUCE
SAHNE
EISCREME

»SING A SONG OF SIXPENCE«
(Kinderreim)

BRATENSAUCE

STAMPF-KARTOFFELN

FISCH

FLEISCH
Hühnchen
Rind
Lamm
Schwein

GEWÜRZE KRÄUTER   KÄSE

GEMÜSE
Pilze
Kartoffeln
Zwiebeln
Karotten
Lauch
Pastinaken
Weiße Rüben

🍂 Blindbacken hilft, ein Durchweichen des Bodens zu verhindern.

🍂 Herzhafte Füllungen im Voraus (am besten am Vortag) zubereiten, damit die Aromen sich entfalten und die Füllung abkühlen kann, bevor sie in den Pie kommen.

🍂 Beim Rändeln (engl. »crimping«) geht es darum, den Pie zu verzieren und den Rand zu versiegeln.

🍂 Ein Pie braucht eine Entlüftung – entweder einen echten »Pie-Kamin« (engl. »Pie funnel«) oder einfach ein paar in den Deckel gestochene Löcher.

🍂 Für goldenen Glanz den Pie-Deckel mit Eiglasur bestreichen (mit etwas Milch verquirltes Ei).

37
MILLIONEN

IN DEUTSCHLAND
WERDEN JÄHRLICH
ETWA 37 MIO.
PUTEN VERSPEIST.

EIN GEN BESTIMMT
DARÜBER, OB MAN
ROSENKOHL MAG
ODER HASST:

TAS2R38

3000

EIN WEIHNACHTS-
ESSEN (GEFLÜGEL,
KNÖDEL, ROTKRAUT,
DESSERT, WEIN) HAT
IM SCHNITT 3000
KALORIEN.

AUF DEM TISCH

———

WEIHNACHTEN: TRADITIONSREICHER ÜBERFLUSS

In der christlich geprägten Welt gibt es einen Tag im Jahr, an dem Familien zusammenkommen und miteinander essen und feiern. Einige veranstalten ein zwangloses Barbecue am Strand, andere zelebrieren ein religiöses Festmahl. Bei den meisten Christen ist dieser Tag jedenfalls geprägt von genussvollem Überfluss.

Vorbereitung und Planung können Monate in Anspruch nehmen. Der in England seit dem Mittelalter zelebrierte Christmas Pudding beginnt seine Reise auf den Tisch am letzten Sonntag vor dem Advent, dem »Stir-up Sunday«. Die Masse soll zu Ehren der Heiligen Drei Könige von Osten nach Westen gerührt werden. Ursprünglich verwendete man Rind- oder Hammelfleisch und Wein, heute nimmt man eher Trockenobst, Gewürze und Alkohol. Das traditionelle Rezept enthält 13 Zutaten als Sinnbild für Jesus und die zwölf Apostel. Manchmal gibt man eine Silbermünze in den Teig, die dem Finder Glück und Wohlstand verheißt. Wenn der Pudding 30 Tage später auf den Tisch kommt, wird er mit einem Stechpalmenzweig dekoriert, der an die Dornenkrone erinnern soll, und mit Brandy flambiert.

In Italien isst man Panforte aus Siena, ein kompaktes Gewürzbrot aus Trockenfrüchten, Nüssen und

Zucker, oder Panettone, einen fruchtigen Hefekuchen aus Mailand. In Deutschland haben wir den Stollen mit Früchtemix, Gewürzen, Rosinen und Marzipan, während man in Griechenland Melomakarona serviert, mit Honig und Nüssen überzogene Plätzchen, die mit Olivenöl, Zimt und Nelken gewürzt sind.

In den meisten christlich geprägten Ländern ist der Hauptgang allerdings herzhaft, wie der ewige Klassiker, der Geflügelbraten. In Großbritannien ist er seit den 1950er-Jahren Tradition, als Puten und Kühlschränke erschwinglich wurden. Zuvor kamen eher Gänse oder Rindfleisch auf den Tisch. In Nordamerika isst man zu Thanksgiving und Weihnachten Truthahn, gerne mit einer Cranberry-Sauce. In Südamerika gehören Innereien und weißer Reis dazu. In Australien isst man ihn als kalten Aufschnitt und in Deutschland schiebt man den Gänsebraten mit Apfel gefüllt in den Backofen.

In anderen Ländern kommt hingegen gar kein Fleisch auf den Tisch. So umfasst das Festmahl in Italien sieben Fischgerichte, wie Stockfisch, Calamari und Aal. In Litauen, Polen, der Ukraine und Weißrussland serviert man zwölf fleischlose Gerichte, wie eingelegten Hering, Sauerkrautsuppe, Süßwasserfisch und Brot.

JAPAN

Heiligabend wird mit Huhn von Kentucky Fried Chicken gefeiert.

ITALIEN

An Heiligabend isst man sieben Fischgerichte.

TRUTHAHN-FANS

Australien, Brasilien, Kanada, Island, Libanon, Mexiko, Neuseeland, Peru, Portugal, Slowenien, Südafrika, Großbritannien und die USA lieben ihren Weihnachts-Truthahn.

Frankreich

In der Provence feiert man mit 13 Desserts.

DICKE PFANNKUCHEN

Dicke Pfannkuchen: 135 g
Mehl mit 1 Ei, 130 ml Milch,
1 TL Backpulver, 2 EL feinstem
Zucker und 2 EL zerlassener
Butter zu einem dicken Teig
in der Konsistenz von Sahne
verrühren. 1 gehäuften EL in
eine heiße, gebutterte Pfanne
geben und 1 Minute backen, bis
sich Blasen auf der Oberfläche
bilden. Wenden und backen,
bis der Pfannkuchen aufgegangen und goldbraun ist.

DER PERFEKTE TEIG

2 EIER

300 ml MILCH

100 g MEHL

SCHNEEBESEN

DICK ODER DÜNN – WIE DARF'S SEIN?

SCOTCH PANCAKES

Die auch als Drop Scones
bekannten Pfannkuchen
sind klein und werden
traditionell auf der
heißen Platte gebacken.

BUTTERMILCH-PFANNKUCHEN

Das Geheimnis der typisch
amerikanischen und
kanadischen Pancakes ist
das Backpulver, das Mehl,
Buttermilch und Zucker
schön aufgehen lässt.

DICK

PANNENKOEKEN

Ein wagenradgroßer
Pfannkuchen aus den Nie-
derlanden, der wie ein Soufflé
im Ofen gebacken wird. Er
ist sehr eierlastig und muss
sofort serviert werden, bevor
er zusammenfällt.

AUSTRALISCHE PIKELETS

Die beliebten Snacks
aus »Down Under« sind
kleiner als ihre Cousins
von der Nordhalbkugel
und werden gerne mit
Konfitüre und Sahne zum
Nachmittagstee serviert.

MALAYSISCHE APAM BALIK

Die als Imbiss verkauften, gefalteten, teils aufrecht stehenden Pfannkuchen sind aus Reismehl gemacht und z. B. mit süßer Erdnusscreme oder auch mit Käse gefüllt.

UNGARISCHE PALACSINTA

Papierdünne, zu Dreiecken gefaltete Pfannkuchen mit süßen oder herzhaften Füllungen, z. B. auch Hackfleisch oder Meeresfrüchten.

DÜNN

ENGLISCHE PANCAKES

Die dünnen Pfannkuchen sind am Fastnachtsdienstag ein Muss und werden traditionell mit Zitrone und Zucker serviert.

FRANZÖSISCHE CRÊPES

Große, dünne Pfannkuchen, die beidseitig gebacken und dann mit süßen oder herzhaften Zutaten wie Schokolade und Banane oder auch Schinken und Käse gefüllt werden.

AUF DEM TISCH

PFANNKUCHEN: HOCHGESTAPELT

Das beliebte Gericht stand früher häufig im Zusammenhang mit religiösen Feiern, wie Fastnachtsdienstag und Chanukka, wobei die wenigen Zutaten große Dinge symbolisieren sollen: Eier stehen für die Schöpfung, Mehl für das tägliche Brot, Salz für Gesundheit und Milch für Reinheit. Zudem war das Ende der Fastenzeit die willkommene Gelegenheit, sich an den wochenlang verbotenen Speisen zu erfreuen.

Heute sind Pfannkuchen etwas Alltägliches. Wir essen sie morgens als mit Ahornsirup übergossenen Stapel, wie es der Legende nach US-Präsident George Washington mochte, oder auch als winzige Buchweizen-Blinis mit saurer Sahne, Räucherlachs und Kaviar.

Vielleicht bevorzugen Sie auch eher die hauchdünnen Pfannkuchen, die auf chinesische Art mit gebratener Ente, Hoisinsauce, Gurke und Frühlingszwiebeln gefüllt und aufgerollt werden. So findet jeder seinen persönlichen Lieblings-Pfannkuchen.

Was bleibt, ist die uralte Frage: zum Wenden hochwerfen oder langsam auf einen Teller und zurück in die Pfanne gleiten lassen?

DÜNNE PFANNKUCHEN

100 g Mehl mit 2 Eiern, 300 ml Milch und 1 EL zerlassener Butter verrühren. Gründlich vermengen und 30 Minuten ruhen lassen. Die Konsistenz sollte dünner Sahne gleichen. Zum Backen ein Stück Butter in eine beschichtete Pfanne geben. Sobald sie zerläuft, einen Löffel Teig hineingeben und die Pfanne schwenken, um den Boden mit Teig zu bedecken. 1–2 Minuten backen, dann wenden und von der anderen Seite fertig backen. Der erste Pfannkuchen misslingt dabei fast immer und kann entsorgt werden – dafür werden alle weiteren perfekt. Mit Zitrone und Zucker oder einem anderen Belag nach Wunsch servieren.

MACARONS: PIÈCE DE RÉSISTANCE

Eigentlich ist es ganz einfach: Man mischt Eischnee mit Zucker und Mandeln. Trotz der schlichten Zutaten ist das Macaron (nicht zu verwechseln mit der in 30 Minuten fertigen Makrone) französische Patisserie in Vollendung! Es wird am besten binnen 52 Stunden nach dem Aufschlagen des ersten Eis verzehrt. Es verzeiht keinen Fehler, aber wenn Sie das Prinzip der einzelnen Arbeitsschritte einmal verinnerlicht haben, gelingen Ihnen jedes Mal perfekte Macarons.

FÜLLUNGEN

Zitronencreme

Ganache

aromatisierte Buttercreme

Fruchtkonfitüre

10 Die Bleche zwei Mal leicht aufstoßen und den Teig unabgedeckt 1 Stunde trocknen lassen.

9 3–5 cm große Kreise auf mit Backpapier ausgelegte Bleche spritzen.

MACARON-

8 Die Mandelpaste sanft mit dem Baiser glatt rühren.

• 160 °C ●●●
Die Bleche einzeln auf mittlerer Schiene 12–15 Minuten im vorgeheizten Umluftofen backen.

7 Den heißen Sirup bei laufender Maschine langsam hinzugießen, bis der Schnee steif, glänzend und leicht abgekühlt ist.

11

6 Die andere Hälfte vom Eiweiß steif schlagen.

4 mittelgroße Eier 24 Stunden im Voraus trennen.

165 g gemahlene Mandeln mit 165 g Puderzucker schön pulvrig mixen.

TIPPS

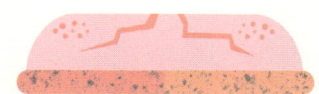

RISSIG

Nicht lange genug geruht!

KLEBRIG

Zu kurz gebacken – zurück in den Ofen!

FLACH

Zu viel oder zu wenig geschlagen – neuer Versuch!

REZEPT

Vollständig auf dem Blech abkühlen lassen, dann vom Papier lösen.

Die Mischung durchsieben und mit der Hälfte des Eiweiß verrühren.

12

Jetzt kommt die Farbe hinzu, aber keine flüssige Farben, nur Pasten oder Pulver!

120 °C

150 g Zucker und 50 ml Wasser auf 120 °C erhitzen.

175

PAVLOVA: EIN DESSERT AUS »DOWN UNDER«

Die russische Ballerina Anna Pawlowa hat wohl kaum davon geträumt, ihren Namen einem köstlichen Dessert zu leihen, das noch dazu Gegenstand eines internationalen Disputs werden sollte!

Seit dem Beginn des 20. Jahrhunderts streiten sich zwei Nationen in »Down Under«, wo die »Pavlova« zuerst kreiiert wurde: Die Australier behaupten, der Hotelküchenchef Herbert Sachse habe sie in den 1930er-Jahren in Perth erfunden. Die neuseeländische Forscherin Helen Leach dagegen ist überzeugt, Name und Kreation stammten von den »Kiwis«. Fest steht, dass Anna Pawlowa beide Länder in den 1920er-Jahren besuchte, und dass dort ab den 1940er-Jahren Baiser zu ihren Ehren steif geschlagen wurde. Ob nun hier oder dort – entstanden ist eine wunderbare Süßspeise, und dafür danken wir der Primaballerina!

BAISER-BASICS

1. Eine saubere (fettfreie) Schüssel verwenden.
2. Nicht ganz frische Eier sind am besten (Eiweiß im Kühl- oder Gefrierschrank aufbewahren).
3. Die Eiweiße steif schlagen, dann nach und nach den Zucker hinzugeben.
4. Das Baiser in einem luftdicht verschließbaren Behälter bei Zimmertemperatur lagern, im Kühlschrank fällt es zusammen.

Zu flach?
Die flachen Baisers einfach mit mehr Schlagsahne, Eiscreme und Früchten zu einer französischen Vacherin (Baisertorte) aufschichten.

Zu trocken?
Den Baiser einfach zerkrümeln, unter Schlagsahne heben und mit weichen oder gekochten Früchten in den typisch britischen Nachtisch »Eton Mess« verwandeln.

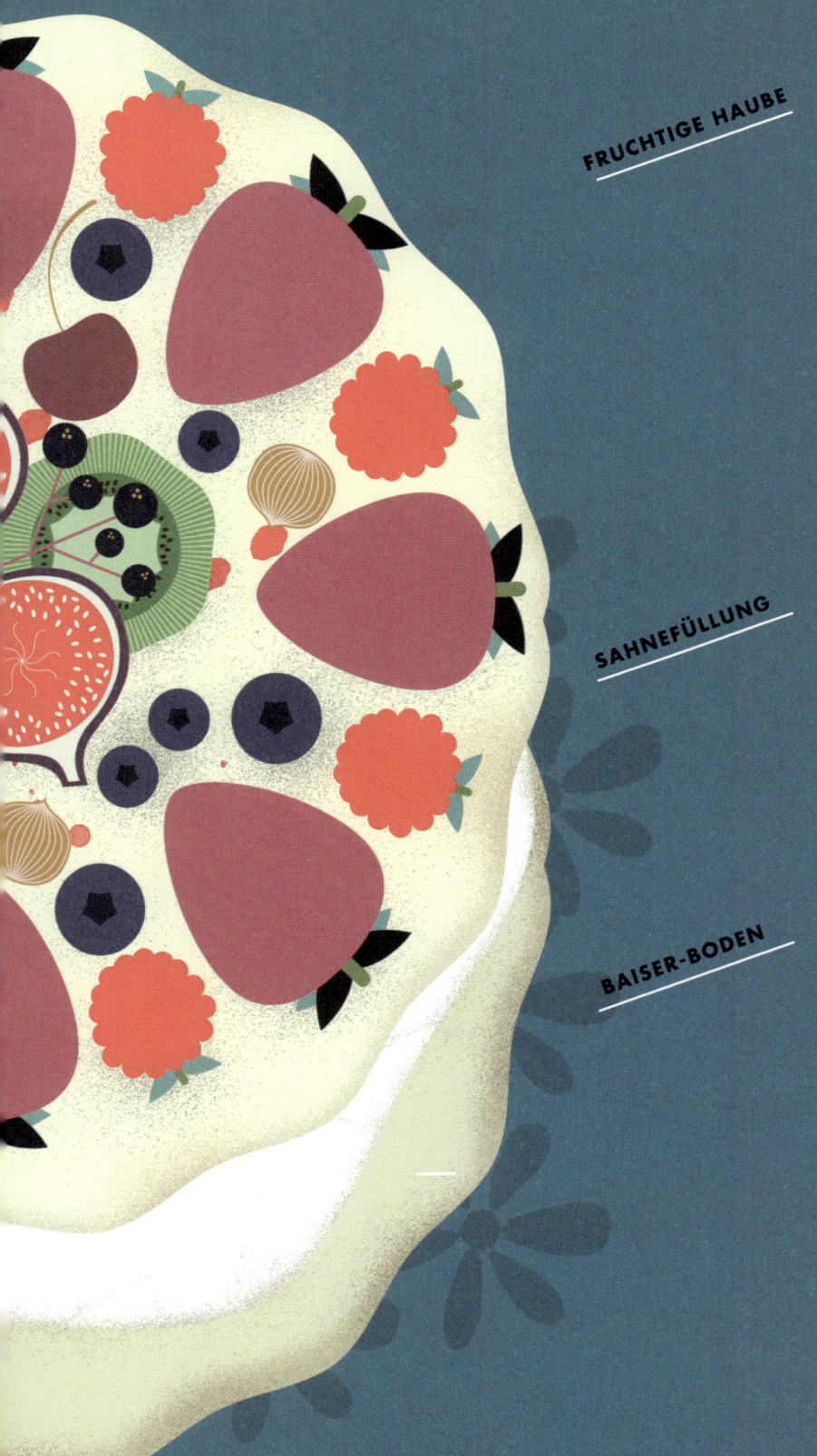

Lassen Sie Ihrer Kreativität bei den Toppings freien Lauf. Traditionalisten wählen tropische Früchte, wie Passionsfrucht, Mango oder Kiwi, oder belegen die Sahne mit weichen Früchten wie Erdbeeren, Himbeeren oder Heidelbeeren. Saure Früchte sind ein schöner Kontrast zum süßen Baiser – etwa Rhabarber und Ingwer oder Stachelbeeren und Holunderbeeren. Oder man mischt salzige Karamellsauce und Bananenscheiben unter, auch gehackte Pralinen und dunkle Raspelschokolade passen gut.

SAHNEFÜLLUNG

Die Sahne schlagen, bis sie luftig und »genau richtig« ist: zu dünn, läuft sie am knusprigen Baiser herunter, zu dick, erinnert sie an Butter. Die Sahne kann mit Puderzucker gesüßt oder mit Süßholz, Rosenwasser, Orangenblütenwasser, Haselnuss- oder Schokoladencreme aromatisiert werden – nur leicht sollte sie sein!

BAISER-BODEN

Das Baiser sollte schlicht sein: nur aufgeschlagenes Eiweiß mit Zucker. Dazu kommen noch etwas weißer Essig oder Zitronensaft und Maisstärke, damit es beim langsamen Backen bei niedriger Temperatur außen knusprig und innen weich wie ein Marshmallow wird. Sie können dem Baiser auch mit Vanillemark, Kakaopulver, gemahlenen Nüssen oder Instant-Kaffee Geschmack verleihen oder es mit braunem Zucker schlagen. Nach dem Backen bitte im Ofen bei leicht geöffneter Tür komplett auskühlen lassen!

TIRAMISU: SCHICHT UM SCHICHT

Kaum ein anderer Nachtisch verspricht so gute Laune wie das venezianische Tiramisu, was »muntere mich auf« bedeutet. Kaum zu glauben, dass dieses weltweit beliebte Dessert erst vor knapp 50 Jahren kreiert wurde.

Wie so oft, ist strittig, wer den modernen Klassiker erfunden hat. Italienische Kochbücher, in denen Tiramisu ab Anfang der 1980er-Jahre vorkommt, schreiben es Loly Linguanotto, dem Konditor des Restaurants »Alle Beccherie« in Treviso zu. Sein familienfreundliches Rezept enthält allerdings keinen Marsala (der heute fester Bestandteil ist). Später verkündete ein zweiter Konditor aus Treviso, Carminantonio Iannaccone, er habe den Kultnachtisch 1969 kreiert, und zwar aus alltäglichen Zutaten der Region: Espresso, Mascarpone, Eier, Marsala und Löffelbiskuits. Seine Version mit Alkohol wurde weltweit populär. Doch das eigentliche Geheimnis des Tiramisu liegt in seinen Schichten!

EINE KOMPLEXE SACHE

In Großbritannien gibt es mit Trifle ebenfalls einen Schichtnachtisch, allerdings mit wesentlich längerer Tradition. Eine frühe Version dieses »Puddings« aus in Alkohol getränktem und mit Englischer Creme übergossenem Brot tauchte bereits vor fast 400 Jahren auf. Der Unterschied zwischen Trifle und Tiramisu besteht in den Früchten – moderne Trifle-Versionen können Sommerbeeren oder Mango und Ananas und sogar Trockenfrüchte enthalten.

KAKAOPULVER

Zum Schluss wird das Tiramisu mit Kakao bestäubt, Sie können aber auch Locken oder Raspeln aus Milch- oder dunkler Schokolade verwenden.

MASCARPONE-CREME

Der italienische Doppelrahm-Frischkäse ist der wichtigste Bestandteil und wird für ein authentisches Tiramisu mit einer süßen Zabaglione aus Eigelb, Zucker, Marsala (manchmal) und geschlagenem Eiweiß zu einer Creme aufgeschlagen. Manche schummeln ein wenig, lassen die Eier weg und rühren den Mascarpone nur mit Crème double und Marsala cremig.

EINGEWEICHTE LÖFFELBISKUITS

Das traditionelle Rezept arbeitet mit Löffelbiscuits, aber erlaubt sind letztlich alle Kekssorten, die luftig-locker und saugstark sind, damit sie den Mix aus Kaffee und Alkohol gut aufnehmen.

MASCARPONE-CREME

Die Creme wird auf drei gleich dünne oder besser noch zwei dicke Schichten verteilt.

EINGEWEICHTE LÖFFELBISKUITS

Die Herausforderung: Wie werden die Biskuits saftig, aber nicht matschig? Am besten lassen Sie sie beherzt in die Flüssigkeit fallen, statt sie nur zu tunken.

SCHOKOLADE

Verteilen Sie eine Schicht Kakaopulver oder Schokoladenraspel zwischen diesen Lagen.

MASCARPONE-CREME

Natürlich könnte man den Marsala in der Creme weglassen, wo doch die Biskuits schon Alkohol enthalten … aber warum?

EINGEWEICHTE LÖFFELBISKUITS

Die untere Biskuitschicht bildet das Fundament jedes guten Tiramisu und sollte daher eng gelegt werden, damit sie trägt. Jeder Löffelbiskuit wird in einer Mischung aus kaltem Espresso und – für alle, die es klassisch lieben – Weinbrand oder Marsala eingeweicht. Oder Sie probieren es mit Grand Marnier, Rum oder auch Tia Maria. Aber Vorsicht – der Alkohol soll den Geschmack ergänzen, nicht dominieren!

1. 9 g Trockenhefe in 60 ml warmem Wasser lösen, schäumen lassen. 250 ml warme Milch zugeben.

2. 650 g Mehl, 1 TL Salz und 65 g feinsten Zucker in einer Schüssel mischen und mit 60 g kalten Butterflocken mit den Fingern krümelig verreiben. Mit einem Messer 1 verquirltes Ei einrühren. Eine Mulde in die Mitte drücken.

3. Die Flüssigkeit in die Mulde gießen und sanft mit den Trockenzutaten vermengen, bis eine Teigkugel entsteht.

4. Glattkneten, in eine geölte Schüssel legen, abdecken und 1 Stunde an einem warmen Ort auf doppelte Größe gehen lassen.

5. Den Teig zurückschlagen und zwischen zwei Lagen Backpapier zu einem 1 cm dicken Rechteck ausrollen. 45 Minuten kalt stellen.

6. Mit dem Nudelholz 250 g kalte Butter zu einem Rechteck formen, rund ⅓ so groß wie das Teigrechteck. Das untere Drittel des Teiges nach oben und das obere Drittel nach unten darüber schlagen. Die Seiten zusammendrücken und den Teig um 90° drehen.

7. Den Teig mit Backpapier abdecken und sanft vom Körper weg zu einem Rechteck ausrollen. Ein zweites Paket auf die gleiche Weise falten und ausrollen, dann 20 Minuten kalt stellen.

8. Zwei weitere Male falten und ausrollen, dann mit zwei Ausstechformen Ringe ausstechen. Die Ausstecher fest niederdrücken, nicht drehen.

9. Die Doughnutringe auf ein eingeöltes Backblech legen, über Nacht an einem warmem Ort gehen lassen.

10. Einen großen Topf mit Pflanzenöl auf 175 °C erhitzen und die Doughnuts in mehreren Portionen rundum goldgelb ausbacken. Auf Küchenpapier abtropfen lassen und noch warm in aromatisiertem Zucker wenden.

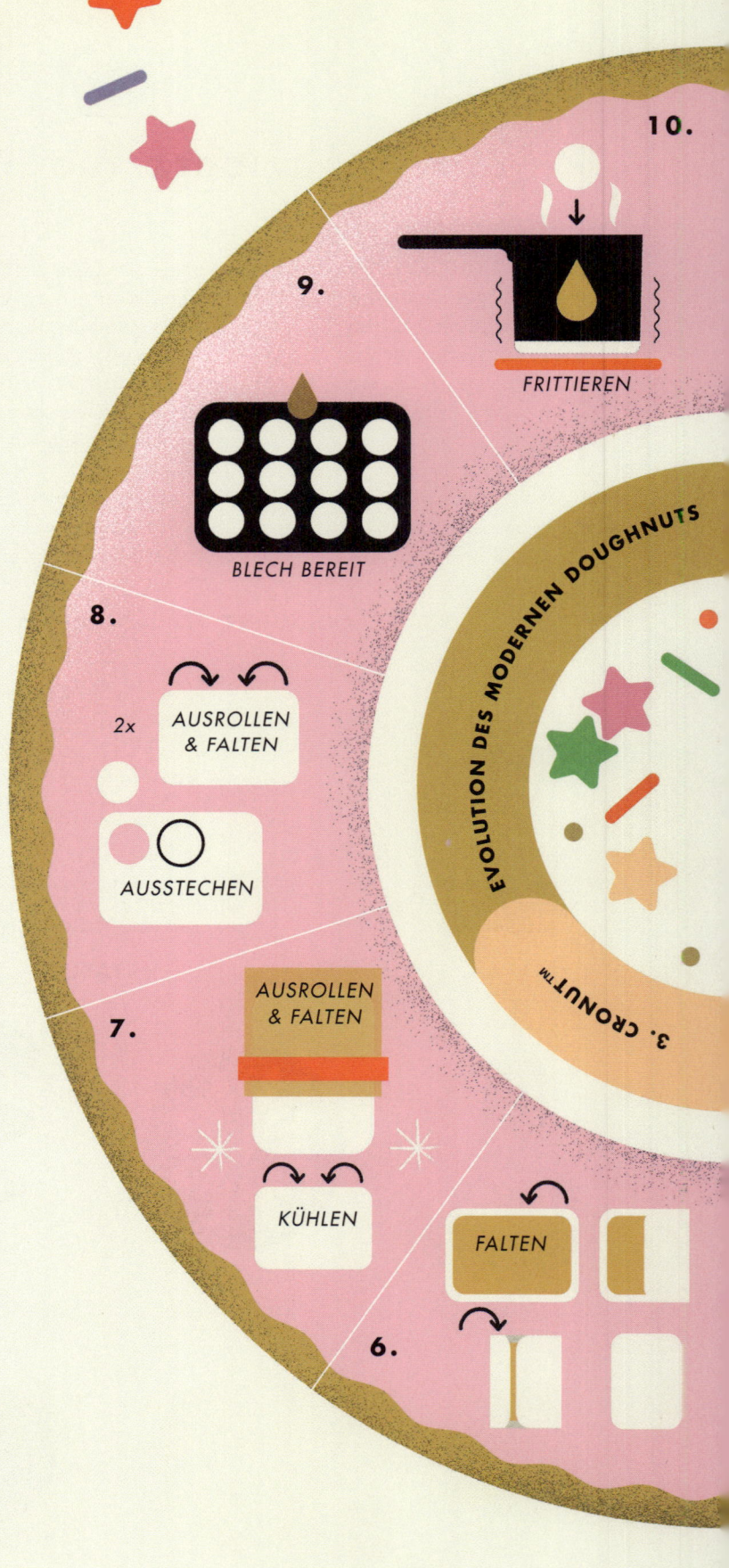

EVOLUTION DES MODERNEN DOUGHNUTS

3. CRONUT™

10.

FRITTIEREN

9.

BLECH BEREIT

8.

2x   AUSROLLEN & FALTEN

AUSSTECHEN

7.

AUSROLLEN & FALTEN

KÜHLEN

FALTEN

6.

1.
NASSE MISCHUNG

2.
TROCKENE MISCHUNG

3.
NASSE & TROCKENE MISCHUNG VERMENGEN

4.
30 MIN. GEHEN LASSEN

5.
AUSROLLEN & KÜHLEN

1. SCHEIBE

2. RING

DOUGHNUTS: EINE RUNDE SPASS

Manche Lebensmittel gelten als »Superfood«, weil sie besonders gesund sind und voller Vitamine stecken. Hingegen ist der Doughnut so etwas wie der »Superschurke« der Lebensmittel, der Darth Vader der Leckereien, aber auch ein absoluter Star. Wobei es natürlich hilft, dass er buttrig, süß, frittiert, glasiert oder mit Konfitüre gefüllt ist.

Rund um den Erdball tritt er in unterschiedlichen Erscheinungsformen auf, von den kleinen italienischen Zeppole bis zu den dünnen spanischen Churros, aber am berühmtesten und beliebtesten ist der amerikanische Doughnut-Kringel.

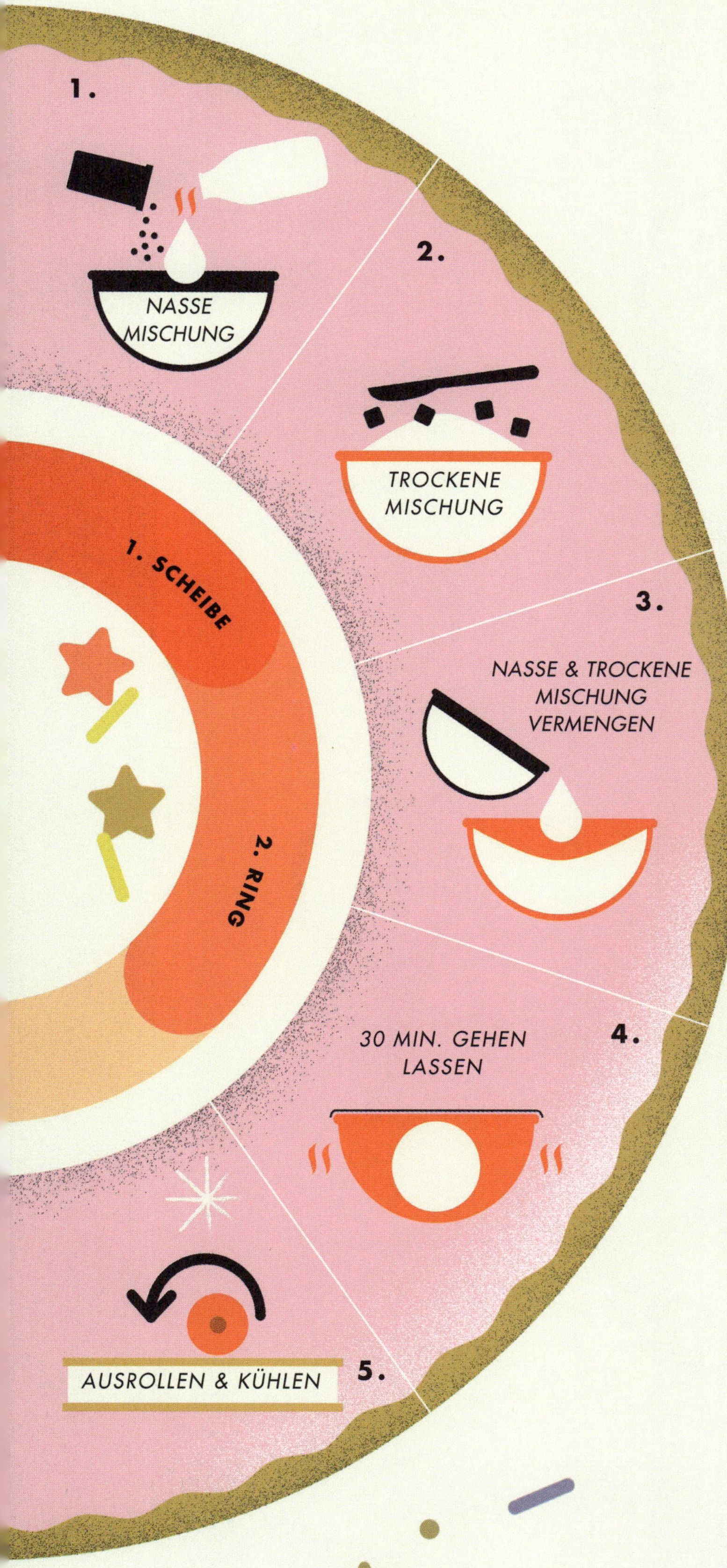

DEKORIEREN

Füllen
Doughnuts (auch »Berliner«) kann man mit Konfitüre, Vanillecreme, Schokoladen-Ganache oder aromatisierter Creme füllen.

Zuckern
Die noch warmen Doughnuts in feinstem Zucker (z. B. mit Kardamom, Zimt, Lavendel, Vanille usw. aromatisiert) oder Puderzucker wenden.

Glasieren
Puderzucker dickflüssig mit Milch oder Wasser verrühren und die Doughnuts (mit oder ohne Loch) damit übergießen und fest werden lassen.

COOKIES: DAS ORIGINAL!

Viele glauben, dass diese Backwunderwerke, die man leicht an der obligatorischen Krümelspur erkennen kann, eher neu auf unserem Speisplan sind. Dabei gibt es sie schon seit rund 300 Jahren. Allerdings wurde der beliebteste von ihnen erst 1930 erfunden.

Es gibt unterschiedliche Versionen der Geschichte, wie Ruth Wakefield, die Wirtin des »Toll House Inn« in Whitman, Massachusetts, den Heiligen Gral der Plätzchenwelt, den Chocolate Chip Cookie, entdeckte. In einer Legende heißt es, dass ihr beim Plätzchenbacken die normale Schokolade ausgegangen war und sie stattdessen einen Riegel Nestlé-Zartbitterschokolade kleinhackte. Sie sollte schmelzen und die Plätzchen aromatisieren. Stattdessen blieben die Stückchen ganz und verteilten sich im Teig.

Ruth Wakefield selbst besteht darauf, dass sie gezielt Chocolate Chips in einen Karamell-Nuss-Plätzchenteig eingerührt hat, um ihre heute berühmten »Toll House Cookies« zu kreieren. Wie dem auch sei – Nestlé erwarb die Rechte an den Cookies und versorgte Ruth mit einem lebenslangen Nachschub an Nestlé-Schokolade.

1. 100 g feinsten Zucker, 100 g hellen Muscovado-Zucker (unraffinierter Rohrzucker) und 125 g zimmerwarme Butter zusammen cremig aufschlagen.

2. 1 mittelgroßes Ei und 1 Eigelb einrühren.

3. 175 g Mehl, ½ TL Speisenatron und ¼ TL Salz in eine zweite Schüssel sieben.

4. Die Trocken- mit den Nasszutaten zu einem Teig verrühren.

5. 175 g Schokostückchen (Milchschokolade und/oder Zartbitter) einrühren und gleichmäßig verteilen.

6. Den Teig 1 Stunde kalt stellen.

7. Den Backofen auf 200 °C vorheizen.

8. 18–20 golfballgroße Teigkugeln formen und mit 5 cm Abstand auf ein mit Backpapier ausgelegtes Blech setzen.

9. Die Kugeln sanft flach drücken und 10–12 Minuten backen, bis die Cookies aufgegangen und goldbraun sind.

10. Aus dem Ofen nehmen, 5 Minuten abkühlen lassen und dann auf ein Kuchengitter legen. Genießen!

VICTORIA SPONGE: REGELRECHTER KLASSIKER

Wenn man ein Kuchenrezept lernen sollte, dann ist es das des britischen Teatime-Klassikers Victoria Sponge. Der einfache und wandlungsfähige Kuchen gehört in das Repertoire jedes ambitionierten Hobbykochs. Er wurde Mitte des 19. Jahrhunderts dank der Erfindung des Backpulvers kreiert und von Königin Victoria sehr geschätzt. Er besteht aus Konfitüre und Sahne zwischen zwei Biskuitlagen und ist mit wenigen Tricks bravourös zu meistern.

Den Ofen auf 180 °C vorheizen – der Kuchen backt schnell, daher muss der Ofen heiß sein! Dann die Zutaten abwiegen. Für eine 20-cm-Springform benötigen Sie 4 Eier und etwa dasselbe Gewicht (etwa 220 g) feinsten Zucker, weiche Butter, Mehl und Backpulver. Mit etwas Butter und Küchenpapier die Backform einfetten, den Boden mit Backpapier auslegen. Alle Zutaten sollten Zimmertemperatur haben, da die Mischung sonst leicht gerinnt.

VARIATIONEN:

Weiße Schokoladen-Buttercreme mit frischen Brombeeren, oben weiße Schokoladenwirbel

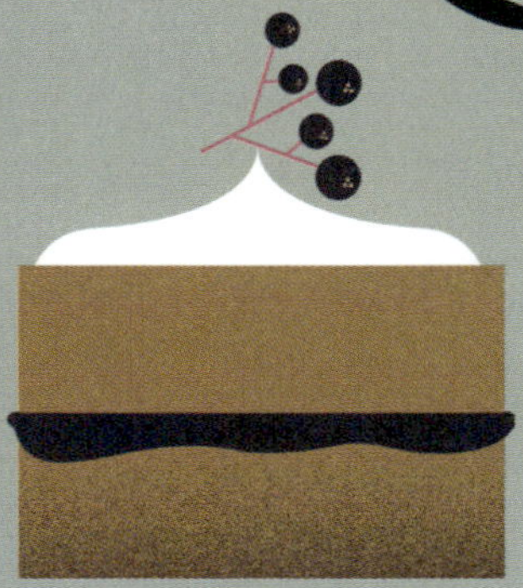

Holunderkonfitüre als Füllung, oben mit Vanillezucker bestäubt

220 g Mehl + 3 TL Backpulver

4 Eier (220 g)

220 g feinster Zucker

220 g Butter

Mit dem elektrischen Handrührgerät die Butter und den Zucker schaumig rühren. Die Eier nach und nach unter konstantem Rühren einarbeiten. Falls die Masse droht zu gerinnen, 1 EL Mehl einrühren. Sobald alles vermengt ist, das Rührgerät ausschalten und das Mehl und 3 gestrichene TL Backpulver darüber sieben. Das Mehl mit einem großen Metalllöffel in einer Achterschleife unterziehen, bis alles gut vermischt ist. Die Masse sollte vom Löffel tropfen. Ist sie zu dick, mit etwas (zimmerwarmer) Milch verdünnen.

Die Masse in die Springform gießen und 20–25 Minuten im vorgeheizten Backofen backen, bis sie gut aufgegangen und goldbraun ist und sich elastisch anfühlt. An einem in die Mitte gestochenen Holzspieß sollte nichts mehr kleben bleiben.

Folgen Sie beim Biskuit genau den Regeln, sonst wird er zu dicht und schwer. Sie können dem Kuchen mit der Marmelade- und Sahnefüllung ihre persönliche Note geben – so viel ist erlaubt!

Schokoladen-Orangen-Buttercreme

Spiralen aus Lemon Curd (bzw. Zitronencreme) in Schlagsahne

AUS DER BAR
—

Gurke
Holunderblüten
Zitronengras
Löwenzahn
Zitrone
Ginsterblüten
Ananas
Apfel
Birne
Limette
Rosmarin
Piniennadeln
Wildblüten
Passionsfrucht
Orange
Mango
Ingwer
Stachelbeere
Rhabarber
Rose
Erdbeere
Hagebutte
Cranberry
Blutorange
Rote Johannisbeere
Granatapfel
Sommerfrüchte
Himbeere
Pflaume
Heidelbeere
Schwarze Johannisbeere
Brombeere
Waldfrüchte
Winterfrüchte

NACH
LUST & LAUNE

Stellen Sie sich Ihren eigenen
Mix aus Frucht-, Kräuter- und
Blüten-Cordials zusammen.

1:4

Die perfekte Mischung ist ein
Teil Cordial auf vier
Teile Wasser.

NICHT NUR LIMO

Heute verbessert man mit Cordials nicht mehr nur den Geschmack von Wasser, auch die tägliche Tasse Kaffee wird in Cafés und zu Hause mit aromatisiertem Sirup versehen. Man kann sie geeist oder heiß und gewürzt servieren und mit einer Sahnehaube in eine Art Dessert verwandeln. Geben Sie Ihre Lieblings-Cordials über Eiscreme oder ziehen Sie sie unter Schlagsahne.

Liköre waren ursprünglich medizinische Cordials, die – regelmäßig eingenommen – den Arzt fernhalten sollten!

AUS DER BAR

—

SIRUP: CORDIALS MACHEN H$_2$O FROH!

Heute bringt man das Wort »Cordial« eher mit sommerlichen Limonaden in Verbindung, aber eigentlich beschreibt es so ziemlich alles von einem Fruchtkonzentrat bis zu einem alkoholischen Sirup. Die ersten mittelalterlichen »Cordials« würden wir heute als Liköre bezeichnen.

Cordials waren damals eines der beliebtesten Heilmittel, mit dem man alle erdenklichen Erkrankungen, vor allem des Herzens behandelte (lat. *cor* = Herz). Im Viktorianischen Zeitalter (1837–1901) stellte man in England Cordials aus seltsamen und gefährlichen Substanzen wie Schlangenöl oder Opium her, die angeblich Gesundheit und Langlebigkeit verhießen.

Der moderne, alkoholfreie Cordial geht auf den Ende des 19. Jahrhunderts von Lauchlin Rose erfundenen »Lime cordial« zurück. Auch dieser sollte gesundheitsfördernd sein, wohl weil er Vitamin C enthielt, und Matrosen ihn auf See tranken, um Skorbut vorzubeugen. Es war das erste von vielen Fruchtkonzentraten aus Zitrone, Orange, schwarzer Johannisbeere, Cranberry oder auch aus Ananas und Mango.

In jüngster Zeit gibt es einen Boom von Cordials mit ungewöhnlichen Aromen von Kräutern, Gewürzen und Blüten – man scheint sich auf der Suche nach neuen Geschmackslieferanten überall im Garten umgesehen zu haben. Die gleichermaßen für Erwachsene wie Kinder geschaffenen Kreationen sind auch zu einer beliebten Alternative für Menschen geworden, die nach einer Party noch Auto fahren müssen.

WEISSER TEE

Probieren Sie: Yin Zhen Tee
(Silbernadeltee)
Silbernadeltee aus jungen
Blatttrieben, die in der Sonne
getrocknet werden. Dieser weiße Tee
steckt voller Antioxidantien, enthält
wenig Koffein und hat einen feinen,
eleganten Geschmack. Heiß, aber
nicht kochend aufbrühen.

OOLONG

Probieren Sie: Wuyi-Oolong
Oolong liegt zwischen grünem und
schwarzem Tee. Die Blätter werden
in der Sonne getrocknet, leicht
gequetscht und geschüttelt und
dann oxidiert (dieser Prozess dauert
je nach Teemeister unterschiedlich
lange). Anschließend wird der Tee
erhitzt. Sein Geschmack hängt
vom Grad der Oxidation und der
Erhitzung ab und reicht von grasig-
fruchtig bis würzig mit Röstaromen.

KRÄUTERTEE

Probieren Sie: Frische Minze
Wer nach koffeinfreien Alter-
nativen sucht, wird bei Tee
tausendfach fündig. Halten
Sie Ausschau nach Kräutern,
Früchten und Gewürzen, die mit
Wasser überbrüht werden – von
einfacher frischer Minze, wie die
Marokkaner sie bevorzugen, über
beruhigende Kamille und heilende
Zitronenschale bis hin zu Ingwer.

GRÜNER TEE

Probieren Sie: Lung Ching
(Drachenbrunnentee)
Die unoxidierten Teeblätter werden
nach dem Pflücken erhitzt (geröstet
oder gedämpft), um die Enzyme zu
stoppen, die zur Oxidation führen,
und dann gerollt. Weniger ist mehr:
1–2 Minuten mit heißem, nicht
kochendem Wasser aufbrühen, dann
wird er nicht bitter.

SCHWARZER TEE

Probieren Sie: English Breakfast
Schwarzer Tee ist der am stärksten
verarbeitete Tee und vollständig
oxidiert. Beim Rösten entstehen die
typische kräftige Farbe, das Aroma
und der Geschmack. Schwarzer Tee
wird am besten mit kochendem
Wasser aufgegossen.

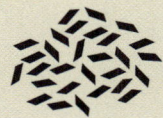

PU-ERH

Fermentierter schwarzer Tee
aus der chinesischen Provinz
Yunnan mit komplexem, kräftigem
Geschmack. Er ist roh (grün) oder
reif (schwarz) und kann lose oder
zu verschiedenen Formen gepresst
gekauft werden.

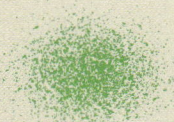

MATCHA

Im Schatten angebauter und zu
Pulver zermahlener Tee, der in
der japanischen Teezeremonie
verwendet und immer häufiger
in der Küche eingesetzt wird. Er
soll sehr gesundheitsfördernd
sein (1 Tasse Matcha soll so viele
Antioxidantien wie 10 Tassen
Grüntee enthalten), da man das
ganze Blatt und nicht nur den
Aufguss aufnimmt.

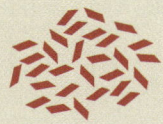

ROOIBOS

Der Rotbuschtee ist genau
genommen kein Tee, da er nicht
von *Camellia sinensis*, sondern
vom südafrikanischen Rooisbos-
Strauch stammt. Die Äste werden
geschnitten, gehackt und gequetscht,
mit Wasser besprüht, fermentiert
und in der Sonne getrocknet.

AROMATISIERTER TEE

Probieren Sie: Chai-Tee
Grün- und Schwarztees werden
oft mit Zutaten wie Zitrusfrüchten
(Earl Grey ist ein Schwarztee
mit Bergamotte-Aroma), Blüten
(grüner Tee, z. B. mit Jasmin-
blüten) oder auch Gewürzen
(indischer Chai kann alles von
Zimt bis zu Pfefferkörnern
enthalten) aromatisiert. Es gibt
sogar geräucherte Tees wie den
Lapsang Souchong.

TEE: EINER FÜR ALLE

In England ist Tee das Allheilmittel schlechthin: Schlaflosigkeit? Trink eine Tasse Tee! Probleme? Setz den Wasserkessel auf! Keine Lust zu arbeiten? Mach eine Teepause! Grüntee soll sogar helfen, Gewichtsprobleme zu lösen. Worin also liegt die Tee-Magie?

Echter weißer, grüner und schwarzer Tee wird aus den Blättern des immergrünen Teestrauchs *Camellia sinensis* hergestellt. Er wurde vor etwa 5000 Jahren in China entdeckt und ist heute in zahlreichen Ländern ein bedeutender Wirtschaftsfaktor. Wie beim Wein beeinflusst neben der Produktionsweise auch das Terroir den Geschmack des Endprodukts. Die höchste Qualität besitzen Loseblatt-Tees (Teebeutel enthalten oft nur Teestaub) von einzelnen, ausgesuchten Lagen eines einzigen Teegartens im Gegensatz zu verschnittenen Tees aus mehreren Gärten. Auch die Ziehdauer, die Temperatur und Qualität des Wassers bestimmen über den Geschmack – dabei ist kochendes Wasser selten die beste Wahl. Ein guter Teehändler kann Sie bei der perfekten Zubereitung jeder Art von Tee beraten. Jetzt liegt es an Ihnen, ob Sie den Tee schwarz oder mit Milch (oder gar mit Butter, wie in Tibet üblich), mit oder ohne Zucker, heiß oder kalt trinken wollen. Abgerundet wird der Genuss mit einem Stück Kuchen oder Gebäck.

Selbst der stärkste Tee hat nur die Hälfte des Koffeingehalts von Kaffee.

Der Teebeutel wurde zu Beginn des 20. Jahrhunderts in Nordamerika erfunden.

Nach Wasser ist Tee das am häufigsten konsumierte Getränk der Welt.

Grüner Tee wirkt aufgrund seiner vielen Antioxidantien hautberuhigend. Man brüht einfach Grüntee auf, lässt ihn abkühlen und reibt ihn ein.

KAFFEE: SCHWARZES GOLD

Kaffee ist nicht nur eines der meistkonsumierten Getränke, sondern auch einer der am häufigsten gehandelten Rohstoffe der Welt. Er ist unsere Stütze im Büroalltag, der Treibstoff der Pendler und der treue Begleiter gesprächiger Nachmittage unter Freunden. Über das »Schwarze Gold« und seinen Genuss wurden schon viele Bücher geschrieben.

Kaffee wird in über 60 Ländern angebaut, von denen die meisten im »Kaffeegürtel« in einem 1600 km breiten Bereich entlang des Äquators liegen. Der Kaffeestrauch trägt tief rote, etwa 1 cm lange Früchte, die »Kirschen«, die jeweils zwei grüne Bohnen enthalten. Für einen Espresso braucht man 42 Bohnen. Es ist also eine gigantische Menge an Bohnen erforderlich, um die etwa zwei Milliarden Tassen Kaffee brühen zu können, die weltweit jeden Tag getrunken werden.

Es gibt zwei Kaffeesorten – Arabica, die 60 % der Weltproduktion ausmacht, und Robusta –, die zur Deckung unseres Bedarfs geerntet und dann geröstet werden müssen. Erst das Rösten bringt die Aromen hervor, die wir alle so lieben. Die Bohnen verlieren ab dem Moment der Ernte an Frische, und erst recht nach dem Rösten, deshalb sollten sie nach einer kurzen Reifezeit (idealerweise etwa eine Woche) in kleinen Portionen gemahlen werden.

Dann kann die Magie beginnen, ob man nun tropft, kalt presst, perkoliert oder aufgießt. Man gibt Wasser (gefiltert, rund 91–96 °C), Milch und/oder Zucker (gute Baristas lehnen beides ab), Butter (der neueste Hype in den USA), Eier (ja, wirklich), Sirup, Gewürze und andere Dinge hinzu … und die Welt ist eine Bohne!

KOPI LUWAK ALIAS KATZENKAFFEE
(Indonesien)

3 × Kaffee (der durch eine Schleichkatze gewandert ist)

IRISH COFFEE
(Irland)

1 × Irischer Whisky
3 × Kaffee
1 × Schlagsahne
1 × brauner Zucker

AFFOGATO AL CAFFÈ
(Italien)

2 × Vanilleeiscreme
1 × Espresso

CA PHE SUA DA
(Vietnam)

3 × Kaffee
1 × Kondensmilch
1 × Eis

WIENER MELANGE
(Österreich)

2 × Kaffee
1 × geschäumte Milch

HEISSE SCHOKO-LADE

MOCHACCINO

LEICHT AUF-GESCHÄUMTE MILCH

MILCH-SCHAUM

CAPPUCCINO

CAFFE LATTE

FLAT WHITE

MACCHIATO

ESPRESSO

DIE STÄRKSTEN KAFFEE-TRINKER

TOP 3 KAFFEE-PRODUZENTEN

AMERICANO

HEISSES WASSER

NIEDERLANDE
2,414
(Tassen pro Ein-wohner und Tag)

FINNLAND
1,848
(Tassen pro Ein-wohner und Tag)

SCHWEDEN
1,357
(Tassen pro Einwohner und Tag)

1.Brasilien

2.Vietnam

3.Indonesien

AUS DER BAR

—

BITTER: DIE WAHRHEIT

Genau wie eine Prise Salz oder ein Löffel Zucker ein Gericht abrunden, kann schon ein kleiner Tropfen Bitterlikör einem Cocktail den letzten Schliff geben und ihn in eine Geschmackssensation verwandeln. Aber was sind diese kleinen Zaubertränke eigentlich?

Sie bestehen aus einem starken Alkohol, der mit Kräutern und Gewürzen aromatisiert ist, und wurden zunächst als Verdauungstonikum angeboten. Der gegen die Beschwerden eingesetzte Alkohol schloss die Aromen und ätherischen Öle auf, konservierte und milderte die Bitterkeit der Kräuter ab.

Der berühmteste moderne Vertreter, der sich noch heute in Bars in aller Welt findet, ist der nach seiner venezolanischen Heimatstadt benannte Angostura. Er wurde von dem deutschen Arzt Johann Gottlieb Benjamin Siegert als Kräutertonikum bei Seekrankheit und Magenbeschwerden entwickelt und kam mit Seeleuten nach Europa. 1850 war er bereits auf der ganzen Welt bekannt. Heute nutzt man ihn zum Würzen von Speisen und Getränken oder auch zur Mückenabwehr. Man erkennt ihn an seinem übergroßen Etikett. Überraschenderweise ist Angostura überhaupt nicht bitter und mildert und ergänzt die Zutaten, mit denen er das Glas teilt.

—

ANGOSTURA

Bis heute nach dem Originalrezept von 1824 in Trinidad destilliert. Klassische Cocktailzutat vor allem im Manhattan und im Old Fashioned. Er soll über 40 Geschmacksnoten wie Nelken, Anis, Enzian, Kardamom, Muskat und Zimt enthalten.

REGAN'S

Von dem Hersteller von »Orange Bitters No. 6«, weniger süßer, aber würziger Zitrusbitter, passt wunderbar zu Cocktails wie Martinez oder Rum- und Scotch-basierten Cocktails.

PEYCHAUD'S

Dieser 1838 in New Orleans entwickelte blumige, leichte Bitter enthält Enzian und Anis. Wichtige Zutat im Cocktail Sazerac.

FEE BROTHERS

Amerikanisches Unternehmen, das alles von Aztec Chocolate und Black Walnut bis hin zu Gin Barrel-Aged Orange, Grapefruit und Rhabarber im Programm hat.

THE BITTER TRUTH

Entwickelt von den deutschen Barkeepern Stephan Berg und Alexander Hauck. Am beliebtesten ist die Bitterman's-Reihe mit Highlights wie Orange, Sellerie oder auch die pikanten mexikanisch inspirierten Xocolatl Mole Bitters.

SELBST GEMACHT

Experimentieren Sie mit Bitterstoffen – das darf alles sein, von Chilis bis zu Kaffee oder Wermut – die Sie mit starkem, neutralem Alkohol, wie etwa Wodka, aufsetzen, einige Wochen ziehen lassen und dann durch ein Sieb abgießen.

ORANGEN-BITTER

SCOTCH

MANHATTAN ROB ROY

RUM

CELERY BITTERS

WODKA

BLOODY MARY G&T (GIN TONIC)

GIN

BITTERLIKÖR-VARIATIONEN
—

GRAPEFRUIT/ CITRUS BITTERS

MARGARITA

TEQUILA

CHERRY/ FRUCHT BITTERS

BOULEVARDIER COSMOPOLITAN CUBA LIBRE NEGRONI

BOURBON

BLUMIGE BITTER

SOFT DRINKS

SODA

WÜRZIGE BITTER

CAESAR COCKTAIL

DUNKLER RUM ODER ANDERE GEREIFTE SPIRITUOSEN

SCHWEDENBITTER
—

Die auch Schwedenkräuter genannten Magenbitter sind wohl die bekanntesten – schon Paracelsus soll sie eingesetzt haben. Sie wurden im 18. Jahrhundert in Schweden wiederentdeckt. Im 20. Jahrhundert wurden sie durch Schriften der österreichischen Pflanzenkundlerin Maria Treben weithin bekannt. Sie sollen die Verdauung durch Anregung der Magensäure unterstützen und heilende Wirkung haben. Hauptbestandteile sind Angelikawurzel, Silberdistelwurzel, Kampfer, Manna cannelata, Myrrhe, Rhabarberwurzel, Sennesblätter, Venezianischer Theriac und Zitwerwurzel.

BIER: INS GLAS GESCHAUT

Bier ist ein klarer Fall, oder nicht? Bitter, goldgelb und kalt serviert! Natürlich ist das im Prinzip richtig. Es gibt zwei Hauptarten von Bier: Ale und Lagerbier. Diese unterteilen sich in unzählige Bierstile und -sorten aus aller Welt, die man genussvoll durchprobieren könnte.

Der Hauptunterschied zwischen Ale und Lagerbier sind die Hefen und die Temperatur beim Brauvorgang. Ale, das als älteste Bierart gilt, verwendet obergärige Hefe, die an die Oberfläche steigt und am Schluss absinkt. Sie sorgt für stärkere,

komplexere Biere. Es wird prinzipiell bei höheren Temperaturen (18–24 °C) gebraut. Lagerbier hingegen mag es mit 8–12 °C eher kühl und verbringt längere Zeit auf untergäriger Hefe. Dabei entstehen frische, klare Biere. Beide Bierarten haben meist die gleichen Grundzutaten: Wasser, Getreide (üblicherweise Gerste), Hefe und Hopfen. Aber die Brauer können auch andere Zutaten wie Zucker oder Honig, Weizen oder Roggen, Früchte oder Kräuter zugeben – sofern sie nicht Regelungen wie dem deutschen Reinheitsgebot unterliegen!

GETREIDE

WASSER

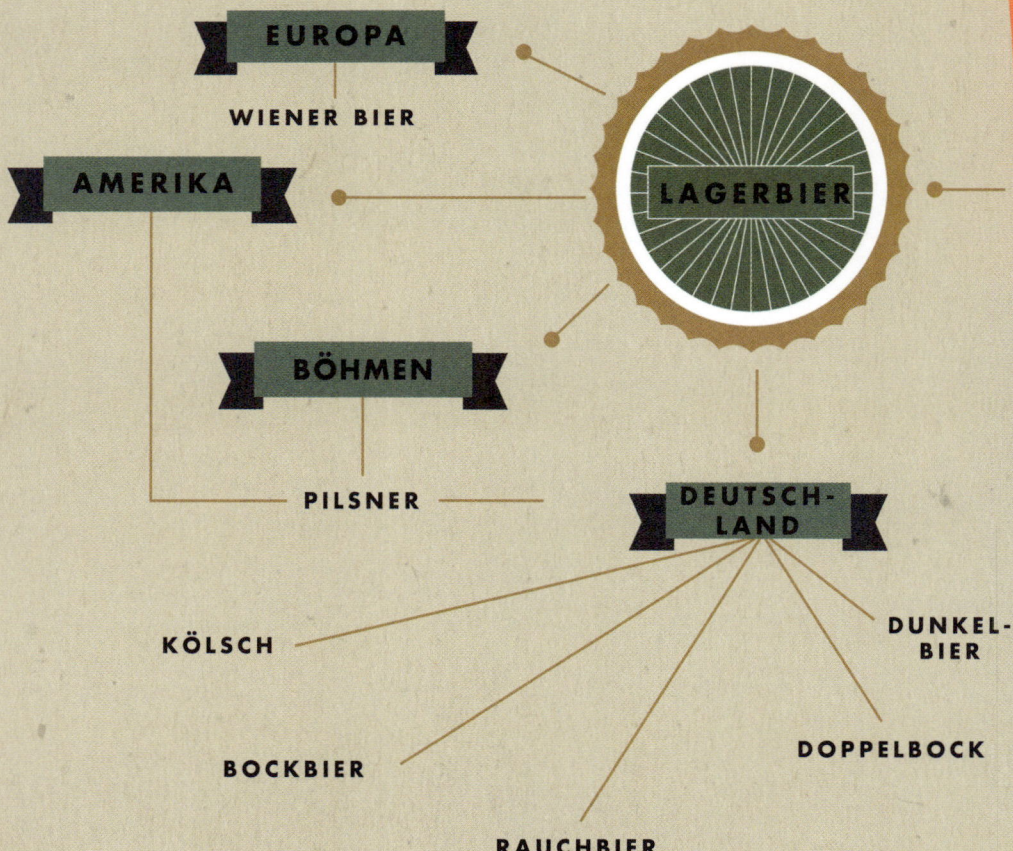

EUROPA

WIENER BIER

AMERIKA

LAGERBIER

BÖHMEN

PILSNER

DEUTSCH-LAND

KÖLSCH

BOCKBIER

RAUCHBIER

DOPPELBOCK

DUNKEL-BIER

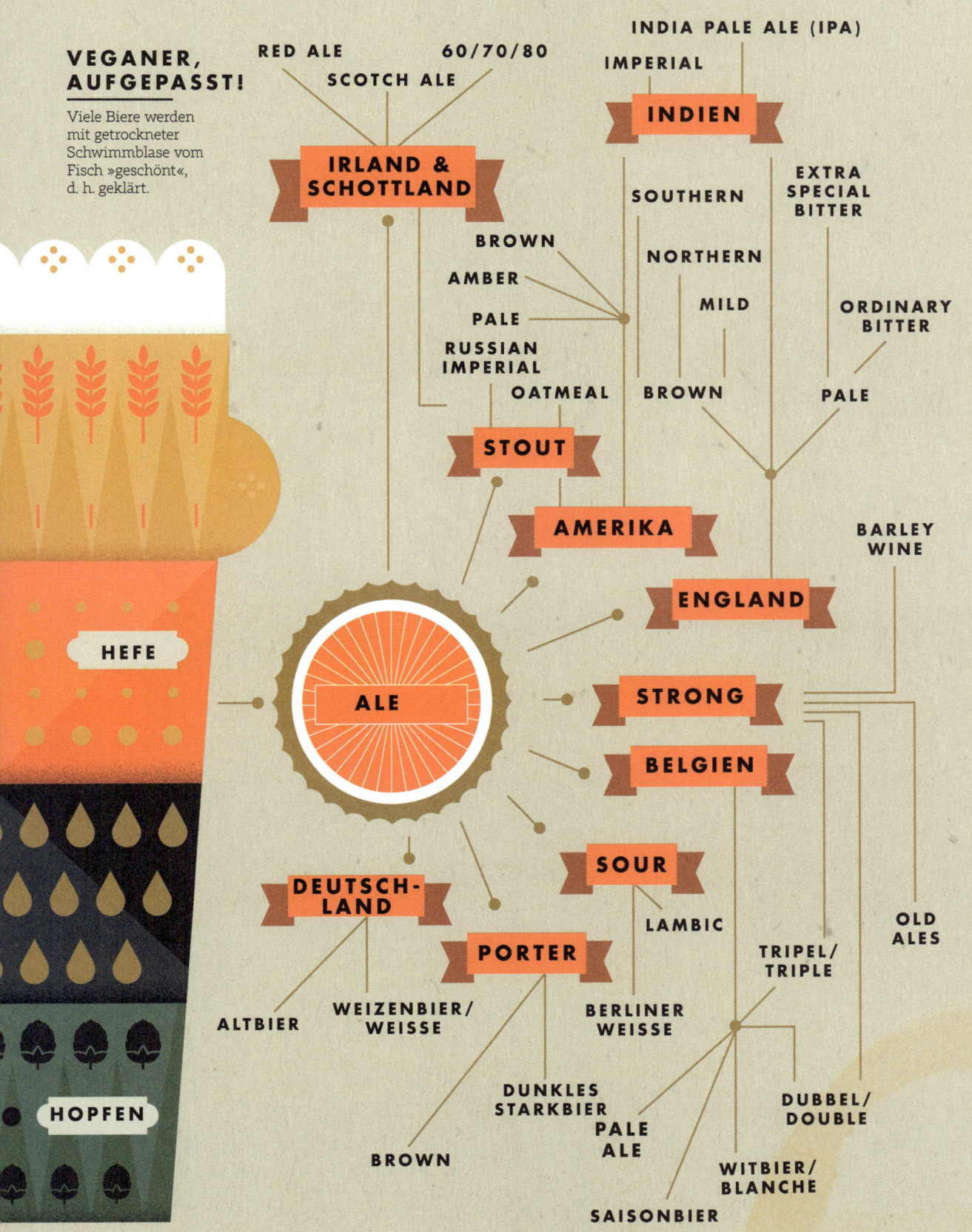

VEGANER, AUFGEPASST!

Viele Biere werden mit getrockneter Schwimmblase vom Fisch »geschönt«, d. h. geklärt.

RED ALE

SCOTCH ALE

60/70/80

INDIA PALE ALE (IPA)

IMPERIAL

INDIEN

IRLAND & SCHOTTLAND

SOUTHERN

EXTRA SPECIAL BITTER

BROWN

NORTHERN

AMBER

MILD

ORDINARY BITTER

PALE

RUSSIAN IMPERIAL

OATMEAL

BROWN

PALE

STOUT

AMERIKA

BARLEY WINE

ENGLAND

HEFE

ALE

STRONG

BELGIEN

SOUR

OLD ALES

DEUTSCH-LAND

LAMBIC

TRIPEL/ TRIPLE

PORTER

BERLINER WEISSE

ALTBIER

WEIZENBIER/ WEISSE

DUNKLES STARKBIER

PALE ALE

DUBBEL/ DOUBLE

BROWN

WITBIER/ BLANCHE

SAISONBIER

HOPFEN

197

—

CIDRE: SCHÄUMENDER APFEL

In Nordamerika und Kanada trinkt man Apfelschaumwein (Cidre, Cider) gerne unfermentiert, ungefiltert und alkoholfrei. In Europa ist er beliebter mit Alkohol – sei es nun süß oder trocken, klar oder trüb, aber immer mit dem Geschmack von Mostäpfeln.

PERRY GOOD!

Perry wird genauso hergestellt wie Cidre, aber aus Birnen statt aus Äpfeln. Es gibt auch Mischgetränke mit verschiedenen Aromen und Früchten, die aber meist aus Konzentraten hergestellt sind.

MEHR ALS EIN GETRÄNK!

Cidre kann man nicht nur trinken, man kann damit auch sehr gut kochen, zum Beispiel Saucen mit Senf und Sahne für weißes Fleisch wie Hähnchen- oder Schweinefleisch, Fasan oder Speck. Probieren Sie ihn auch statt Wein zum Dämpfen von Muscheln oder rühren ihn statt Sprudel oder Bier in Frittierteig.

ZAHLTAG

Im 18. Jahrhundert zahlten die Besitzer von Obstplantagen (vor allem im für seinen Cider berühmten Südwesten Englands) einen Teil der Löhne ihrer Erntearbeiter in Form von alkoholhaltigem Cider aus.

ON THE ROCKS

Im letzten Jahrzehnt haben sich die Trinkgewohnheiten geändert, und heute genießt man moussierenden Cidre vor allem im Sommer auf Eis. Dieser Trend geht nicht zuletzt auf die Werbekampagnen einiger großer Hersteller zurück.

LIEBLICH	EHER LIEBLICH	EHER HERB	TROCKEN

DIE MISCHUNG MACHT'S

Die meisten Hersteller von Apfelschaumwein verwenden eine Mischung von Mostäpfeln, um die richtige Balance von Süße, Säure und Tanninen (für das Mundgefühl) bei gutem Ertrag zu erhalten. Es gibt vermutlich Hunderte Mostapfelsorten, aber im Alltag nutzen kommerzielle Hersteller vielleicht ein Dutzend von ihnen. Sie sind meist zäh und sauer und nicht zum Essen gedacht, sondern eignen sich ausschließlich zur Verarbeitung für Getränke.

Die Mostäpfel werden geerntet ...

... dann sortiert und gewaschen.

Die Äpfel werden zerkleinert und gepresst, um den Saft zu gewinnen.

Der Trester (Pressrückstand) wird kompostiert und als Dünger oder Viehfutter genutzt.

Der Saft darf über Wochen oder sogar Monate lang vergären.

Durch die Zugabe von Zucker oder nach der Champagnermethode wird Cidre zum Moussieren gebracht.

Der Cidre wird in einen Behälter »abgezogen«, um den Trubstoff (den Bodensatz und Hefereste von der Fermentierung) zu entfernen. Dann kann er reifen oder abgefüllt werden.

Der alkoholhaltige Cidre wird meist vor dem Abfüllen und Pasteurisieren geklärt bzw. gefiltert.

Mit oder ohne Eis genießen!

**1 GLAS =
1 MILLION PERLEN**

Champagner sollte hell,
kristallklar und seinem Alter
entsprechend gefärbt sein.

Champagner
sollte 7–10 °C
kühl sein und
im 45°-Winkel
eingeschenkt
werden.

Achten Sie auf
Perlschnüre, die
zur »Mousse«
aufsteigen.

AUS DER BAR
—

CHAMPAGNER: EDLE PERLEN

Kein Getränk der Welt steht so sehr für Festlichkeit wie Champagner. Der nur knapp 100 km von Paris entfernt in Nordfrankreich erzeugte Schaumwein trägt den Namen seiner Herkunftsregion, zu der 319 Wein produzierende Dörfer und mehr als 15 000 Winzer gehören.

Traditionell wird Champagner aus roten und weißen Weintrauben (Pinot Noir, Pinot Meunier und Chardonnay) gekeltert. Aus der ersten Gärung entsteht Grundwein, während die Perlen des Champagners und der meisten Schaumweine durch eine zweite Gärung unter Zugabe von Hefe und Zucker in der Flasche entstehen. Seit 1936 ist der Name aufgrund des einzigartigen Terroirs, des begrenzten Anbaugebiets, des kühlen Klimas und des kalkhaltigen Bodens als AOC (Apellation d'Origine contrôlée) geschützt.

Schaumweine gibt es in aller Welt, vom spanischen Cava über den italienischen Prosecco bis hin zum deutschen Sekt. Dazu gesellen sich zunehmend gute Schaumweine aus England, Brasilien, Australasien und Südafrika. Man schätzt, dass alle zwei Sekunden irgendwo auf der Welt eine Champagnerflasche geköpft wird.

Können Sie diese Aromen schmecken und riechen?

MANDEL
APFEL
KLEINGEBÄCK
BRIOCHE
KARAMELL
TRAUBE
GRAPEFRUIT
KRÄUTER
ZITRONE
NUSS
BIRNE
RAUCH
RÖSTAROMEN
BUTTERKARAMELL (TOFFEE)
TROPISCHE FRÜCHTE
VANILLE
HEFE
Dazu passt

SCHALE

Am besten, um dazu die Anekdote zu erzählen, dass das Glas angeblich nach der Brust Marie Antoinettes geformt wurde.

KELCH

Hierin kommt das Bouquet am besten zur Geltung.

FLÖTE

Am besten für die Perlen!

TULPE

Am besten für Spritzigkeit und Aroma!

WEIN: DER GEIST DER TRAUBE

Kein anderes Getränk ist so eng mit unserer Esskultur
verbunden wie Wein: Menschen trinken ihn schon seit
Tausenden von Jahren, und heute ist seine Bedeutung
größer als je zuvor. Ein gut ausgewählter Wein unter-
streicht sämtliche Aromen eines Gerichts.

Die Welt des Weins ist jedoch überaus vielfältig und
erscheint oftmals kompliziert und unzugänglich. Ein
scheinbar sonderbares Fachvokabular, die unüberschau-
bare Auswahl an Weinen und das Gebaren mancher
Experten – so als gäbe es nur »richtig oder falsch« –
machen es schwer, einen Einstieg zu finden. Hier also
zunächst einmal das Wichtigste: Es gibt immer eine
Ausnahme von der Regel!

SERVIERTEMPERATUR

Zimmer- temperatur	Portwein
	Rotwein
kühl	Junger/leichter Rotwein
	Rosé
kalt	Weißwein
	Schaumwein
sehr kalt	Süß-/Eiswein

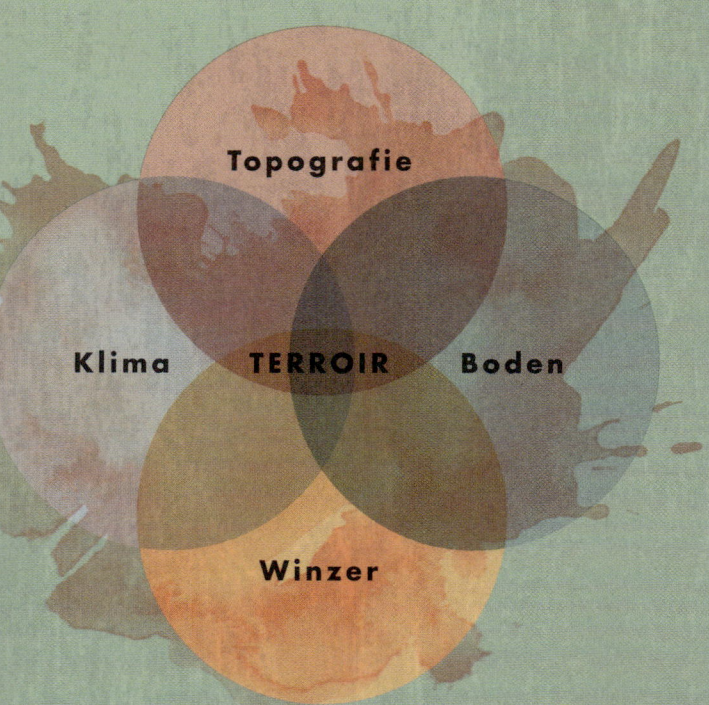

WIE MAN WEIN ALS LAIE VERKOSTET (UND GENIESST)

1. Lassen Sie das Glas auf dem Tisch stehen, schwenken Sie den Wein im Glas und riechen Sie intensiv daran. Das Riechen ist wichtig, denn die Nase unterstützt
den Geschmackssinn. Es gibt Tausende Aromen zu
entdecken, die häufigsten Duftnoten sind aber blumig,
grasig, würzig oder krautig. Vanille-, Schokoladen- und
Kaffeegeruch stammen häufig von dem Fass, in dem der
Wein gereift ist. Manche Weine, wie die französischen
Sauternes, haben ein Honigbouquet, das vor dem Pressen durch Edelfäule auf den Trauben entsteht.

2. Profis schlürfen Wein, um ihn zu belüften und
alle Aromen zu entdecken. Für eine gewönliche Probe
nimmt man einfach einen Schluck. Man »kaut« den
Wein eine Zeitlang, um seine Aromen (Geschmack
und Geruch) am Anfang, in der Mitte und am Ende zu
schmecken und zu erkennen, ob der Wein süß, trocken, sauer, adstringierend (reich an Tanninen) oder
intensiv ist, wie viel Alkohol er hat und wie lange der
Geschmack im Mund bleibt. Ein guter Wein ist ausgewo-
gen, aber komplex. Das Erkennen von Geschmacksnoten
hilft, den richtigen Wein zum Essen auszusuchen – so
passen etwa säuerliche Weine gut zu fetten Speisen.

Alte Welt

Neue Welt

Weine der Alten und Neuen Welt unterscheiden sich in ihrer Herkunft, ihrem Stil und hinsichtlich der Einstellung der Winzer. Altweltweine stammen aus Ländern, in denen der Weinbau eine lange Geschichte hat: Terroir und Tradition stecken in jeder Flasche, und die Weine zeichnen sich oft durch einen leichten Körper und geringeren Alkoholgehalt aus. Neuweltweine kommen aus wärmeren Klimaten, haben starke Fruchtnoten, sind oft schwerer, und ihre Herstellung ist eher durch Innovationen geprägt.

WAS STEHT AUF DEM ETIKETT?

Château Lafite Rothschild
Cabernet Sauvignon
Pauillac
2000
75cl   12.5% Vol

Erzeuger: Gibt an, wer den Wein hergestellt hat.

Rebsorte: Gibt an, aus welcher/n Traubensorte/n der Wein gemacht wurde.

Region/Appellation: Gibt an, wo der Wein angebaut wurde.

Jahrgang: Gibt das Jahr an, in dem die Weintrauben gepflückt wurden.

Vol.%: Gibt den Alkoholgehalt an.

COCKTAILS: DAS WILDE DUTZEND

Was für die Ausgewogenheit eines guten Gerichts zwischen süß und sauer, salzig und bitter gilt, trifft auch auf einen guten Cocktail zu. Die traditionelle Komposition aus Alkohol, Zucker, Wasser (Eis) und Bitterlikör entwickelt sich stetig weiter. Es geht um Inszenierung und Genuss, sei es nun zu Hause oder in einer Bar. Hier finden Sie die klassischen Zutaten einiger der berühmtesten Cocktails der Welt, deren Mischung aber – wie jedes gute Rezept – Raum für Variationen lässt. Tauschen Sie Zitrone und Tabasco der Bloody Mary gegen Limette und frisch geriebenen Wasabi aus, experimentieren Sie mit dem Fruchtpüree für den Bellini (z. B. Litschi oder Himbeere) oder nehmen Sie einen anderen Alkohol für einen Sour (wie wär's mit Amaretto?).

Sie brauchen: Cocktailshaker, Barlöffel & viel Eis

COCKTAIL-GLÄSER

Tumbler

Highball-Glas

Martini-Glas

Sektflöte

Cocktail-schale

Collins-Glas

BELLINI

● Champagner
● Pfirsichmark

• ganztägig

MARGARITA

● Tequila
● Cointreau
● Limettensaft

• ganztägig
• Shortdrink
• stark

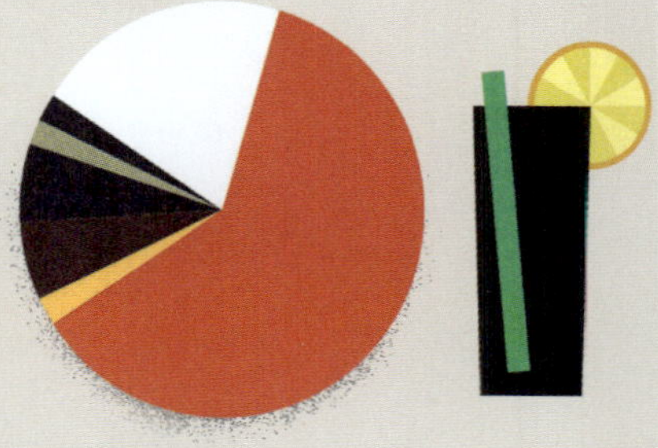

BLOODY MARY

● Selleriesalz   ● Zitronensaft   • Aperitif
● Pfeffer   ● Tomatensaft   Longdrink
○ Wodka   ● Tabasco
● Worcestersauce

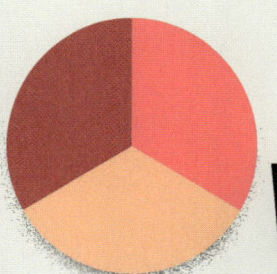

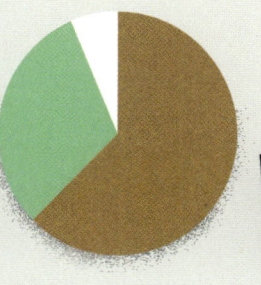

MANHATTAN

- ● Bourbon
- ○ Bitters
- ● süßer Wermut

- • Aperitif
- • Shortdrink
- • stark

NEGRONI

- ● Gin
- ● Campari
- ● süßer Wermut

- • Aperitif
- • Shortdrink
- • stark

CAIPIRINHA

- ● Cachaça
- ○ Zucker
- ● Limetten-
  spalten

- • Aperitif
- • Shortdrink
- • stark

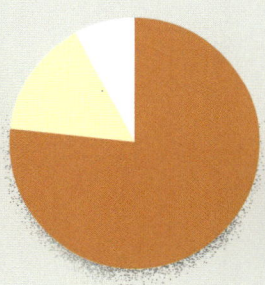

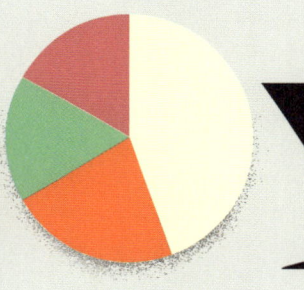

MARTINI

- ● Gin
- ● trockener
  Wermut

- • Aperitif
- • stark

OLD FASHIONED

- ● Bourbon
- ○ Bitters
- ○ Zucker-
  würfel

- • Digestif
- • Shortdrink
- • stark

COSMOPOLITAN

- ● Limettensaft
- ● Cointreau
- ○ Wodka mit Zitrus-Geschmack
- ● Cranberry-Saft

- • ganztägig
- • Longdrink

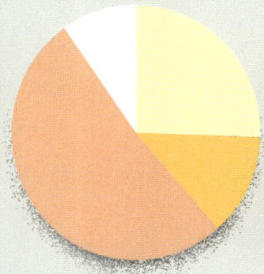

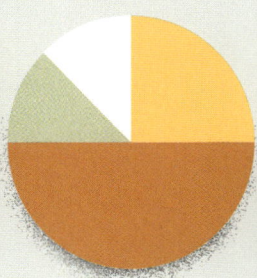

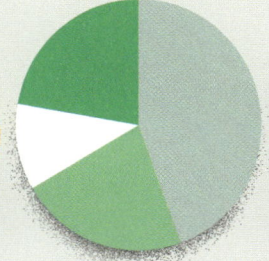

TOM COLLINS

- ● Gin
- ● Zitronensaft
- ○ Bitters
- ○ Zuckersirup

- • ganztägig
- • Longdrink

WHISKY SOUR

- ● Whisky
- ● Eiweiß
- ○ Zuckersirup
- ● Zitronensaft

- • ganztägig
- • Shortdrink

MOJITO

- ● Limettensaft
- ● weißer Rum
- ○ Zuckersirup
- ● Minzeblätter

- • ganztägig
- • Longdrink

—

GIN: STILVOLLER HAUSFREUND

Lange als preiswerte und einfach herzustellende Spirituose abgetan, erlebt der Gin seit einigen Jahren eine wahre Renaissance.

Der aromatisierte Brand beginnt sein Dasein als geschmacksneutraler, klarer Getreidealkohol (wie Wodka), der dann ein zweites Mal mit anderen pflanzlichen Stoffen destilliert wird, die ihm Geschmack und Aroma verleihen. Inspiriert wurde Gin von dem damals bereits erfundenen Genever, der wohl im 17. Jahrhundert mit Soldaten aus den Niederlanden nach England kam. Mit der Thronbesteigung Wilhelms III. von Oranien-Nassau wurde er populär.

Man unterscheidet grundsätzlich zwischen Gin und destilliertem Gin. Für Gin werden neutrale Pflanzenextrakte oder Pflanzenteile mit dem neutralen Alkohol vermischt (diese Gins sind preiswerter und von geringerer Qualität). Destillierter Gin wird mit den Pflanzenteilen erneut destilliert. »London Dry Gin« ist ein destillierter Gin, kann aber überall auf der Welt hergestellt werden. Inzwischen gibt es eine neue Generation von Gins, die »New Western Dry« genannt werden. Bei diesen spielt der sonst prominente Wacholder eher eine Nebenrolle. Teilweise liest sich die Liste der Inhaltsstoffe wie das Rezept für einen Hexentrank. Eine hohe Anzahl an Pflanzenstoffen muss aber nicht unbedingt auch hohe Qualität bedeuten. Gintrinken ist eine Kunst – man muss nur den richtigen Stil für sich entdecken.

DIE NEUZUGÄNGE UNTER DEN PFLANZEN

KLASSISCHE ZUTATEN

WAS IST IN DER FLASCHE?

Rose

Kaffir-Limettenblätter

Weihrauch

Kamille

Heckenkirsche

Diverse Teesorten

Kubeben-Pfeffer

Pomelo

Honig

Hopfen

Koriandersamen

Anis

Kardamom

Zimt

Muskat

Wacholder

Zimtrinde

Schafgarbe

Hibiskus

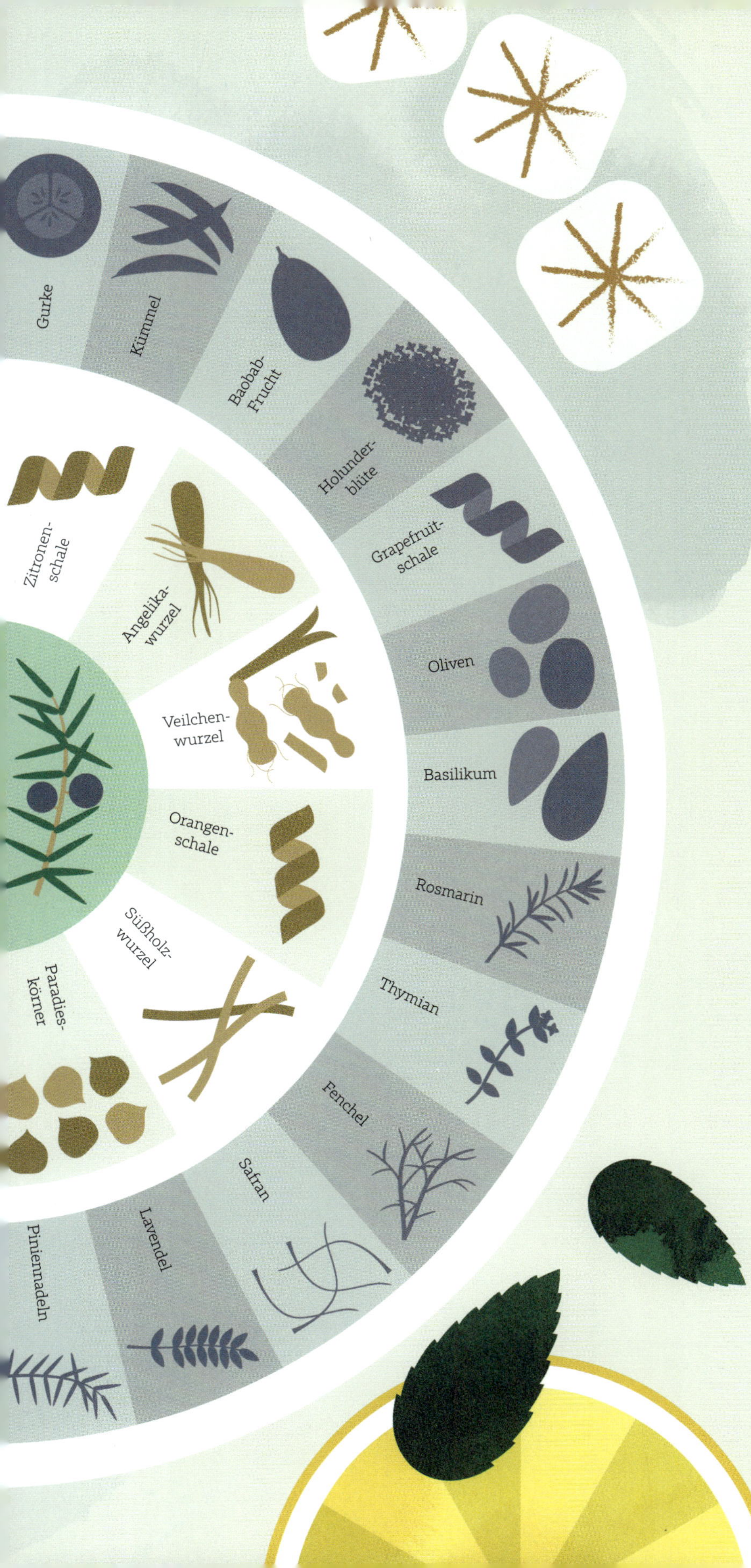
Gurke
Kümmel
Baobab-Frucht
Holunderblüte
Grapefruitschale
Oliven
Basilikum
Rosmarin
Thymian
Fenchel
Safran
Lavendel
Piniennadeln
Zitronenschale
Angelikawurzel
Veilchenwurzel
Orangenschale
Süßholzwurzel
Paradieskörner

HOCH DIE PROZENTE

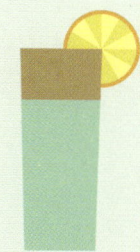

RAMOS GIN FIZZ

4 cl Gin
2 cl Zitronensaft
1 cl Limettensaft
1 cl Zuckersirup
1 Spritzer Orangenblütenwasser
2 cl Eiweiß
2 cl Crème double
Garnitur: Zitronenscheibe
Glas: Highball-Glas (Longdrink)

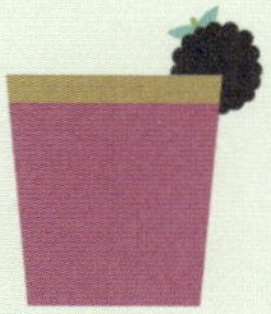

BRAMBLE

4 cl Gin
1 cl Brombeerlikör
2 cl Zitronensaft
1 cl Zuckersirup
Garnitur: Brombeeren
Glas: Tumbler (Whiskyglas)

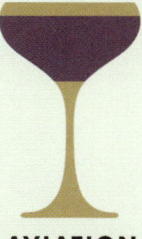

AVIATION

4 cl Gin
1 cl Crème de Violette
einige Spritzer Kirschlikör
2 cl Zitronensaft
Garnitur: keine
Glas: Cocktailschale

WHISKY: DAS BESTE DER GERSTE

Ein edler Wein ist für viele der Inbegriff von Genuss, doch da kann der mit Sorgfalt und Know-how gebrannte, verschnittene und abgefüllte Whisky ohne Zweifel mithalten.

Die Freunde des bernstein-farbenen Nektars können sich

trefflich über die Bedeutung der einzelnen Zutaten streiten: Vom verwendeten Wasser bis zu den Fässern, in denen der Whisky reift, hat jedes einzelne Element der Herstellung einen deutlichen Einfluss auf Qualität, Aussehen und Geschmack.

Unumstritten ist allerdings, dass es drei Dinge sind, die man für einen Single Malt Whisky braucht: Wasser, Gerstenmalz und Hefe. Der gekonnte Einsatz von Torf und Eiche je nach Herkunftsort des Whiskys trägt das Seine zur Qualität bei.

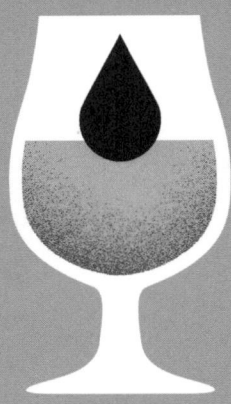

TIPPS FÜR GENIESSER

1. Meist stellt man sich einen untersetzten Tumbler als Whiskyglas vor, doch professionelle Verkoster bevorzugen eine bauchige Tulpenform.

2. Viele trinken ihren Whisky auf Eis, aber das hindert das

Aroma und den Geschmack an ihrer Entfaltung, und man verpasst die feineren Noten.

3. Ein klein wenig Wasser hingegen bringt Geschmack und Aroma zur Entfaltung, aber dazu braucht es wirklich nur einige wenige Tropfen.

VOM FELD INS GLAS

1. MÄLZEN

Gerstenkörner werden in Wasser eingeweicht, und man lässt sie teilweise keimen, damit sich die Getreidestärke in Malzzucker umwandelt, der dann zu Alkohol vergoren wird. Traditionell breitet man das Getreide dazu auf dem Mälzboden aus.

2. MAISCHEN

Das Malz wird zu Mehl gemahlen und anschließend mit heißem Wasser zu Maische verrührt. Wasser durchfließt die Maische dreimal mit unterschiedlicher Temperatur, um die zuckerhaltige »Würze« zu extrahieren.

3. VERGÄREN

Die Würze wird mit Hefe versetzt, und durch die darauf folgende Gärung entsteht Alkohol.

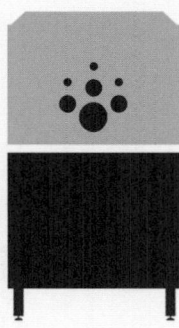

SCOTCH

Historisch gesehen sind die Schotten die Großmeister des Single Malt. Für sie liegt das vor allem an den Wasserquellen im schottischen Hochland. Das Wasser durchzieht auch das Gestein und fließt durch die Moore, die die Brennereien für ihren Torf nutzen, und beeinflusst so den Geschmack des Malzes und damit des Whiskys selbst. Daher muss ein Whisky, der den Titel »Scotch« trägt, auch zu 100 % in Schottland hergestellt sein.

BOURBON

Bourbon entstand bei den bitterarmen amerikanischen Farmern, überdauerte Prohibition und Krieg und ist heute eine Delikatesse. Im Gegensatz zu Scotch hat er eine Grundlage von 51 % Mais und reift in neuen, ausgebrannten Eichenfässern.

RYE

Damit sich Whisky in Amerika Rye nennen darf, muss die Maische mindestens 51 % Roggen enthalten. In Kanada gibt es dieses Gesetz nicht, und so kann bei kanadischem Rye das Verhältnis von Mais zu Roggen bis zu 9:1 betragen. Wie Bourbon reift er in neuen Eichenfässern.

JAPANISCHER WHISKY

Auch die japanischen Hersteller haben heute großen Einfluss in der Whisky-Welt, so wurde der »Yamazaki Single Malt Sherry Cask 2013« als einer der besten weltweit bezeichnet. Destillerien gibt es in Japan bereits seit 90 Jahren, und sie bieten eine Vielfalt von innovationsfreudigen Malts und Blends.

TENNESSEE WHISKEY

Straight Bourbon aus dem Bundesstaat Tennessee, dessen Hersteller wie Jack Daniels ihn aus der Masse hervorgehoben sehen wollen, weil nur ihr Whisky durch Lagen von Holzkohle gefiltert wird.

4. DESTILLIEREN

Diese Mischung wird aufgekocht. Alkohol verdunstet bei geringeren Temperaturen als Wasser, er kondensiert in Kühlrohren und wird aufgefangen. Der Vorgang wird wiederholt, bis der Alkoholgehalt des Destillats rund 70 % beträgt.

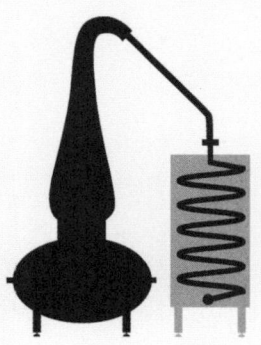

5. REIFEN

Erst durch die Reifung in Eichenfässern erhält der Whisky seinen milden Geschmack und typische Farbe (Scotch muss mindestens drei Jahre reifen). Meist verwendet man alte Sherry- oder Weinfässer für das geschmackliche »Finish«.

6. VERSCHNEIDEN & ABFÜLLEN

Single Malt ist ein Gerstenwhisky, der aus einer einzigen Destillerie stammt, doch aus mehreren Fässern gemischt wird, damit Farbe und Aroma stimmen. Der Alkoholgehalt wird meist mit Wasser auf eine Stärke von 40–46 % herabgesetzt.

Nr. 1
Wodka

Wodka ist die meistverkaufte Spirituose der Welt.

Das Wort »Wodka« stammt aus dem Russischen und bedeutet in etwa »Wässerchen«.

Wodka trinkt man am besten eiskalt. Er bleibt dank seines hohen Alkoholgehalts auch im Gefrierfach flüssig.

James Bond wertete den Wodka mit seinem Lieblings-Drink Wodka Martini auf – geschüttelt, nicht gerührt!

AUS DER BAR
—

WODKA: HEISS AUF EIS

Für etwas, das man am besten direkt aus dem Gefrierfach trinkt, brennt Wodka ganz schön auf der Zunge – aber das war nicht immer so. Der aus Getreide (meist Weizen oder Roggen) oder Gemüse (z. B. Kartoffeln) gebrannte, reine Alkohol entstand im 8. oder 9. Jahrhundert in Osteuropa. Sowohl Polen als auch Russland reklamieren seine Erfindung für sich. Dessen ungeachtet waren die ersten Versionen mit 14 % Alkohol (etwa wie Wein) im Vergleich zu den heute üblichen 40 % relativ schwach, da sie eher fermentiert als destilliert wurden. Primitive Brenntechniken ließen den Alkoholgehalt im Polen des 16. Jahrhunderts steigen.

Die russische Wodkaproduktion folgte auf dem Fuße, aber der Legende nach wurde das erste Rezept von einem Moskauer Mönch entwickelt, der das Resultat »Brotwein« und »brennender Wein« nannte. Ab dem 18. Jahrhundert wurde Wodka industriell gebrannt, 100 Jahre später kam dann der klare Brand auf, den wir kennen und schätzen. Heute wird Wodka überall auf der Welt produziert, wobei die besten Sorten aus Schweden, Finnland, Estland und Litauen stammen, dem sogenannten »Wodkagürtel«.

IST WODKA NEUTRAL?

Wodka dient in vielen Cocktails (vom Cosmos bis zum Moscow Mule) dazu, den Alkoholgehalt zu erhöhen, ohne den Geschmack zu beeinflussen, ist aber auch ein eigenständiges Getränk. Wie andere klare, ungereifte Spirituosen, etwa junger Whisky, die angeblich »neutral« schmecken, lohnt es sich, sie auch einmal solo zu verkosten. Dann entdeckt man unter Umständen Noten von Zitrusfrüchten, reifen Äpfeln, Rauch oder auch Pfeffer und lernt die »reine«, weiche Wärme im Hals zu schätzen.

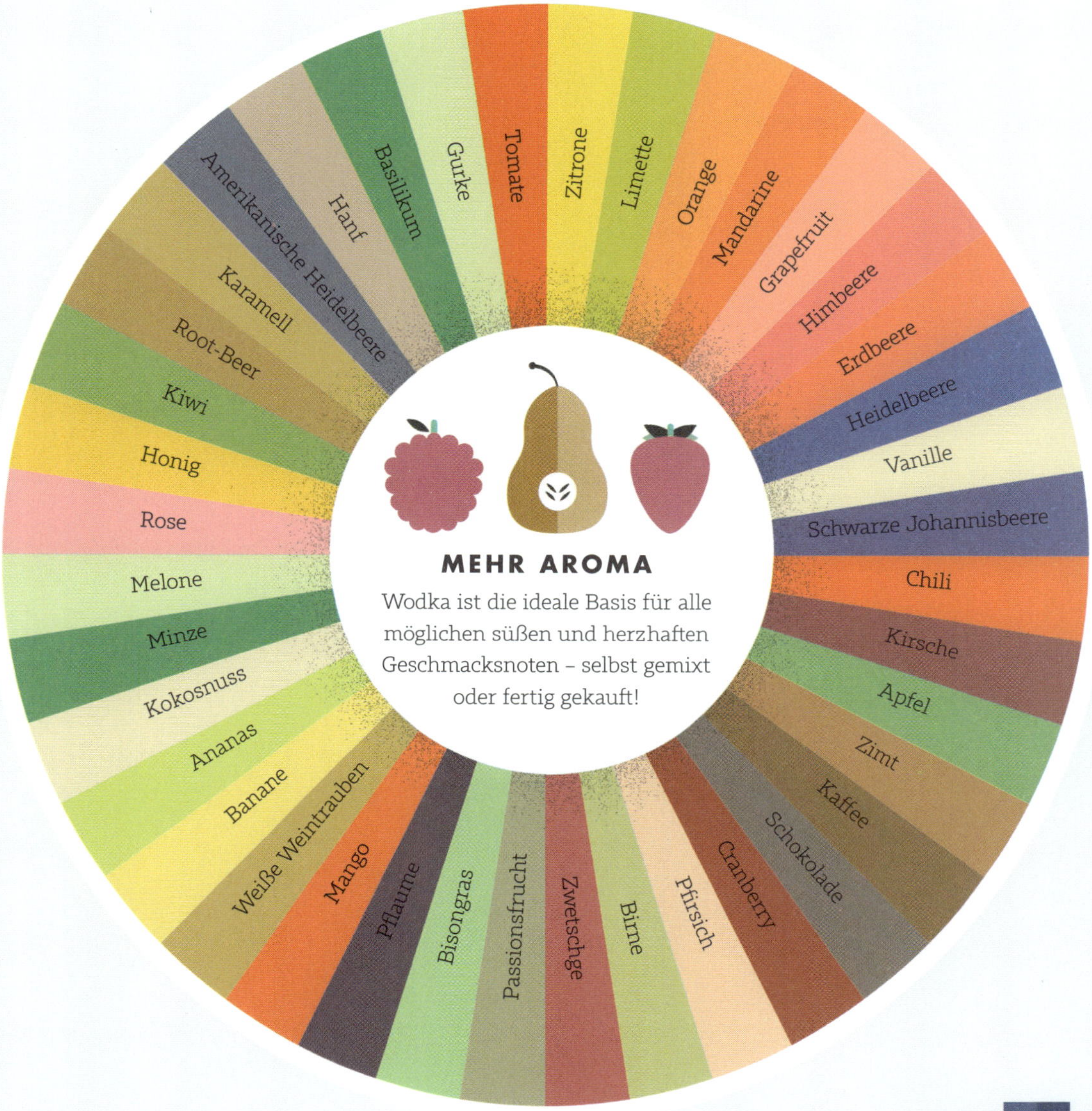

MEHR AROMA

Wodka ist die ideale Basis für alle möglichen süßen und herzhaften Geschmacksnoten – selbst gemixt oder fertig gekauft!

Basilikum
Hanf
Gurke
Tomate
Zitrone
Limette
Orange
Mandarine
Grapefruit
Himbeere
Erdbeere
Heidelbeere
Vanille
Schwarze Johannisbeere
Chili
Kirsche
Apfel
Zimt
Kaffee
Schokolade
Cranberry
Pfirsich
Birne
Zwetschge
Passionsfrucht
Bisongras
Pflaume
Mango
Weiße Weintrauben
Banane
Ananas
Kokosnuss
Minze
Melone
Rose
Honig
Kiwi
Root-Beer
Karamell
Amerikanische Heidelbeere

FÜR NOTFÄLLE

Traditionell verwendete man Wodka zum Einreiben bei Fieber. Zudem ist er – wie jeder Alkohol – ein gutes Desinfektionsmittel.

HOCH DIE TASSEN

Während einfacher Wodka das Getränk für all diejenigen ist, die schnell angeheitert sein möchten, ist ein guter Wodka eher etwas zum Genießen. Sagen Sie einem Russen gegenüber lieber »Sa sdrowje« als »Na sdrowje«. Das Erste bedeutet »Auf die Gesundheit!«, während das Zweite eher ein Dank für ein gutes Essen oder Getränk ist.

ALLES ÜBRIGE

—

—

UMRECHNUNGSTABELLEN: WAS WIEGT WO WIEVIEL?

Bei so vielen unterschiedlichen Maßeinheiten kann man leicht den Überblick verlieren – das ist nun vorbei! Allerdings sollte man sich beim Kochen und Backen immer an eine Art von Maßeinheit halten. Gerade beim Backen muss man die Zutaten genau abwiegen, damit das Rezept auch gelingt. Ein Ofenthermometer ist zudem eine sinnvolle Anschaffung, da die tatsächliche Temperatur häufig von der eingestellten abweicht.

OFEN-TEMPERATUREN

°C	°C (UMLUFT)	°F	GAS-STUFE
140 °C	120 °C	275 °C	1
150 °C	130 °C	300 °C	2
170 °C	150 °C	325 °C	3
180 °C	160 °C	350 °C	4
190 °C	170 °C	375 °C	5
200 °C	180 °C	400 °C	6
220 °C	200 °C	425 °C	7
230 °C	210 °C	450 °C	8
240 °C	220 °C	475 °C	9

ANGEL-SÄCHSISCH	METRISCH
½ oz	15 g
1 oz	30 g
2 oz	55 g
3 oz	85 g
4 oz	115 g
5 oz	140 g
6 oz	170 g
7 oz	200 g
8 oz	225 g
9 oz	250 g
10 oz	285 g
11 oz	315 g
12 oz	340 g

Sie brauchen:
Digitale Küchenwaage
Ofenthermometer
amerikanisches Cup-Maß
Messbecher
Maßband

GEWICHTE

1 CUP

½

¼

FLÜSSIGKEITEN

ANGEL-SÄCHSISCH	US	METRISCH
-	½ Teelöffel (TL)	2,5 ml
-	1 Teelöffel (TL)	5 ml
-	1 Esslöffel (EL)	15 ml
1 fl oz	-	30 ml
2 fl oz	¼ Tasse (Becher)	55 ml
4 fl oz	¼ Tasse (Becher)	115 ml
8 fl oz	1 Tasse (Becher)	225 ml
16 fl oz	1 US-Pint	470 ml
20 fl oz	2 ½ Tassen (Becher)	570 ml
32 fl oz	1 Quart (2 Pints)	910 ml
35 fl oz	-	1 Liter

ANGELSÄCHSISCH	METRISCH
1 inch	2,5 cm
2 inches	5 cm
3 inches	7,5 cm
4 inches	10 cm
5 inches	12,5 cm
6 inches	15 cm
7 inches	17,5 cm
8 inches	20 cm
9 inches	23 cm
10 inches	25,5 cm

LÄNGENMASSE

215

DESSERT-
BESTECK

ALLES ÜBRIGE

———

ZU TISCH, BITTE!

Die wichtigste Regel, die ich in meinem Jahrzehnt im Gastgewerbe gelernt habe, ist, dass auch in diesem Bereich irgendwann jede Regel gebrochen wird.

Natürlich gibt es bestimmte Traditionen, die schlicht sinnvoll sind, und dazu gehört auch die Gedeckanordnung. Die »richtige« Anordnung von Besteck, Geschirr

FISCHGABEL (FALLS ANGEBOTEN)

BROTTELLER   VORSPEISE   HAUPTGANG

VON AUSSEN NACH INNEN

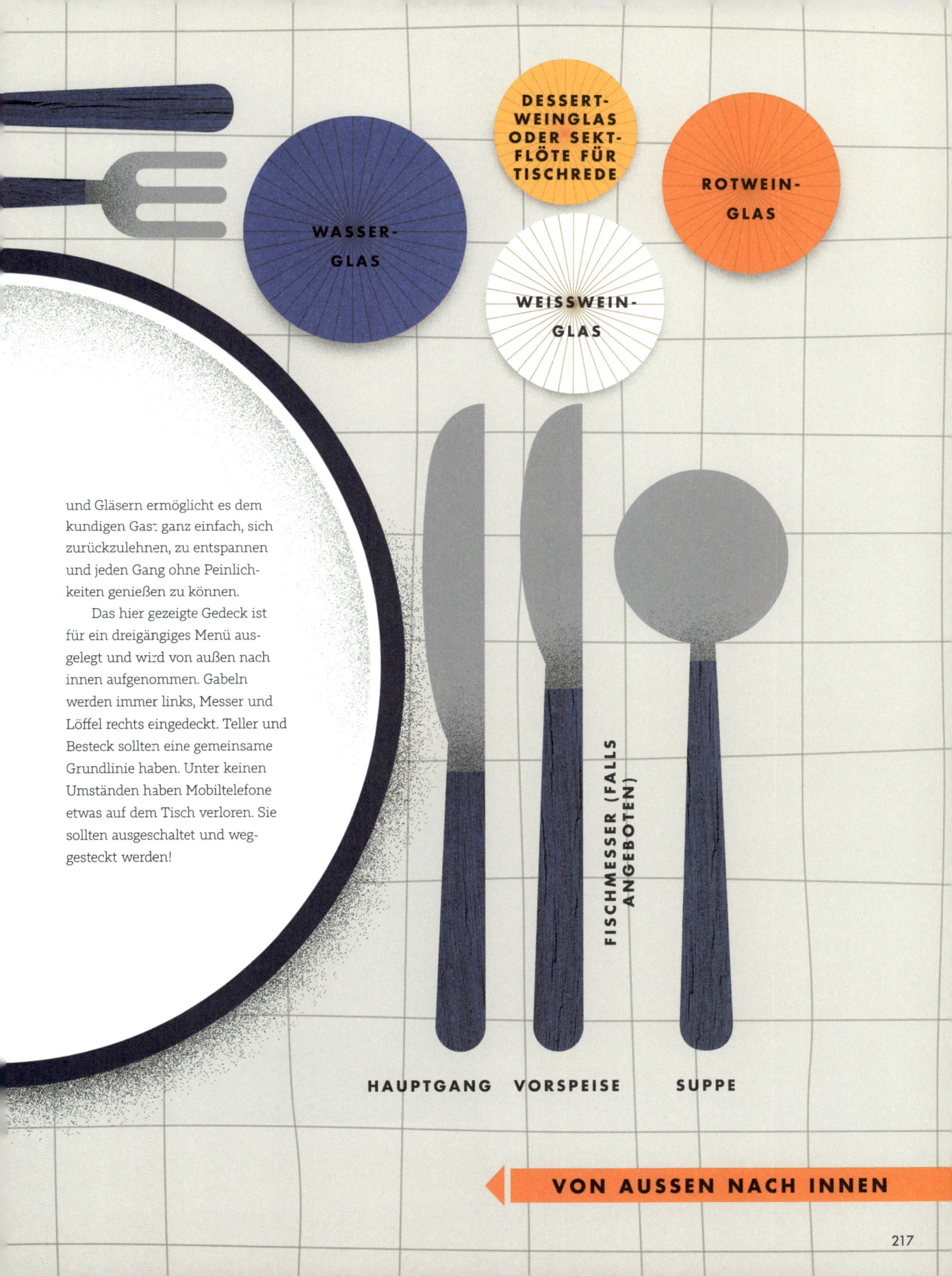

WASSER-
GLAS

ROTWEIN-
GLAS

WEISSWEIN-
GLAS

und Gläsern ermöglicht es dem
kundigen Gast ganz einfach, sich
zurückzulehnen, zu entspannen
und jeden Gang ohne Peinlich-
keiten genießen zu können.

Das hier gezeigte Gedeck ist
für ein dreigängiges Menü aus-
gelegt und wird von außen nach
innen aufgenommen. Gabeln
werden immer links, Messer und
Löffel rechts eingedeckt. Teller und
Besteck sollten eine gemeinsame
Grundlinie haben. Unter keinen
Umständen haben Mobiltelefone
etwas auf dem Tisch verloren. Sie
sollten ausgeschaltet und weg-
gesteckt werden!

FISCHMESSER (FALLS
ANGEBOTEN)

HAUPTGANG   VORSPEISE   SUPPE

VON AUSSEN NACH INNEN

SAISONALE KÜCHE

Obst und Gemüse schmecken nicht nur besser, wenn sie frisch und nicht weit gereist sind, sondern enthalten auch mehr von ihren wertvollen Nährstoffen. In ihrer Saison sind Pfirsiche saftiger, Spargel süßer und Äpfel knackiger. Zudem sind Frischwaren aus der Region meist etwas günstiger. Halten Sie Ausschau nach Produkten, die gerade ihre Hochzeit haben und kurze Wege zurücklegen, und machen Sie die saisonale Küche zur Regel!

OBST	DEZ	JAN	FEB	MÄR	APR	MAI	JUN	JUL	AUG	SEP	OKT	NOV
ANANAS	●	●	●	●	●	●	●	●	●	●	●	●
ÄPFEL	●	●	●	●	●	●	●	●	●	●	●	●
APRIKOSEN	●	●	●				●	●	●	●	●	
BANANEN	●	●	●	●	●	●	●	●	●	●	●	●
BIRNEN	●	●	●	●	●	●	●	●	●	●	●	●
BLUTORANGEN	●	●	●	●	●	●	●	●	●	●	●	●
BROMBEEREN								●	●	●	●	
CLEMENTINEN	●	●	●								●	●
CRANBERRIES	●	●									●	●
DATTELN	●	●	●									
ERDBEEREN						●	●	●	●			
FEIGEN									●	●	●	●
GRANATÄPFEL	●	●	●						●	●	●	●
HEIDELBEEREN							●	●	●	●		
HIMBEEREN							●	●	●	●	●	
HOLUNDERBEEREN									●	●	●	
KAKIS	●									●	●	●
KIRSCHEN							●	●	●			
KIWI	●	●	●	●	●	●	●	●	●	●	●	●
MANDARINEN	●	●	●									●
MELONEN							●	●	●	●		
NEKTARINEN							●	●	●	●		
ORANGEN	●	●	●									●
PASSIONSFRÜCHTE	●	●	●	●	●	●	●	●	●	●	●	●
PFIRSICHE							●	●	●	●		
PFLAUMEN								●	●	●	●	
QUITTEN										●	●	●
RHABARBER				●	●	●	●					
ROTE JOHANNISB.							●	●	●			
SATSUMAS	●	●	●									●
SCHWARZE JOHANNISB.							●	●	●			
STACHELBEEREN							●	●	●			
WEINTRAUBEN									●	●	●	
ZITRONEN	●	●	●									●

GEMÜSE

GEMÜSE	DEZ	JAN	FEB	MÄR	APR	MAI	JUN	JUL	AUG	SEP	OKT	NOV
ARTISCHOCKEN	●	●	●				●	●	●	●		
AUBERGINEN	●	●	●				●	●	●	●	●	
BÄRLAUCH	●	●	●	●	●							
BLATTSALAT	●	●	●			●	●	●	●	●		
BLUMENKOHL	●	●	●	●	●	●	●	●	●	●	●	●
BRECHBOHNEN	●	●	●						●	●	●	
BROKKOLI	●	●	●	●	●	●	●	●	●	●	●	●
BRUNNENKRESSE	●	●	●		●	●	●	●	●	●	●	●
CHAMPIGNONS	●	●	●	●	●	●	●	●	●	●	●	●
CHICORÉE	●	●	●	●	●	●	●	●	●	●	●	●
CHILISCHOTEN	●	●	●				●	●	●	●	●	●
DICKE BOHNEN	●	●	●			●	●	●	●			
ERBSEN	●	●	●				●	●	●			
FENCHEL	●	●	●	●	●	●	●	●	●	●	●	●
FRÜHLINGSZWIEBELN				●	●	●						
GRÜNKOHL	●	●	●		●						●	●
KAROTTEN	●	●	●	●	●	●	●	●	●	●	●	●
KARTOFFELN	●	●	●	●	●	●	●	●	●	●	●	●
KNOLLENSELLERIE	●	●	●	●	●	●	●	●	●	●	●	●
KOHLRABI	●	●	●		●	●	●	●	●	●	●	●
LAUCH	●	●	●	●	●	●	●	●	●	●	●	●
MAIS	●	●	●						●	●	●	
MANGOLD	●	●	●	●	●	●	●	●	●	●	●	●
MARKKÜRBIS	●	●	●	●	●	●	●	●	●	●	●	●
MORCHELN					●							
PAPRIKA	●	●	●				●	●	●	●	●	
PASTINAKEN	●	●	●	●	●							
QUELLER (MEERFENCHEL)							●	●	●			
RADIESCHEN						●	●	●	●			
ROSENKOHL	●	●	●							●	●	●
ROTE BETE	●	●	●	●	●	●	●	●	●	●	●	●
SOMMERKÜRBIS	●	●	●				●	●	●	●	●	●
SPARGEL				●	●	●	●					
SPINAT	●	●	●	●	●	●	●	●	●	●	●	●
STANGENBOHNEN	●	●	●					●	●	●	●	
STANGENSELLERIE	●	●	●				●	●	●	●	●	●
STECKRÜBEN	●	●								●	●	●
TOMATEN	●	●	●					●	●	●	●	
TOPINAMBUR	●	●	●							●	●	●
WEISSE RÜBE	●	●	●	●	●	●	●	●	●	●	●	●
WEISSKOHL	●	●	●				●	●	●	●	●	●
WINTERKÜRBIS	●	●	●				●	●	●	●	●	●
ZUCCHINI	●	●	●				●	●	●	●	●	●
ZWIEBELN	●	●	●					●	●	●	●	●

KLEINE KLINGENKUNDE

Für die Zubereitung eines guten Essens benötigt man nicht nur die Zutaten. Die richtigen Utensilien – von einer Pfanne bis hin zu den Tellern, auf denen die Speisen angerichtet werden – sind ebenso wichtig. Ganz besonders gilt dies für Küchenmesser. Grundsätzlich benötigt man nur vier Messer: ein Kochmesser, ein Gemüsemesser, ein Brotmesser und ein Filetiermesser. Wenn Platz und Geldbeutel es erlauben, sind jedoch diese zehn Messer optimal. Man sollte Messer immer persönlich kaufen und nicht im Internet, da nicht nur die Qualität der Klinge entscheidend ist, sondern auch, wie ein Messer in der Hand liegt.

KOCHMESSER

Keine Angst vor der Größe. Mit dem großen Allzweckmesser (das praktischste Messer überhaupt) wird Hacken, Zerdrücken, Würfeln, Schneiden, Einritzen und Juliennes schneiden zum Kinderspiel.

FILETIERMESSER

Mit seiner langen, dünnen und flexiblen Klinge kann es dem Verlauf von Gräten beim Filetieren gut folgen und eignet sich zum Entschuppen.

AUSBEINMESSER

Die schmale, lange und leicht flexible Klinge (etwas kürzer als beim Filetiermesser) ermöglicht das Schneiden am Knochen entlang. Es ist ideal für das Entbeinen und Filetieren von Fleisch.

TOMATENMESSER

Unendlich hilfreiches und einfach zu handhabendes Messer, das von der Tomate bis zur Orange einfach alles schneidet und zerteilt.

GEMÜSEMESSER

Ebenso wie ein großes Allzweckmesser in jeden Haushalt gehört, benötigt jeder ein kleines Messer für die Feinarbeiten wie Schälen und Zuschneiden.

WETZSTAHL

Ein stumpfes Messer ist gefährlich. Mit diesem Instrument hält man seine Messer gut geschärft. Wetzstahle können aus gehärtetem Stahl, diamantbeschichtetem Stahl oder Keramik gemacht sein. Man setzt den Wetzstahl mit der Spitze nach unten auf das Schneidebrett und führt das Messer mit weiten Schwüngen vom Körper weg daran entlang.

BROTMESSER

Das Messer mit Wellenschliff für gleichmäßige Schnitte ist ein Muss für Brotliebhaber.

TRANCHIERMESSER

Es ist lang und schmal genug, um Braten und Geflügel zu zerlegen.

SANTOKU

Dieses breite, starre japanische Messer aus gefaltetem Stahl mit dem Namen »drei Tugenden« kann schneiden, würfeln, hacken und eignet sich für Fleisch, Fisch und Gemüse.

HACKMESSER/BEIL

Eine große, breite Klinge zum Durchtrennen von Knochen, die sich aber auch gut zum feinen Hacken von Fleisch, Fisch oder Kräutern eignet.

SCHÄLMESSER

Eine kurze, geschwungene und flexible Klinge, die speziell zum Schälen und Tournieren von Obst und Gemüse entwickelt wurde.

So wie Menschen farbenblind sein können, gibt es auch Menschen, die »geschmacksblind« sind und beispielsweise Bitterkeit nicht wahrnehmen.

GESCHMACK HOCH FÜNF

Manche Menschen versorgen sich durch Essen nur mit dem nötigen Treibstoff in Form von Proteinen, Kohlenhydraten und Vitaminen. Aber für diejenigen von uns, die mit Genuss essen, ist Geschmack eine multisensorische Erfahrung. Er kann Erinnerungen wachrufen, uns Grimassen schneiden lassen und uns inspirieren.

Der Geschmackssinn ist evolutionär gesehen überlebenswichtig, denn er lässt uns potenziell Giftiges oder wenig Bekömmliches ausmachen und steigert unsere Begierde nach Dingen, die unser Körper braucht, wie zuckerhaltige Kohlenhydrate, Salz und essenzielle Mineralstoffe. Als Erster unterteilte der griechische Philosoph Aristoteles die grundlegenden Geschmacksrichtungen, die der Mensch erkennen kann, in süß und bitter. Heute gilt als erwiesen, dass es mindestens drei weitere gibt: salzig, sauer und (als jüngste Entdeckung) umami.

Die vergangenen rund 100 Jahre lang glaubte man dank der Arbeit des deutschen Forschers David Hänig, für jede Geschmacksnote sei ein Bereich auf der Zunge zuständig. So entwarf man eine Zungenkarte, die süß an der Spitze, sauer und salzig an den Seiten und bitter am hinteren Grund verortete – das gilt heute als überholt. Unsere Geschmacksknospen können alle Qualitäten erkennen, und das Gehirn bestimmt mit Unterstützung der anderen Sinne, um welchen Geschmack es sich handelt.

Haben Sie schon einmal darüber nachgedacht, wie verlockend das Brutzeln eines Steaks oder das Klirren von Eisstücken im Glas klingt? Auch was wir hören, trägt im Gehirn zur Wahrnehmung einer Geschmacksqualität bei.

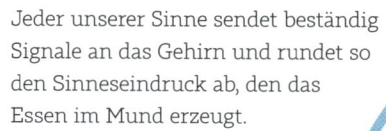

Jeder unserer Sinne sendet beständig Signale an das Gehirn und rundet so den Sinneseindruck ab, den das Essen im Mund erzeugt.

Schön angerichtetes Essen schmeckt einfach besser – das Auge isst wirklich mit!

Schätzungsweise 80 % des Geschmackseindrucks werden durch den Geruch bestimmt. Machen Sie den Test: Essen Sie einen kräftigen Käse und halten sich die Nase zu.

Die Geschmacksknospen mögen zwar auf der Zunge sitzen, aber eigentlich schmecken wir mit dem gesamten Mund.

AUF DER ZUNGE

Über die Zunge sind 8000 Geschmacksknospen verteilt. Jede einzelne dieser Knospen hat Dutzende Geschmacksrezeptorzellen mit winzigen haarähnlichen Fortsätzen, die bei jedem Bissen Signale an unser Gehirn senden.

Süß – Der Geschmack, nach dem wir am meisten verlangen.
Salzig – Der einfachste Geschmack: Natriumchlorid (Kochsalz).

Sauer – Der Geschmack etwa von Zitrusfrüchten.
Bitter – Die meisten Menschen haben eine natürliche Abneigung gegen Bitteres (im Alter wird sie schwächer). Er ist der komplizierteste Geschmack und findet sich etwa in Bier, Kaffee, Tonic Water und Kakao.
Umami – Der 1908 durch den japanischen Chemiker Ikeda Kikunae beschriebene Geschmack ist herzhaft wie ihn viele fermentierte Lebensmittel, zum Beispiel Käse und Dauerwurst, aber auch Seetang, Pilze und Tomaten aufweisen.

LITERATURHINWEISE

Balinska, Maria: *The Bagel: The Surprising History of a Modest Bread*. Yale University Press, New Haven and London 2008.

Bertinet, Richard: *Brot und Gebäck für Genießer: 50 neue Rezepte*. Christian Verlag, München 2008.

Bertinet, Richard: *Brot backen: 53 Variationen – Brot für Genießer*. Christian Verlag, München 2007.

Blythman, Joanna: *What to Eat*. Fourth Estate, London 2012.

Bretherton, Caroline: *Backen lernen. Schritt für Schritt mit mehr als 1500 Fotos*. Dorling Kindersley, München 2012.

Brandl, Franz: *Cocktails: Über 1000 Drinks mit und ohne Alkohol*. Südwest Verlag, München 2012.

Bruckmann, claudia; Klaeger, Cornelia: *Das Teubner Handbuch Suppen und Eintöpfe*. Gräfe und Unzer Verlag, München 2013.

Chandler, Jenny: *Pulse*. Pavilion Books, London 2013.

Cloake, Felicity: *Perfect*. Fig Tree, London 2011.

Cloake, Felicity: *Perfect Too*. Fig Tree, London 2014.

Davidson, Alan: *The Oxford Companion to Food*. Oxford University Press, Oxford 2014.

Edwards, Sarah Jane: *Chocolate Unwrapped*. Pavilion Books, London 2010.

Felder, Christophe: *Die hohe Schule der Patisserie – ein Patisserie-Lehrbuch mit 210 Patisserie-Rezepten, von Pralinen selber machen bis zu klassischen Tortenrezepten*. Christian Verlag, München 2012.

Gomi, Yuki: *Sushi at Home*. Penguin, London 2013.

Hahn, Tillmann; Knapstein, Nicole; Kirmse, Ulrike: *Kochbuch Fisch: Küchenpraxis – Warenkunde – 150 Rezepte in einem Standardwerk, der neuen Fischkochschule. Mit den besten Rezepten für Fisch, Tipps zum Filetieren und Entschuppen sowie Fischkauf*. Christian Verlag, München 2014.

Harrar, Vanessa; Spence, Charles: »The taste of cutlery: how the taste of food is affected by the weight, size, shape, and colour of the cutlery used to eat it«, in: *Flavour 2/21 (2013)*. Online abrufbar unter: http://www.flavourjournal.com/content/pdf/2044-7248-2-21.pdf.

Holland, Mina: *Der kulinarische Atlas: Eine Reise um die Welt in 95 Rezepten*. Atlantik Verlag, Hamburg 2014.

James, Ian; Selby, Nicholas; Chapman-Andrews, Louisa: *Good Food for your Table: A Grocer's Guide*. Saltyard Books, London 2014.

Joannides, Dino: *Semplice*. Preface Publishing, London 2014.

Kimber, Edd: *The Boy Who Bakes*. Kyle Books, London 2011.

Liger-Belair, Gérard: »How Many Bubbles in Your Glass of Bubbly«, in: *The Journal of Physical Chemistry 118/11 (2014)*, S. 3156–3163.

McCandless, David: *Das BilderBuch des nützlichen und unnützen Wissens*. Albrecht Knaus Verlag, München 2009.

McCandless, David: *Unnützes Wissen und nützliches Wissen mit Spaß und Spannung: Große Zusammenhänge genial einfach erklärt durch Infografiken und Statistiken. Für Besserwisser und alle, die es noch werden wollen*. Frederking & Thaler, München 2015.

McGee, Harold: *On Food and Cooking: Das Standardwerk der Küchenwissenschaft*. Matthaes Verlag, Stuttgart 2013.

Mathiot, Ginette: *I Know How to Cook*. Phaidon Press, London 2009.

Presilla, Maricel E.: *The Food of Latin America: Gran Cocina Latina*. W.W. Norton & Company, New York 2012.

Ramen, Ivan: *Love, Obsession and Recipes*. Absolute Press, Bath 2014.

Redies, Alessandra; Andreas, Adriane (Hrsg.): *Backen! Das Goldene von GU: Rezepte zum Glänzen und Genießen*. Gräfe und Unzer Verlag, München 2010.

Roden, claudia: *Die orientalische Küche: 180 Rezepte von claudia Roden*. Christian Verlag, München 2010.

Roden, claudia: *Das Buch der Jüdischen Küche: Eine Odyssee von Samarkand nach New York*. Mandelbaum Verlag, Wien 2012.

Segnit, Niki: *Der Geschmacksthesaurus: Ideen, Rezepte und Kombinationen für die kreative Küche*. Bloomsbury, Berlin 2011.

Sitwell, William: *A History of Food in 100 Recipes*. HarperCollins, London 2012.

Spaull, Susan; Burrell, Fiona: *Leiths Baking Bible*. Bloomsbury Publishing, London 2012.

Spaull, Susan; Bruce-Gardyne, Lucinda: *Leiths Technique Bible*. Bloomsbury Publishing, London 2012.

Stephenson, Tristan: *The Curious Bartender*. Ryland Peters & Small, London 2013.

Wright, John: *Handbuch für Pilzjäger: Sammlerglück und Pilzgenuss*. Verlag Eugen Ulmer, Stuttgart 2012.

WEBSITES

www.aboutoliveoil.org/consumption.html
www.aeb.org/farmers-and-marketers/industry-overview
www.agribenchmark.org/agri-benchmark/did-you-know/einzelansicht/artikel/tomatoes-are.html
www.atlanticsalmontrust.org
www.avocadocentral.com/about-hass-avocados/hass-mother-tree
www.bbcgoodfood.com
www.boell.de/sites/default/files/meat_atlas2014_kommentierbar.pdf
www.visual.ly/global-annual-ice-cream-consumption-top-five-countries-worldwide
www.britishturkey.co.uk/facts-and-figures/christmas-stats-and-traditions.html
www.businessinsider.com/scoville-scale-for-spicy-food-2013-11?IR=T
www.cantontea.co.co
www.charmingitaly.com/different-types-of-pasta/
www.cipotato.org/potato/native-varieties/
www.chinahistoryforum.com/topic/2991-dim-sum-a-little-bit-of-heart-beginners-guide/
www.deliaonline.com/home/conversion-tables.html
www.deliaonline.com/how-to-cook/preserves/ten-steps-to-jam-making.html
www.deliciousdays.com
www.deliciousavocados.co.uk/nourishing/
www.eattheseasons.co.uk
www.eat-this.org
www.fao.org
www.fishonline.org
www.foodpreservation.about.com/od/Preserves/a/High-And-Low-Pectin-Fruit.htm
www.huffingtonpost.co.uk/2011/12/06/our-christmas-dinner-takes-10-months-to-grow_n_1131850.html
www.ifr.ac.uk/science-society/spotlight/apples/
www.instantnoodles.org/report/index.html
www.jewishquarterly.org/issuearchive/articledadf.html?articleid=210
www.kitchenproject.com/history/sourdough.htm
kobikitchen.wordpress.com/2013/05/05/types-of-ramen/
www.livestrong.com/article/350652-percentage-of-water-in-fruits-vegetables/
www.lovepotatoes.co.uk
www.luckypeach.com/a-guide-to-the-regional-ramen-of-japan/
www.madehow.com/Volume-2/Tofu.html
www.msc.org/cook-eat-enjoy/fish-to-eat
www.nationalchickencouncil.org
www.nordicfoodlab.org
www.nourishedkitchen.com/how-to-make-a-sourdough-starter/
www.nutracheck.co.uk/media/docs/Christmas_day_the_naughty_way.pdf
www.nytimes.com/2003/12/31/dining/was-life-better-when-bagels-were-smaller.html
www.philadelphia.co.uk/Brand/History
www.saffron.com/what.html
www.saltassociation.co.uk/education/salt-health/salt-function-cells/
www.seriouseats.com/2013/09/the-serious-eats-guide-to-ramen-styles.html
www.soya.be/what-is-tofu.php
www.soyatech.com/soy_facts.htm
www.soyconnection.com/soy_foods/nutritional_composition.php
www.statista.com/statistics/268227/top-coffee-producers-worldwide/
www.tea.co.uk
www.teelog.de
www.telegraph.co.uk/men/the-filter/qi/8258009/QI-Quite-interesting-facts-about-the-cold.html
www.theguardian.com/science/blog/2013/oct/03/science-magic-jam-making
www.theguardian.com/science/blog/2010/aug/23/science-art-whisky-making
www.theatlantic.com/business/archive/2014/01/here-are-the-countries-that-drink-the-most-coffee-the-us-isnt-in-the-top-10/283100/
www.thewhiskyexchange.com
www.veganguerilla.de/blog/
www.vegsoc.org
www.vodkafacts.net
www.vinepair.com
www.whisky.com
www.en.wikipedia.org/wiki/Tomato
www.winefolly.com
www.world-foodhistory.com/2011/07/history-of-pancakes.html
www.winemag.com
www.wineware.co.uk
www2.ca.uky.edu/enri/pubs/enri129.pdf